RÉGION ET DÉVELOPPEMENT

2004 – 19

REVUE RÉGION ET DÉVELOPPEMENT

Revue semestrielle

Directeurs de la rédaction

Gilbert BENHAYOUN

Centre d'Économie Régionale, de l'Emploi et des Firmes Internationales (CEREFI)
15-19 allée Claude Forbin, 13627 Aix-en-Provence Cédex 1, France
e-mail : cer.fea@univ.u-3mrs.fr

Maurice CATIN

Centre de Recherche en Économie Régionale et Industrielle (CRERI)
Université du Sud Toulon-Var, BP 20132, 83957 La Garde Cedex, France
e-mail : creri@univ-tln.fr

La revue est publiée avec le parrainage de l'Association de Science Régionale de Langue Française.

RÉGION ET DÉVELOPPEMENT est référencée dans ECONLIT.

ISBN : 2-7475-6497-5
EAN : 9782747564977

Région et Développement

n° 19 - 2004

Numéro spécial : "Libéralisation commerciale et évolution des économies du Sud de la Méditerranée"

coordonné par Henri REGNAULT

Articles

AVANT-PROPOS

Ce numéro de Région et Développement consacré à la Méditerranée a été conçu puis piloté dans le cadre du Groupement de Recherche International du CNRS "Économie Méditerranée Monde Arabe" (EMMA). Plusieurs des articles de ce numéro ont trouvé leur origine dans des communications présentées au colloque EMMA organisé en septembre 2002 à Sousse, avec le soutien de l'Institut de Recherche sur le Maghreb Contemporain, la Faculté de Sciences Économiques et de Gestion de Sfax et l'ESSEC de Tunis. Les autres articles sont issus de propositions adressées directement à la Revue. Tous les articles ont fait l'objet des mêmes procédures de sélection et de révision, en collaboration étroite entre les directions de la Revue et d'EMMA.

Maurice CATIN
Directeur de la rédaction
de Région et Développement

Henri REGNAULT
Directeur du GDRI CNRS EMMA

INTRODUCTION

NORD ET SUD EN MÉDITERRANÉE : DE LA CONFRONTATION A LA COOPÉRATION, DE LA DIVERGENCE A LA CONVERGENCE ?

Henri REGNAULT*

"Tous les pays arabes, plus riches que l'Europe occidentale au Moyen Âge, se retrouvent au XXe siècle parmi les nations les plus pauvres". Ce constat fait par Jacques Brasseul dans le premier article de ce volume, "*Le déclin du monde musulman à partir du Moyen Age: une revue des explications*", a le mérite de placer immédiatement la relation euro-méditerranéenne dans sa profondeur historique et dans son nécessaire cadrage mondial :

- l'Histoire longue des relations au sein du monde méditerranéen est fondamentalement conflictuelle : conquête arabe du Sud de la Méditerranée et déchristianisation berbère, croisades, déclin arabe, reconquista et montée de l'empire ottoman, déclin ottoman et colonisation européenne du Sud et de l'Est de la Méditerranée, décolonisation. La relation coopérative esquissée dans les années soixante, confirmée dans les années soixante-dix par la Politique Méditerranéenne Globale de l'Europe et aujourd'hui en cours de réaménagement en libre-échange euro-méditerranéen, marque-t-elle une rupture dans cette histoire longue ou bien n'est-elle qu'une parenthèse en attendant la pleine mesure d'un choc des civilisations annoncé ?

- le déclin arabe et musulman commence avec la première "mondialisation" liée à la révolution maritime, géographique et économique qui place l'Europe de la Renaissance en situation de contourner et dominer un monde arabe autrefois passage et intermédiaire obligé dans la relation à l'Orient ; l'année 1492 est doublement symbolique de ce renversement historique, avec la chute de Grenade et la découverte de l'Amérique par C. Colomb. La deuxième mondialisation, du

---

* Directeur du Groupement de Recherche International du CNRS "EMMA" (Économie Méditerranée Monde Arabe), Professeur d'Économie à l'Université de Pau et des pays de l'Adour.

19e siècle, a été principalement vécue par les mondes arabes et musulmans dans un cadre de subordination coloniale. La troisième, actuelle, est abordée dans une asymétrie économique d'autant plus frustrante que la diffusion internationale des médias la rend plus visible aux peuples, leur révélant une marginalisation de leurs pays dans le système économique mondial qu'illustrent si bien la faiblesse des investissements étrangers reçus, le déficit des balances commerciales, le retard technologique, la persistance de la pauvreté...

Déclin et domination des sociétés arabe et musulmane, asymétrie des relations et frustrations des peuples : tels sont donc les mots clefs qui servent de toile de fond, depuis plusieurs siècles, aux relations entre le monde arabe et musulman et l'Occident en général, l'Europe en particulier pour ce qui nous concerne ici. L'analyse des relations euro-méditerranéennes actuelles et leur prospective, qui constituent l'objet de ce volume, ne doivent jamais perdre de vue ni la perspective historique longue, ni la dimension spatiale globale de la mondialisation.

Au début des années soixante les tempêtes de l'Histoire s'apaisent en Méditerranée avec la décolonisation algérienne, ou du moins se cantonnent dans la zone orientale avec le conflit israélo-palestinien. Une Allemagne et une France identiquement coincées dans une impasse stratégique – coupure d'avec son hinterland à l'Est d'une part et deuil d'Empire d'autre part – cherchent une perspective historique dans la construction européenne. Celle-ci ne pourra ignorer ses voisins du Sud et de l'Est de la Méditerranée ; après quelques tâtonnements, une relation préférentielle asymétrique sera mise en place au milieu des années 70, sous le nom de Politique Méditerranéenne Globale, assurant aux Pays Tiers Méditerranéens du Sud et de l'Est de la Méditerranée un régime relationnel plus favorable que celui du Système Généralisé de Préférence européen à destination de l'ensemble des pays en développement. Ce système préférentiel se maintiendra sans grands changements jusqu'au milieu des années 90 : c'est à un bilan de ce système que nous invite Nicolas Péridy avec son étude de "*L'impact de la politique euro-méditerranéenne sur les échanges UE-Maroc*". Conduite sur la période 1988-2000, cette étude ne peut encore rendre compte des effets de l'accord de libre-échange UE-Maroc, certes signé fin 1995 mais entré en vigueur en 2000 après un long processus de ratification et, de toutes manières, organisant une longue période transitoire dans le démantèlement douanier du Maroc. Nicolas Péridy note que les accords antérieurement conclus ont permis au Maroc d'intensifier son commerce avec l'Europe et surtout de modifier la structure de ses exportations, au profit des textiles et des composants électroniques. Néanmoins, en fin de période, ce modèle commercial semble s'essouffler sous le double effet d'une érosion des préférences qui confronte de plus en plus le Maroc à de nouvelles concurrences sur le marché européen et d'un refus – ou d'une impossibilité – de l'Europe d'alléger son dispositif de protection agricole.

Cet essoufflement de la dynamisation exportatrice du Maroc renvoie à un phénomène général dans la relation euro-méditerranéenne. Son explication, au-delà de l'érosion des préférences et de la protection agricole européenne, est à chercher dans les limites structurelles et dans les biais anti-exportateurs des politiques de substitution à l'importation[1] qui avaient été mises en place dans les pays du Sud et de l'Est de la Méditerranée (PSEM), insuffisamment corrigées par l'instauration de régimes exportateurs spécifiques (trafic de perfectionnement en admission douanière temporaire). Outre l'opposition de l'OMC au maintien de régimes préférentiels non réciproques sur base régionale, c'est donc l'élimination radicale des effets pervers du protectionnisme inhérent à la substitution à l'importation que vise le passage à une nouvelle donne commerciale euro-méditerranéenne : il s'agit de remplacer les préférences non réciproques par des préférences réciproques, sous forme de libre-échange en général et d'union douanière avec la Turquie.

Mohamed Chater, dans son article "*Instauration d'une zone de libre-échange et politique d'accompagnement : le cas du Maroc*", tente une prospective appliquée au Maroc des impacts économiques de cette nouvelle donne commerciale euro-méditerranéenne, à l'aide d'un modèle d'équilibre général calculable en concurrence imparfaite et avec des rendements d'échelle croissants. L'impact prévisible *ex ante*, toutes choses égales par ailleurs, avant toute mesure correctrice, se manifeste principalement à travers des détournements de trafics dans les importations marocaines au profit de l'Europe, une chute de l'investissement (-10 %), une forte diminution des recettes fiscales (-12 %) et une diminution de la demande de travail (-2,3 %). L'impact effectif, constaté *ex post*, dépendra bien sûr des mesures d'accompagnement qui seront mises en œuvre (réforme fiscale pour limiter les déficits publics, mise à niveau des entreprises pour améliorer la productivité et favoriser la croissance, politique de change pour gérer les équilibres externes) et qui constituent des enjeux déterminants pour la réussite de l'expérience[2]. Mais, Mohamed Chater, comme bien d'autres avant lui qui se sont attachés à un exercice prospectif d'équilibre général calculable (Kébabdjian, 1995), conclut en soulignant l'importance déterminante d'une variable exogène au modèle, l'investissement direct étranger (IDE) : "il faut savoir combiner les avantages de la zone de libre-échange euro-maghrébine et la proximité du continent européen pour amener les investisseurs étrangers à s'installer au Maroc".

C'est précisément de ces investissements étrangers que traitent Houda Neffati et Xavier Richet, sur le cas tunisien, mais en élargissant l'échelle spatiale du raisonnement à travers une analyse comparée avec un Pays d'Europe Centrale et Orientale (PECO), en accession à l'Union européenne, la Hongrie :

---

[1] Sur le cas du Maroc, voir Horton (1990) et Péridy (1991).
[2] Voir aussi Cling et Ould Aoudia (2003).

"*L'attractivité comparée des investissements directs étrangers de la Tunisie et de la Hongrie*". Et c'est bien en termes comparatifs qu'il faut poser le problème des IDE et que l'on peut comprendre la localisation des firmes : pour un état déterminé de la donne économique internationale – multilatérale et régionale – un investisseur potentiel a le choix entre plusieurs pays pour localiser ses unités de production dans le cadre de la division internationale des processus productifs et le choix entre plusieurs modes de pénétration pour accéder à un marché donné (production sur place, exportation, licence). Les Pays du Sud et de l'Est de la Méditerranée ont souvent exprimé leur crainte d'un effet d'éviction à leur encontre du fait d'une attractivité des PECO renforcée par des aides européennes sans commune mesure avec les maigres fonds MEDA mis à leur disposition. Un grand intérêt du texte de Houda Neffati et de Xavier Richet est de bien montrer les limites des raisonnements en termes de concurrence entre les PECO et les PSEM ou d'effet d'éviction au détriment des PSEM. En réalité, PECO et PSEM, et tout particulièrement ici Hongrie et Tunisie, ne jouent pas dans la même division : un pays en transition vers l'économie de marché, avec une main d'œuvre éduquée et une relation ancienne aux technologies et aux savoirs n'est pas de même nature qu'un pays en développement sans passé technologique et au potentiel scientifique encore faible. Les cibles d'investissements de ces deux types de pays ne se recouvrent pas, comme peuvent en témoigner des enquêtes récentes sur l'attractivité des pays (Michalet, 1997). Aujourd'hui les PSEM peuvent faire valoir auprès des investisseurs deux atouts principaux :

- une proximité géographique de l'Europe, toute particulière pour le Maroc et la Turquie séparées de l'Europe par des détroits franchissables en camion ; cette proximité influe sur les coûts de transport mais peut-être plus encore sur les délais de réassortiment.

- un coût salarial beaucoup plus faible qu'en Europe qui permet d'attirer des activités manufacturières ou de service (saisies de données, centre d'appels...) tournées vers les marchés européens.

Mais ces atouts des PSEM en terme d'attractivité trouvent bien vite leurs limites. Du fait de la chute historique des coûts de transport – coûts aujourd'hui stabilisés (Daudin, 2003) – la proximité géographique n'est plus aussi déterminante, sauf dans la dimension distance-temps, importante pour certaines activités très sensibles aux délais de réassortiment (prêt-à-porter de gamme moyenne et haute par exemple). Comme le montre très bien aujourd'hui le cas mexicain, si la proximité géographique n'est pas accompagnée d'une bonne compétitivité-prix internationale, les investisseurs ne viennent plus, voire même quittent le pays ; le Mexique vient en effet de perdre en trois ans plus de 20 % de ses emplois dans les *maquiladoras*, notamment au profit de la Chine, nouvelle venue à l'OMC devenue très attractive pour les investisseurs américains. On est là au cœur du dilemme des stratégies de développement : soit maintenir les salaires au plus bas pour conserver l'attractivité du coût salarial, mais sans pouvoir développer le marché interne et les activités qui vont avec, soit gérer un repositionnement sectoriel sur des marchés plus dynamiques, dans des activités à main d'œuvre plus qualifiée, moins sensibles à la concurrence des très bas salaires. C'est ce repositionnement sectoriel qu'ont réussi les dragons asiatiques de première génération à partir des années soixante-dix et auquel le Mexique se trouve confronté aujourd'hui. C'est assurément aussi le défi que doivent relever les PSEM, menacés pour partie dans leur spécialisation textile par le démantèlement des accords multifibres. Dès lors, leur capacité à manier les outils modernes et à en élever leur productivité devient déterminante pour attirer de nouveaux IDE, à en maximiser les effets de diffusion et, plus généralement, à relever les défis d'un libre-échange euro-méditerranéen couplé à une large libéralisation commerciale multilatérale de l'Europe.

S'il est un secteur emblématique de la modernité et de la capacité d'adaptation d'une économie aux technologies modernes, c'est bien celui des TIC (technologies de l'information et de la communication). C'est précisément de l'état de ce secteur en Tunisie que traitent Adel Ben Youssef et Hatem M'Henni : "*Les effets des technologies de l'information et de la communication sur la croissance économique : le cas de la Tunisie*". La croissance des TIC en Tunisie au cours des vingt dernières années est indéniable, leur part dans le PIB passant de moins de 1 % en 1980 à près de 3 % en 2000. Toutefois l'impact économique des TIC reste limité ; si un effet multiplicateur de l'investissement en TIC est bien identifiable dans la croissance tunisienne, les autres canaux de transmission apparaissent perfectibles. L'effet déflateur sur les prix ne jouera pas pleinement tant que la diminution de la protection douanière sur les biens TIC ne sera pas effective. Quant aux effets sur la modification des combinaisons productives, la qualité et la productivité, ils ne sont pas encore sensibles. Au total, la Tunisie apparaît encore très loin d'une maîtrise et d'une pleine adoption des TIC.

Ce retard dans la révolution numérique, général à tous les PSEM, est-il rattrapable rapidement ou bien la fracture numérique ne va-t-elle pas disqualifier le Sud de la Méditerranée comme partenaire privilégié d'une Europe élargie qui pourrait alors se tourner encore plus qu'aujourd'hui vers les zones les plus dynamiques de l'Asie et de l'Amérique latine ? La convergence euro-méditerranéenne serait alors menacée et la fracture numérique risquerait de renouveler la symbolique de la divergence en Méditerranée.

Le pari des accords de libre-échange en Méditerranée est donc loin d'être gagné. L'instauration du libre-échange ne crée pas *ipso facto* les conditions de sa réussite. Il faut donc prendre du recul par rapport à ces accords, s'interroger sur leur nature, sur les motivations qui ont présidé à leur signature et sur les inflexions qui garantiraient la réussite d'une intégration euro-méditerranéenne par le développement effectif des PSEM. C'est bien dans cette direction que nous emmène Gérard Kébabdjian avec son "*Économie politique du régionalisme : le cas euro-méditerranéen*". Pour mieux cadrer la nature de la relation euro-méditerranéenne, il nous fait faire un détour très éclairant par l'état de la littérature de sciences économiques, de sciences politiques et d'économie politique internationale sur la question régionale et par le bouleversement conceptuel et pratique du passage du paradigme des relations économiques internationales à celui de la globalisation. De retour sur le terrain euro-méditerranéen, il dresse un bilan réaliste de l'état actuel d'un projet euro-méditerranéen qui se réduit apparemment à un désarmement commercial du Sud limité à l'industrie, une intégration de "second niveau" sans ambition et sans dynamique suffisante pour créer un véritable espace économique euro-méditerranéen. Il confirme ainsi la différence radicale de nature entre le projet américain d'intégration en profondeur (ALENA, accords bilatéraux Canada-Chili ou USA-Chili, projet de Zone de Libre-Échange des Amériques) et la "régionalisation périphérique" en Méditerranée, différence immédiatement perceptible à la simple lecture des textes (Regnault, 2003). Pour y voir plus clair dans le système relationnel qui pourrait être mis en place entre l'Europe et le Sud de la Méditerranée, Gérard Kébabdjian nous propose un nouveau détour, dans les typologies des structures d'organisation des processus régionaux, en analysant "*trois configurations distinctes de la régionalisation envisagée sous l'angle des rapports entre autonomie des marchés, souveraineté des États et coopération internationale institutionnalisée*". Ces trois configurations sont replacées dans le triangle d'incompatibilité imaginé par Deblock, Brunelle et Rioux (publié en 2003, première version en 2001) : le régime européen (celui de l'UE, pas l'euro-méditerranéen) associe l'autonomie des marchés et la coopération internationale institutionnalisée au détriment de la souveraineté des États ; le régime dominant à l'échelle mondiale et notamment dans l'hémisphère américain – dit de gouvernance régionale pure ou de régionalisation libérale – correspond à une combinaison de l'autonomie des marchés et de la souveraineté des États, au détriment de la régulation et de la coopération internationales institutionnalisées. De retour au terrain euro-méditerranéen, Gérard Kébabdjian plaide pour la troisième voie, celle du "régime régional" associant souveraineté des États et coopération internationale au détriment de l'autonomie des marchés, comme seule possibilité pour échapper à "l'option de fragmentation et de périphérisation", la plus probable sans être une fatalité. Les deux autres voies, européenne et libérale, lui apparaissent ingérables avec des partenaires méditerranéens trop hétérogènes, sans véritable culture ni institutions de marché. Pour leur indispensable modernisation, les PSEM ne peuvent se mouler dans un modèle unique et progresser au même rythme : ils doivent avancer vers des objectifs communs, mais chacun avec ses moyens propres et à son rythme, "*via la modernisation des systèmes juridico-politiques nationaux*".

Les années à venir nous diront si l'option du régime régional constitue un cadre viable pour les relations euro-méditerranéennes. Mais plusieurs doutes ne peuvent que nous assaillir :

- le respect absolu de la souveraineté des États n'est-il pas le meilleur moyen de freiner la diffusion du modèle démocratique et de bloquer ainsi les initiatives dans les PSEM en vue de remettre en cause corruption, rentes de situation et népotisme ?

- comment concilier cette souveraineté des États avec la mise en place de régimes favorisant l'attractivité des IDE ? Le caractère souvent factice de la séparation des pouvoirs dans les PSEM constitue un frein notable aux IDE, notamment des PME : en cas de conflit avec l'administration ou avec des représentants des groupes proches du pouvoir, l'investisseur étranger a peu de chances de voir ses droits respectés et d'obtenir un jugement équitable. D'ailleurs le régionalisme américain, présenté à tort comme totalement respectueux de la souveraineté des États, fait peu de cas de cette souveraineté avec le chapitre 11 de l'ALENA et les mécanismes de règlement des différends par arbitrage international, en totale rupture avec la prédominante doctrine Calvo en droit international.

Mais peut-être des questions plus radicales méritent-elles d'être posées et reliées à l'Histoire longue en Méditerranée. Qui souhaite la construction d'une région euro-méditerranéenne, au Nord et au Sud, en dehors d'élites occidentalisées au Sud et des communautés originaires du Sud et installées au Nord, de milieux économiques ayant un intérêt à un tel projet et des rares responsables politiques conscients des enjeux d'une Méditerranée apaisée par le développement du Sud ? Plus restrictif encore, qui est prêt à payer le prix d'une politique euro-méditerranéenne de développement des PSEM ?

L'Europe développe aujourd'hui un nouveau concept de politique de voisinage, concernant les relations avec l'arc de cercle qui s'étend à la périphérie de l'Europe des 25 ou 30, du Maroc à la Russie. Ces "voisins" sont supposés pouvoir accéder à toutes les dimensions et à tous les instruments de la construction européenne, à l'exception des institutions auxquelles ils ne pourront pas participer. La mise en avant de cette politique par l'Europe vise à apaiser les craintes d'effets d'éviction résultant de l'élargissement, au détriment des dits voisins. Mais, est-il bien réaliste de proposer un cadre commun, même si la mise en application se veut souple et différenciée, pour des cas aussi différents que l'immense Russie, puissance nucléaire et spatiale, et de petits pays du Sud de la Méditerranée sans capacités technologiques et largement dépendants de l'Europe pour leurs débouchés extérieurs. Cette notion de voisinage (version moderne des Marches de l'Empire carolingien ?) n'apparaît en rien opératoire pour aborder la question euro-méditerranéenne et nous n'avons que peu à en attendre pour affiner nos analyses. Par contre, pour compléter les approches très stimulantes à partir du triangle d'incompatibilité des régimes régionaux, il pourrait être utile de proposer des scénarios plus géopolitiques et introduisant les rivalités entre blocs régionaux et les contradictions internes au Nord comme au Sud. Nous ne pouvons ici qu'esquisser cette démarche.

Plusieurs scénarios sont envisageables du point de vue du développement des PSEM dans le cadre de liens différents avec l'Europe : un scénario "catastrophe" qu'on ne peut exclure, un scénario "optimiste" à faible probabilité, et un scénario "tendanciel" à probabilité maximale à court terme, mais dont on ne sait trop sur quoi il débouchera à moyen et long terme.

Le scénario catastrophe est celui de la périphérisation exacerbée des PSEM, enfermés dans un ghetto sans migrations possibles, coupés du monde et de la connaissance par la fracture numérique, déserté par un tourisme suspicieux, cantonnés dans une sous-traitance internationale de bas niveau sans effet d'entraînement sur un tissu économique local anémié par la faiblesse de la demande résultant d'une répartition au profit d'une couche privilégiée étroite, coincés dans une dépendance alimentaire aggravée par les concurrences entre les usages alternatifs de l'eau et du sol, sur fond de croissance démographique et de chômage de masse. Face à un tel bilan d'un libre-échange sans convergence, dont les impacts négatifs ne seraient pas compensés par des développements positifs, des PSEM pourraient être tentés par le repli économique, sur une base identitaire islamiste. Les mêmes causes produisant souvent les mêmes effets, le retour à un modèle de développement inspiré de la substitution à l'importation, fut-ce sur une base géographique élargie par un début d'intégration sud-sud, devrait conduire aux mêmes effets pervers, débouchant ainsi sur une nouvelle accentuation de la divergence économique, agrémentée de confrontation larvée ou ouverte, par l'intermédiaire d'éléments des communautés musulmanes en Europe, instrumentalisés par des groupes ou des États des pays d'origine. C'est le scénario de tous les dangers, la fin de la parenthèse coopérative et le retour au trend d'une Histoire longue conflictuelle en Méditerranée, peut-être le retour de la barbarie. Ce scénario peut être doté aujourd'hui d'une probabilité non négligeable à moyen terme.

Le scénario optimiste est celui de la réussite d'une régionalisation euro-méditerranéenne en profondeur, en particulier de l'extension aux PSEM de la dynamique de convergence européenne qui a si bien réussi au fil des élargissements successifs. Probablement sans participation aux institutions politiques européennes mais néanmoins en s'alignant, dans les textes et dans les faits, sur l'essentiel de l'acquis communautaire en matière de droit des affaires, de la concurrence et de règlement des différends (ce qui rassure les investisseurs étrangers), les PSEM sont intégrés à la dynamique de croissance des périphéries européennes. Cette dynamique de croissance s'inscrit certes dans une logique de marché, mais elle ne s'y réduit pas : les transferts de fonds publics y jouent un rôle fondamental. Il s'agit là, notamment, de la logique des fonds structurels européens, pour la mise à niveau des infrastructures, indispensable (entre autres choses) à une amélioration de l'attractivité pour les capitaux extérieurs (étrangers ou nationaux expatriés) ; il s'agit aussi de la mise en place d'une politique agricole euro-méditerranéenne nécessaire au dépassement des contradictions du dossier agricole euro-méditerranéen (Domecq, 2003). En dépit de l'effet d'annonce de la nouvelle politique de voisinage, c'est le scénario le moins probable dans l'état actuel d'une Europe où les principaux bailleurs de fonds ne veulent pas entendre parler d'une augmentation du budget européen, contenu à 1 % du PIB, rejoints par les appareils politico-administratifs des États nationaux qui craignent par-dessus tout la réduction de leur rôle par transferts de compétence et de ressources vers les niveaux régional et supra-national. Seul un sursaut politique, porté par des hommes lucides, pourrait faire sortir ce scénario de son improbabilité majeure : l'Euro-Méditerranée attend encore son Jean Monnet !

Le scénario tendanciel est celui du condominium libéral euro-américain en Méditerranée, au carrefour de la démission ou du désintérêt européen, de la volonté américaine de ne pas se laisser évincer de la Méditerranée (cf. les détournements de trafic évoqués par Mohamed Chater), et de calculs plus ou moins judicieux de tels ou tels PSEM soucieux des bonnes grâces américaines. La Jordanie se trouve déjà en libre-échange avec l'Europe et avec les États-Unis ; le Maroc négocie actuellement[3] un tel accord de libre-échange avec les États-Unis. La multiplication de ces accords avec les États-Unis va rendre impossible la montée en puissance de la construction euro-méditerranéenne et d'un bloc commercial euro-méditerranéen : en effet, le Maroc, une fois en libre-échange avec les États-Unis, ne pourra plus rejoindre la Turquie, déjà en union douanière avec l'Europe. Ce faisant, le Maroc semble chercher à se positionner à la chilienne dans le commerce international, en partenaire autonome : si le choix chilien du libre-échange Nord-Sud tous azimuts peut s'expliquer par le grand éloignement géographique de ce pays des grands pôles économiques mondiaux et son équidistance économique des États-Unis et de l'Europe, on peut s'interroger sur la nature des motivations du Maroc : ne sont-elles pas plus politiques qu'économiques, le Maroc ne cherche-t-il pas prioritairement l'appui américain, par exemple dans sa revendication de souveraineté sur le Sahara Occidental ? Le rôle moteur des Affaires Etrangères marocaines dans ce dossier, et non du ministère de l'Économie, plaide pour cette interprétation. Ce faisant, le Maroc risque de précipiter le délitement du projet euro-méditerranéen ... et d'en être à terme une des premières victimes, une fois que la Turquie aura rejoint une Europe désormais figée dans son déploiement méditerranéen. Ce sera donc la victoire des tenants d'un régionalisme ouvert sur les partisans d'un bloc euro-méditerranéen, à la grande satisfaction des libéraux ; beaucoup en Europe seront soulagés de voir s'éloigner définitivement la perspective d'une montée en puissance de politiques euro-méditerranéennes nécessairement coûteuses, même si l'investissement pourrait s'avérer plus que rentable à travers la stimulation de la croissance européenne par une intensification des flux intrarégionaux.

---

[3] Ces lignes sont écrites en février 2004 ; les négociations de cet accord devaient initialement être terminées pour fin 2003 mais ne sont toujours pas conclues.

Le débat sur la nature souhaitable de l'intégration économique des PSEM, condominium libéral euro-américain ou région euro-méditerranéenne affirmée, serait secondaire s'il était indifférent aux perspectives de développement des PSEM. Si l'on pense que l'ouverture des marchés peut suffire à enclencher un processus de convergence nord-sud, l'option du condominium est d'autant moins à rejeter qu'elle minimise les tensions (intra et extra européennes) et les coûts publics, dans le cadre du "*trade, not aid*". Par contre, si, tirant les leçons des processus de convergence internes à l'Europe, au fur et à mesure de ses élargissements, processus appuyés sur des politiques communes et des transferts de fonds publics, on considère qu'il faut élargir aux PSEM (ou à une partie d'entre eux) la dynamique européenne de convergence des périphéries (avec la carotte des aides structurelles et le bâton de l'acquis communautaire), l'option régionale euro-méditerranéenne doit être privilégiée ... pour autant qu'elle reste possible. Dans le cas contraire, on pourrait peut-être ne pas trop s'en alarmer en espérant que le condominium sera un *second best* acceptable, ne remettant pas trop en cause les perspectives de développement des PSEM.

Mais la véritable question, à notre sens, est bien plus sérieuse : la renonciation à la régionalisation euro-méditerranéenne n'est-elle pas l'antichambre du scénario catastrophe ? Dans le condominium, régionalisme libéral ouvert mais néanmoins régionalisme mou, la pression extérieure directe à la réforme de l'État et du système juridique sera absente, alors que l'obligation de cette réforme pourrait fonder la conditionnalité d'une insertion des PSEM dans la dynamique intégrative européenne des périphéries. Peut-on imaginer le démantèlement des positions rentières actuelles par la simple ouverture des frontières ? Si une voie autonome à la réforme peut apparaître dans certains PSEM (combien et lesquels ?), tout en jouant la carte de l'insertion économique internationale, alors le simple jeu du marché pourra peut-être dynamiser les PSEM, à condition que soient mis en place des mécanismes redistributifs rendant socialement acceptable l'effet inégalitaire du libre jeu des mécanismes de marché. Il n'est, en effet, pas certain que les populations des PSEM soient culturellement prêtes à accepter une inégalité sociale du type latino-américain. Mais, si l'on voit trop clairement les forces sociales qui ont la volonté et peut-être la capacité d'un retour au passé dans la fermeture (le scénario catastrophe), quelles sont aujourd'hui les forces sociales qui ont à la fois la volonté et la capacité de la réforme dans l'ouverture, contre les intérêts des tenants actuels des positions rentières ?

Espérons que les peuples et les élites des PSEM sauront construire eux-mêmes et mettre en œuvre leur propre scénario autonome, qu'il nous surprendra agréablement et que le scénario catastrophe n'aura été qu'un cauchemar heuristique balisant la voie d'une convergence euro-méditerranéenne. La réforme du statut de la femme marocaine – la *moudawana* – n'est-elle pas la prise d'une première bastille rentière au Sud de la Méditerranée : celle des hommes ! Bien d'autres bastilles, institutionnelles et économiques, restent à abattre.

RÉFÉRENCES

Cling J.P., Ould Aoudia J., 2003, "Le partenariat euro-méditerranéen : l'intégration en trompe-l'œil", *Économie et Statistique*, n° 363-364-365, pp. 295-301.

Daudin G., 2003, "La logistique de la mondialisation", *Revue de l'OFCE*, n° 87, pp. 411-435.

Deblock C., Brunelle D., Rioux M., 2003, "Zone de libre-échange des Amériques et intégration en profondeur asymétrique", chap. 22 in Regnault H. (sous la dir. de), *Intégration euro-méditerranéenne et stratégies économiques*, L'Harmattan, pp. 313-325.

Domecq J.P., 2003, "Les enjeux de la libéralisation agricole au Maghreb", chap. 14 in Regnault H. (sous la dir. de), *Intégration euro-méditerranéenne et stratégies économiques*, L'Harmattan, pp. 209-218.

Horton B., 1990, *Morocco: Analysis and Reform of Economic Policy*, World Bank EDI, 132 p.

Kébabdjian G., 1995, " Le libre-échange euro-maghrébin : une évaluation macroéconomique", *Revue Tiers-Monde*, 36, 144, pp. 747-770.

Mella J.M., Regnault H., 2003, "L'intégration régionale Nord-Sud : une nouvelle stratégie de développement ?", chap. 16 in Regnault H. (sous la dir. de), *Intégration euro-méditerranéenne et stratégies économiques*, L'Harmattan, pp. 235-244.

Michalet Ch.A., 1997, "Investissements étrangers : les économies du sud de la Méditerranée sont-elles attractives", *Maghreb-Machrek*, Hors-série, Décembre, pp. 43-52.

Péridy N., 1991, "An Appraisal of the Impact of EEC Preferential Tariff Policy on Morocco's Export Performance", Thesis, European University Institute, Florence, July, 302 p.

Regnault H., 2003, "Euromed, ALENA: une lecture comparative des accords, chap. 20 in Regnault H. (sous la dir. de), *Intégration euro-méditerranéenne et stratégies économiques*, L'Harmattan, pp. 289-299.

LE DÉCLIN DU MONDE MUSULMAN À PARTIR DU MOYEN ÂGE : UNE REVUE DES EXPLICATIONS

Jacques BRASSEUL*

Résumé - *Depuis son apogée au Moyen Âge, le monde musulman a perdu la première place parmi les grandes civilisations, laissant la révolution scientifique se dérouler en Europe occidentale au XVII*e *siècle et la révolution industrielle aux XVIII*e*-XIX*e. *De même, le système politico-économique moderne de la démocratie capitaliste de marché, qui tend à être adopté un peu partout, est né en Europe à ces mêmes époques. Cet article présente dans une première partie les caractères du recul et passe en revue dans une seconde partie les principales théories explicatives, depuis les facteurs géographiques jusqu'aux facteurs institutionnels, en passant par les analyses économiques ou démographiques.*

Mots-clés - ISLAM, MOYEN ÂGE, DÉVELOPPEMENT, TECHNIQUES, AGRICULTURE, ÉCHANGES INTERNATIONAUX, DÉMOGRAPHIE, INSTITUTIONS, RELIGION, ESCLAVAGE, VILLES, TRANSPORTS, GENRE.

Classification JEL : N2, N3, N4, P4, P5, R4.

---

* CRERI, Université du Sud Toulon-Var.

"Pendant la conversation, le général Bonaparte dit aux cheikhs que les Arabes avaient cultivé les arts et les sciences du temps des califes, mais qu'ils étaient aujourd'hui dans une ignorance profonde et qu'il ne leur restait rien des connaissances de leurs ancêtres : le cheikh Sadat répondit qu'il leur restait le Coran qui renfermait toutes les connaissances. Le général demanda si le Coran enseignait à fondre les canons. Tous les cheikhs présents répondirent hardiment que oui." (cité par Laurens, *L'Expédition d'Égypte*, Armand Colin, 1989)

La question du déclin de la civilisation islamique depuis le Moyen Âge n'en finit pas d'alimenter les débats des historiens, des sociologues, des géographes et des économistes[1]. Braudel (1979) parle de "l'irritant problème de la décadence, problème malheureusement sans solution". Ce sont pourtant ces solutions, ces explications, qui seront présentées ici, à travers des extraits de textes significatifs. Bernard Lewis, dans son histoire du Moyen-Orient (1996), décrit le triple apport culturel du monde musulman : l'apport perse depuis l'Antiquité, l'apport arabe à partir du VIIe siècle, et l'apport turc depuis le XIe. Il est aussi influencé par l'Asie centrale et la Chine, la puissance de cette dernière ayant pour effet de rejeter les envahisseurs vers l'Ouest, vers l'Islam, comme ce fut le cas pour les Mongols, puis les Turcs, fondateurs de l'Empire ottoman. L'actualité des dernières années a mis ce vaste ensemble au devant de la scène mondiale, avec la montée du fondamentalisme, de l'islamisme radical, les attentats du onze septembre et nombre de conflits récents (Tchétchénie, Kosovo, Afghanistan, Irak, Palestine, Algérie) qui impliquent des peuples musulmans : selon l'expression de Huntington (1996), l'Islam a actuellement des frontières sanglantes. On essaiera ici de faire le lien entre les diverses théories du déclin et la situation actuelle du monde musulman, en présentant les caractéristiques de cette évolution, puis les analyses.

1. LA QUESTION DU DÉCLIN

1.1. De la grandeur au déclin

"L'encre de l'élève est plus sacrée que le sang du martyr." (Mahomet)

Au Moyen Âge, l'Islam[2] atteint son apogée, il domine intellectuellement, techniquement, scientifiquement, se trouve au carrefour des échanges et son

---

[1] Pour des visions comparées Islam-Occident, voir Daniel (1960), Maalouf (1983), McNeill (1963), Said (1978), Temin (1997), Tolan (2003).

[2] Sur l'usage des mots *islam*, *musulman*, *islamique*, *islamisme*, on retiendra les règles et sens suivants (cf. Laurens, 2000) : L'*Islam* avec une majuscule désigne la civilisation islamique, *islam* avec une minuscule désigne la religion. *Musulman* avec une majuscule désigne une appartenance communautaire et *musulman* une identité religieuse, comme chrétien, juif, etc. Les puristes utiliseront l'adjectif *musulman* pour désigner un état de fait et l'adjectif *islamique* une intention : ainsi parle-t-on du *monde musulman* et de la *Ligue islamique*. Le mot *islamisme* renvoie à une utilisation politique de la religion, *intégrisme* ou *fondamentalisme* signifient une volonté de retour étroit aux textes d'origine.

économie est la plus développée[3]. Les grandes villes musulmanes sont les équivalents des New York, Londres, Paris ou Tokyo d'aujourd'hui. C'est ce qu'exprime par exemple Ibn Khaldûn, ébloui à son arrivée en Égypte : "Celui qui n'a jamais vu Le Caire ne pourra jamais mesurer le degré de puissance et de gloire de l'Islam."

Dans l'Espagne musulmane du Xe siècle (al-Andalus au temps d'al-Mansour, calife de Cordoue, 976-1002) on assiste à l'essor de la science arabe[4], longtemps en avance sur les autres : "Une science d'abord importée d'Orient, sur fond de culture hellénistique et latine, puis devenue autochtone dans tous les domaines : algèbre, astronomie, biologie, botanique, zoologie, musique. L'Andalousie adopte le système de numérotation indien, dit de position, avec une base 10, et dont la pièce maîtresse devient le zéro. C'est le moment où les érudits arabes se soucient moins désormais d'*expliquer la nature que d'agir sur elle*. Cette conversion utilitariste stimule les talents et les inventions. Le meilleur chirurgien musulman, Abulcasis, vit alors à Cordoue. On y construit un planétarium ; on fabrique des astrolabes, des horloges, des cadrants ; on utilise les tables astronomiques indiennes ; et on ouvre des parcs zoologiques et des jardins botaniques ; on met au point des pharmacopées." (Langellier, 2000).

Diamond (1997) de son côté évoque également l'avance musulmane et situe le retournement : "L'Islam médiéval était techniquement avancé et ouvert à l'innovation. Il avait atteint un niveau d'alphabétisation bien supérieur à celui de l'Europe contemporaine, assimilé l'héritage de la civilisation antique, inventé ou amélioré les moulins à vent, les moulins à eau (y compris ceux utilisant les marées), la trigonométrie, les voiles latines, réalisé des avancées majeures dans la métallurgie, la chimie et la mécanique, développé les techniques d'irrigation, adopté le papier et la poudre venus de Chine. Au Moyen Âge, le flux de technologie allait de façon écrasante de l'Islam vers l'Europe, plutôt que le contraire comme c'est le cas aujourd'hui. Les flux nets s'inversent vers 1500."

Un apogée vers 1500 donc, selon Diamond, mais d'autres auteurs datent le début du déclin à des époques différentes. Pour Landes (1998), on peut situer le sommet en 1187, quand Saladin reprend Jérusalem aux croisés : "*from that peak moment, the course of Islam was mostly downhill*". Des gains importants continueront à être réalisés, par des conquêtes territoriales et la progression de la foi, notamment en Europe par l'Empire ottoman, mais le déclin apparaîtra clairement au XVIIe siècle : "*No one who looked around could be blind to the shifting balance of power; Islam had become an economic and intellectual backwater*".

---

[3] Sur l'Islam classique, voir Burlot (1990), Hourani (1991), Lombard (1971), Mantran (1969), Riché (1968), Sourdel (1968).

[4] Sur les sciences dans le monde musulman, voir Arnaldez et alii (1966), Huff (1991), Rashed (1997).

Une autre date souvent avancée est celle des invasions mongoles : après la destruction de Bagdad[5] (1258), les Mongols règnent pendant près d'un siècle sur l'Iran et l'Irak. Ils sont arrêtés et défaits en Syrie par les Mamelouks venus d'Égypte, une élite militaire d'anciens esclaves, qui s'imposera ensuite au Caire. C'est la fin de l'expansion mongole vers l'ouest, mais le monde musulman ne se remettra que difficilement de cette invasion, elle a eu des effets terribles et durables sur l'économie, provoquant notamment un désastre sans précédent pour le réseau d'irrigation (Laurens, 2000).

Pour Ralph Peters[6], il s'agirait de la fin du Moyen Âge : "Dix ans avant l'invention de l'imprimerie par Gutenberg[7], un prince, astronome, mathématicien et poète, Ulugh Beg de Samarcande, construisit un grand observatoire. C'était un génie, leur Galilée, mais les mollahs l'ont assassiné, et cet instant est le point à partir duquel tout a commencé à se calcifier. Il y a des myriades de facteurs dans le déclin islamique, mais le déclin s'est lui-même avéré irréversible. Les musulmans n'en ont jamais fait le tour ; ils n'ont jamais eu leur réforme pour briser la voie unique."

Braudel (1979) rappelle à son tour les différentes dates proposées pour le déclin de l'Empire ottoman, successeur de l'Islam classique : "Pour certains, il aurait atteint son zénith politique dès 1550, durant les dernières années de Soliman le magnifique ; pour un autre, la décadence se marquerait à partir de 1648 (assassinat du sultan Ibrahim Ier)... S'il fallait absolument proposer une date, je préfèrerais celle de 1683, au lendemain du siège dramatique de Vienne, quand le sultan fait étrangler à Belgrade le Grand Vizir Kan Mustapha, héros malheureux de l'entreprise."

---

5 "Houlagou commença par attaquer les Ismaïliens, la terrible secte des Assassins, dans ses repaires montagneux, et les extermina ; puis il porta la guerre contre le calife abbasside de Bagdad, chef spirituel de l'islam sunnite qui, en dépit de toutes les dominations étrangères, Bouyides et Seldjoukides, avait réussi à se maintenir. Bagdad fut prise le 10 février 1258 : les habitants reçurent l'ordre de sortir de la ville et ils furent massacrés par les Mongols. Le sac de la cité dura dix-sept jours. Quant au calife, après avoir été contraint de livrer ses trésors les mieux cachés, il fut cousu dans un sac et foulé aux pieds par des chevaux. La plus grande partie de la ville fut alors livrée aux flammes" Pietri (1971). Houlagou est le petit-fils de Gengis Khan, mort en 1227. René Grousset évoque la cérémonie : "Suivant la coutume, des mets furent offerts pendant trois jours à ses mânes. Son fils fit choisir, dans les familles des chefs et des généraux, les plus belles filles au nombre de quarante ; elles furent parées de riches vêtements, de joyaux d'un grand prix et... on les envoya servir Gengis Khan dans l'autre monde" (*L'empire des steppes*, Payot, 1960).

6 Voir son dernier ouvrage : *Beyond Baghdad: Postmodern War and Peace*, Stackpole Books, 2003.

7 En 1434 à Mayence. Cosandey (1997) évoque également cet épisode : "En 1424, il fit construire un observatoire pourvu d'un astrolabe, d'une sphère armillaire et d'un sextant de quarante mètres de rayon, le plus grand du monde à l'époque, qui permettait une précision de quatre secondes d'arc. Mais, en 1449, Ulugh Beg fut assassiné. L'observatoire fut fermé après une vingtaine d'années de fonctionnement. Il fut rasé de fond en comble, en 1460, par des fanatiques musulmans."

Pour Hourani enfin (1991), le déclin ne date que du XVIIIe, à l'aube de la révolution industrielle en Occident : "Jusqu'au milieu du siècle, les relations entre l'Empire ottoman et l'Europe chrétienne pouvaient encore être considérées par les Ottomans comme basées sur une force égale... Dans le dernier quart cependant, la situation commença à changer rapidement et fortement, au fur et à mesure que l'écart entre les techniques de quelques pays du nord-ouest de l'Europe et celles du reste du monde augmentait de plus en plus."

Quelle que soit la date, 1187, 1258, 1500, 1550, 1683, 1750, le déclin est incontestable, même si Lévi-Strauss (1952) nous rappelle avec raison la prudence avec laquelle il faut parler de l'avance ou du retard d'une civilisation quelconque : "L'exemple de la révolution néolithique doit inspirer quelque modestie quant à la prééminence que l'homme occidental pourrait être tenté de revendiquer au profit d'une race, d'une région ou d'un pays. La révolution industrielle est née en Europe occidentale ; puis elle est apparue aux États-Unis, ensuite au Japon ; depuis 1917 elle s'accélère en Union soviétique, demain sans doute elle surgira ailleurs ; d'un demi-siècle à l'autre, elle brille d'un feu plus ou moins vif dans tel ou tel de ses centres. Que deviennent, à l'échelle des millénaires, les questions de priorité, dont nous tirons tant de vanité ? A mille ou deux mille ans près, la révolution néolithique s'est déclenchée simultanément dans le bassin égéen, l'Égypte, le Proche-Orient, la vallée de l'Indus et la Chine... Il est probable que trois ou quatre petites vallées pourraient, dans ce concours, réclamer une priorité de quelques siècles. Qu'en savons-nous aujourd'hui ? Par contre, nous sommes certains que la question de priorité n'a pas d'importance, précisément parce que la simultanéité d'apparition des mêmes bouleversements technologiques, sur des territoires aussi vastes et dans des régions aussi écartées, montre bien qu'elle n'a pas dépendu du génie d'une race ou d'une culture, mais de conditions si générales qu'elles se situent en dehors de la conscience des hommes. Soyons donc assurés que, si la révolution industrielle n'était pas apparue d'abord en Europe occidentale et septentrionale, elle se serait manifestée un jour sur un autre point du globe. Et si, comme il est vraisemblable, elle doit s'étendre à l'ensemble de la terre habitée, chaque culture y introduira tant de contributions particulières que l'historien des futurs millénaires considérera légitimement comme futile la question de savoir qui peut, d'un ou de deux siècles, réclamer la priorité pour l'ensemble."

1.2. Aspects du retard

Selon Lynn White (1978) les origines de la percée technique de l'Europe remontent aux premiers temps du *Moyen Âge*, quand les paysans et les artisans commencent à développer des technologies et des innovations plus efficaces que celles des cultures pourtant plus évoluées de Byzance et l'Islam. Presque un millénaire après, au XVe siècle, avec la fabrication de machines de plus en plus complexes, l'Europe avait dépassé les autres civilisations et pris une avance mondiale dans les techniques. Quelques innovations venaient de Chine, d'autres avaient été réalisées sur place. Le résultat de cette évolution se traduit par la constitution d'un capital matériel et physique avancé, celui du capitalisme moderne à ses débuts : "La poudre à canon est arrivée en Europe depuis la Chine à travers l'Islam. En 1258, des fusées sont utilisées à Cologne, et un an plus tard Roger Bacon en a connaissance. La question de savoir si le canon (ie un tube en métal où des gaz en expansion expulsent un boulet) a été inventé en Chine ou en Europe n'est pas claire. Les canons apparaissent à l'Ouest dans les années 1320, et avec certitude en Chine seulement en 1332. L'Islam acquiert le canon en Occident, comme le Japon, au XVIe siècle. Les contacts entre l'Europe et la Chine au début du XIIIe siècle étaient si vivaces que les emprunts ont pu avoir lieu dans l'un ou l'autre sens. L'impact de la poudre et du canon en Europe a été lent à se développer, et les armes à feu légères ne devinrent efficaces que dans la seconde moitié du XVe siècle. Néanmoins, en 1500, les Européens avaient de loin le meilleur équipement militaire dans le monde, et ils avaient construit une industrie chimique importante pour produire la poudre et une métallurgie lourde pour fabriquer les canons. Ils avaient construit un arsenal adapté pour une conquête globale. [...] En 1500, le dynamisme technologique du Moyen Âge avait donné à l'Europe une offre régulière de nourriture, une compétence mécanique et industrielle, un avantage dans les armes, une technologie maritime lui permettant de s'aventurer sur toutes les mers, tout cela autorisant les Occidentaux de ce temps de réunir les histoires jusque-là séparées des peuples dans une expérience unique pour toute l'humanité. Ce fut un moment historique qui ne pouvait arriver qu'une seule fois."

Aux *Temps modernes*, les Ottomans ne peuvent pas suivre les innovations réalisées en Europe de l'Ouest, qui tendent à s'accélérer à partir de la Renaissance, y compris dans le domaine militaire et maritime, comme le rappelle Hourani (1991) : "Pendant les siècles de domination ottomane, il y eut un déclin du niveau scientifique et une absence d'avancées technologiques. La connaissance des langues européennes était limitée, ainsi que celle des techniques réalisées en Europe. Les théories de Copernic par exemple, dans le domaine astronomique, ne furent mentionnées pour la première fois, et encore brièvement, qu'à la fin du XVIIe siècle... Alors que l'Europe occidentale était engagée dans un processus d'accumulation constante des ressources, de recul des famines et des maladies, les pays ottomans, comme d'autres parties d'Asie et d'Afrique, étaient encore livrés à la peste et aux disettes, la population avait baissé par endroits, et la production ne générait pas d'investissement... On assiste également à un recul militaire, avec la défaite devant les Russes en 1774, qui avaient modernisé leur armée selon les méthodes occidentales : la mer Noire cesse d'être un lac ottoman, les Russes s'installent en Crimée, une région peuplée de musulmans, l'annexent à leur empire et fondent Odessa. [...] En ce qui concerne le commerce avec l'Europe, les pays du Moyen-Orient et du Maghreb tendent à devenir des fournisseurs de matières premières et des acheteurs de produits manufacturés."

A *l'époque contemporaine* enfin, la décadence de l'Empire ottoman apparaît flagrante au XIXe siècle, malgré les tentatives de réformes (*Tanzimat*) et le sursaut de l'Égypte sous Mehemet Ali (cf. Laurens, 2000). Le monde musulman ne peut résister à l'expansion colonialiste de l'Europe. Ce retard n'a pas été rattrapé après la Deuxième Guerre mondiale, avec le retour à l'indépendance[8].

Un rapport du PNUD sur le monde arabe[9], écrit par une équipe d'intellectuels musulmans, tente de déterminer les causes de l'échec économique. La presse s'en fait l'écho en évoquant "la faillite économique patente des 22 pays qui s'étendent du Golfe à l'Atlantique" (Le Boucher, 2003). L'IDH et l'IADH[10] sont plus défavorables que partout ailleurs, sauf en Afrique subsaharienne. Le secteur privé industriel est marginal et peu dynamique, la recherche embryonnaire, les capitaux fuient les pays et vont se placer dans le monde développé ou les paradis fiscaux. La main d'œuvre qualifiée, souvent formée à l'étranger, a tendance à y rester... Un cercle vicieux de défiance, limitant l'investissement, l'emploi et la productivité, tend à s'installer, en dehors de quelques cas exceptionnels comme la Tunisie. Face à cette situation, des réactions de victimisation, souvent entretenues par les gouvernements, masquent les vrais problèmes et favorisent la montée des extrêmes. Les explications présentées par le rapport sont les suivantes : des lacunes au niveau de la liberté politique, du savoir, et du pouvoir des femmes, ce que les auteurs appellent "les trois déficits du monde arabe".

– *Le manque de liberté* : régimes autoritaires et/ou paternalistes[11], élections truquées, confusion entre exécutif et législatif (les auteurs notent l'absence de termes qui les distinguent en arabe), censure, pression sociale et religieuse, absence d'alternance par le vote, etc. En outre, les postes ne sont pas obtenus au mérite, mais en fonction des relations : on n'a pas un emploi dans la fonction publique *pour ce qu'on connaît,* mais *grâce à celui qu'on connaît...* La

---

[8] Sur l'évolution récente du monde musulman, voir Ajami (1998), Corm (2002), Khoury, Tuény et Lacouture (2003), Naipaul (1981, 1998).

[9] Étude parue en 2002 et portant sur les 22 pays membres de la *Ligue arabe* qui représentent 284 millions de personnes mais qui produisent un PIB total inférieur à celui de l'Espagne (cf. bibliographie : Fergani, Maksoud, 2002). Ces pays comptent nombre de minorités non arabes (40 % au Maroc par exemple, 30 % en Irak) ; certains n'ont presque pas d'Arabes, comme la Somalie, d'autres comme le Soudan ont une majorité de non musulmans, ce qui fait qu'au total le nombre d'Arabes s'élèverait à 190-200 millions de personnes, soit seulement 17 % des musulmans dans le monde.

[10] *L'Indicateur alternatif du développement humain* exclut le revenu par tête, mais inclut des indices de liberté politique, d'accès à Internet et d'émission de dioxyde de carbone. Il a été mis au point par le rapport du PNUD sur le monde arabe et est encore plus défavorable pour celui-ci que l'IDH (*Indicateur du Développement humain*, incluant des mesures de l'espérance de vie, de l'éducation, de l'alphabétisation et du PIB/hab. en parité de pouvoir d'achat).

[11] Al Sadate avait ainsi coutume de s'adresser aux Égyptiens en commençant par : "Mes enfants..."

plupart des pays de la région pratiquent un mélange "de nationalisme protectionniste et de socialisme bureaucratique", ils résistent à l'ouverture politique et économique et s'enferment dans un "étatisme introverti[12]".

– *Les lacunes du savoir* constituent le deuxième déficit : la dégradation de l'enseignement, son inadéquation aux besoins de l'économie, l'absence totale de scolarisation de trop nombreux enfants (10 millions d'enfants non scolarisés pour l'ensemble du monde arabe), le nombre élevé d'illettrés, caractérisent ces pays. La recherche et le développement sont limités, les techniques nouvelles peu diffusées (1 % de la population dispose d'un ordinateur, moins encore peuvent accéder à Internet). Le rapport conclut sur une image saisissante : dans les quelque 1200 années qui suivent le calife abbasside Mamoun (786-833), les pays arabes ont traduit autant de livres que l'Espagne en traduit actuellement en un an.

– *Le statut des femmes* reste inférieur. La moitié du potentiel productif est ainsi mal ou peu utilisé, expliquant en grande partie le sous-développement. La majorité des femmes n'ont pas d'emploi salarié et restent exclues du marché du travail. Une femme sur deux ne sait ni lire ni écrire et sur 65 millions d'illettrés dans les pays retenus, 44 sont des femmes. Leurs *entitlements* (droits, titres, au sens large), au sens de Sen, restent limités.

Au plan économique cependant, Cohen (2001) fait observer qu'il n'y a pas de "malédiction islamique", il suffit pour s'en convaincre de comparer l'évolution de pays voisins, habités par les mêmes peuples, les uns musulmans, les autres non : la Malaisie musulmane s'est aussi bien développée que la Thaïlande (6 990 dollars par tête contre 5 840) ; le Sénégal que la Côte d'Ivoire (1 750 contre 1 730) ; le Pakistan que l'Inde (1 540 contre 1 700), etc. De même en va-t-il des indicateurs sociaux et démographiques, qui ne comportent pas de différences notables : l'Indonésie musulmane a vu par exemple son indice de fécondité baisser davantage que les pays voisins (2,6 enfants par femme, contre 3 en Inde et 3,6 aux Philippines).

D'autre part, si les pays musulmans n'ont pas suivi l'évolution démocratique de l'Amérique latine, de l'Europe orientale et de certains pays d'Asie depuis la chute du mur en 1989, l'absence de démocratisation a peut-être des causes simplement transitoires. La montée des islamistes (voir encadré) qui monopolisent l'opposition, est un obstacle à la tenue d'élections et à une alternance politique. Les classes moyennes, qui pourraient être les championnes de la démocratie hésitent à tenter de véritables élections, de peur de laisser définitivement le pouvoir aux extrémistes : "La raison pour laquelle la démocratie a peu pénétré l'Islam n'a rien à voir avec une quelconque incompatibilité essentielle de la religion. [...] La démocratisation a échoué dans

[12] Voir aussi Ajami (1998) et Khoury et alii (2003).

une large mesure à cause du danger radical : la crainte que ce sera *un homme, une voix, une fois...*" (The Economist, 2003).

L'islam contient dans le Coran, un ensemble de lois données par Dieu, envoyées directement à Mahomet, et donc non sujettes à révision. Mais dans la pratique, ces lois sont peu nombreuses en ce qui concerne l'organisation sociale et en tout cas insuffisantes pour les besoins d'un État moderne. Il faut bien en trouver d'autres, par exemple, sur le mode de nomination du gouvernement, ce qui laisse la place à des pratiques démocratiques. On peut même trouver des notions dans le Coran qui encouragent ces pratiques, comme le consensus (*ijma*) et la consultation (*shura*).

Fondamentalisme islamique

Selon Bernard Lewis, "une raison du problème de l'islamisme est que les pays musulmans sont encore profondément musulmans, alors que la plupart des pays chrétiens ne sont plus véritablement chrétiens." L'islamisme rejette l'idée que les hommes font la loi, qui est à la base de la démocratie, car *l'homme ne peut être sous la domination de l'homme*, vague écho du fameux thème marxiste, l'exploitation de l'homme par l'homme. Les islamistes les plus radicaux vont même jusqu'à condamner toute organisation politique : le cheikh Abd al-Rahman, impliqué dans le premier attentat contre le *World Trade Center*, en 1993, avait émis une fatwa interdisant tous les partis politiques, y compris les partis islamistes...

Les partisans d'al-Qaeda considèrent que l'islam est l'objet d'une double agression : pas seulement une agression militaire d'un Occident hostile (en Irak, en Palestine, en Tchétchénie, etc.), mais aussi d'une agression interne, car les valeurs occidentales sont répandues par des régimes impies et détruisent le sens même de l'islam. Cette double attaque doit être combattue par le *jihad*, dans les deux sens que cette notion a pour les musulmans : un effort personnel pour une soumission plus parfaite à la foi, et une lutte armée contre les ennemis de l'islam. Comme l'exprime un des auteurs qui a inspiré les islamistes actuels, Saïd Qoutb, Frère musulman, exécuté en Égypte en 1966 : "Partout et à toutes les époques les hommes ont à faire face à un choix clair : soit observer la loi de Dieu dans sa totalité, soit appliquer des lois faites par les hommes d'une catégorie ou d'une autre. Voilà le choix : Islam ou *jahiliyya* (ignorance). La *jahiliyya* moderne, dans les sociétés industrielles d'Europe ou d'Amérique, est essentiellement identique à l'ancienne *jahiliyya* de l'Arabie païenne et nomade. Car dans les deux systèmes, l'homme est sous la domination de l'homme, au lieu d'être sous celle d'Allah. [...] La terre que les musulmans doivent chérir n'est pas un pays, mais la totalité du *Dar al-Islam* (la demeure de l'islam). Toute terre qui limite la pratique de l'islam ou n'applique pas la loi de la Charia devient de ce fait même une partie de *Dar al-Harb* (le domaine de la guerre). Elle doit être combattue, même si ses propres amis, sa propre famille, sa propre patrie, son capital et ses affaires, se trouvent en son sein."

Le cas de l'Iran est un peu particulier, Khomeiny avait établi un système (dit *wilayat al-faqih*, dirigé par les juristes), dans lequel l'arbitre final du pouvoir politique devait être le religieux le mieux qualifié pour comprendre le véritable sens de la loi et de la tradition islamique, c'est-à-dire lui-même... La constitution iranienne actuelle prévoit un président élu et une assemblée consultative élue, mais les lois doivent être validées par un conseil dominé par les mollahs, qui vérifie qu'elles s'accordent à la loi islamique, telle qu'ils la conçoivent. On est assez loin de la démocratie, bien que certaines procédures s'en approchent. Le pays est actuellement divisé entre les réformistes du président élu, Khatami, et les mollahs conservateurs qui ne veulent rien changer au système de contrôle légué par Khomeiny. L'Iran est ainsi le point focal en Islam du débat sur la démocratie : selon que l'un ou l'autre parti l'emporte, une réponse sera donnée à la question de savoir si l'islamisme est compatible avec elle. Le cas de la Turquie est différent, car il s'agit d'un État laïc, où un parti islamiste modéré a remporté les élections, mais un parti qui accepte les règles laïques et le jeu démocratique.

Kepel (2001) analyse la montée et ce qu'il considère comme le déclin de l'islamisme, ou islam politique (voir aussi Roy, 1992). Il est lié à trois groupes sociaux : les intellectuels islamistes, voix du mouvement ; les jeunes déclassés des grandes villes ; la classe moyenne pieuse, écartée des bénéfices de la décolonisation. Comme ces trois groupes ont des intérêts divergents, l'islamisme a échoué à s'emparer du pouvoir, sauf en Iran[13] avec la révolution de Khomeiny, qui figure comme une exception et dont l'évolution réformiste actuelle tend à confirmer la thèse de l'auteur. La classe moyenne exclue veut simplement remplacer les gens au pouvoir, tandis que les jeunes des banlieues veulent détruire le système corrompu en place, et là où la guerre civile s'installe, comme en Algérie, ils s'engagent dans la clandestinité et effrayent par leurs violences la classe moyenne. Le divorce est consommé, les chances d'accéder au pouvoir reculent. L'islamisme est donc sur la défensive, selon Kepel, et le coup d'éclat du onze septembre, serait plus un dernier feu que l'annonce d'une guerre des cultures, "un symbole désespéré de son *isolement, fragmentation et déclin*". Même idée chez Abdelwahab Meddeb, dans *La maladie de l'islam*, 2003 : "C'est l'échec inéluctable de l'entreprise terroriste qui constitue la deuxième similitude entre les deux mouvements : *al-qâ'ida* est destinée à échouer comme ont échoué les Assassins. L'organisation créée par Ben Laden échouera comme tout mouvement similaire a échoué à travers l'histoire. C'est une leçon extraite de la pratique humaine. La chronique n'a enregistré que l'échec pour ce type d'action irrédentiste, animée par la fureur et *l'hubris*. La durée en politique s'obtient par la prudence et l'art du compromis. Seule reste ouverte l'estimation du prix que coûtera au monde un tel échec."

Depuis Nasser, les partisans du panarabisme, un mélange d'idéal socialiste et de volonté d'unification du monde arabe, ont soutenu que les puissances coloniales avaient délibérément affaibli les Arabes en découpant leur territoire en petits États artificiels : "Les Arabes forment une nation, cette nation a le droit naturel de vivre dans un seul État" (parti Baas). Cela explique les efforts d'unification, sur le modèle de l'intégration européenne, ou d'unions politiques,

[13] Les chiites, surtout présents en Iran et en Irak, représentent 15 % des musulmans (voir Fuller et Francke, 2000).

mais ils ont échoué ou sont peu avancés (Union du Maghreb Arabe[14], *Arab Cooperation Council*[15], *Gulf Cooperation Council*[16]). Malgré une culture et une langue commune, une forte croissance démographique, une abondance en ressources énergétiques, rien n'y fait, les nationalismes restent vivaces, la croissance économique est inférieure à 1 % par an depuis 1990 et le revenu par tête diminue régulièrement, même dans les pays pétroliers comme le Koweït, les Émirats, la Libye... Avec 20 % de la population mondiale, les pays musulmans ne produisent que 6 % des richesses. Comment en est-on arrivé là ?

2. DES CAUSES ENTRECROISÉES

Dans l'analyse des premiers orientalistes en Europe, ceux des Lumières, le déclin arabe s'explique par l'étouffement progressif de la liberté de penser, mais aussi par la conquête ottomane, comme la conquête de Rome par les Barbares a été la cause des siècles obscurs et du Moyen Âge. C'est cette vision du XVIIIe siècle que rappelle Laurens (2000) : "L'Islam des premiers siècles, grâce en particulier au despotisme éclairé des califes omeyyades et abbassides, a été très tolérant envers la pensée libre des philosophes arabes, mais à partir du XIIIe siècle, le fanatisme religieux a pris le dessus et *l'Islam a progressivement interdit toute pensée libre, toute curiosité intellectuelle*. D'autre part, les Turcs, essentiellement barbares, ont imposé un despotisme militaire étouffant, appuyant le fanatisme religieux dans la suppression de la liberté de penser. Les Turcs sont jugés être des conquérants *au même titre par exemple que les Germains de l'Antiquité tardive*."

La deuxième explication a été aujourd'hui abandonnée, du fait de l'évident raffinement de la cour et de la société ottomanes qui héritent de la culture byzantine. Mais la première, basée sur la religion et les comportements, reste une explication essentielle, comme on le verra plus bas. Cependant, par la suite, ce sont des facteurs économiques, reposant sur l'agriculture et le commerce, qui ont surtout été avancés. On les isolera par souci de clarté, mais ces diverses explications sont évidemment liées entre elles.

2.1. Agriculture

Les traits de l'agriculture sont façonnés par la rareté de l'eau. Les techniques d'irrigation héritées de l'Antiquité sont raffinées par les paysans musulmans : les *chadoufs*[17], les *norias*, les barrages et les canalisations, les *qanats* (canaux), sont des exemples de ces méthodes qui impliquent une gestion commune ainsi qu'une intervention de l'État. Les terres sont cultivées à l'aide de

---

[14] UMA : Maroc, Algérie, Tunisie, Mauritanie, Libye.

[15] ACC : Égypte, Irak, Jordanie, Yémen du Nord.

[16] GCC : Arabie Saoudite, Koweït, EAU, Bahreïn, Qatar, Oman.

[17] Chadouf : système d'exhaure (épuisement des eaux d'infiltration) à levier qu'on appelle aussi Chilal.

l'araire, mieux adaptée aux sols secs, et avec peu d'engrais. Les agriculteurs cohabitent avec les éleveurs dans une relative harmonie : on a parlé de symbiose entre culture et élevage dans le monde musulman (Hourani, 1991). La propriété est publique pour l'essentiel[18] : les terres conquises sont attribuées au calife et exploitées directement par l'État (faire-valoir direct), ou indirectement par des particuliers en régime de métayage (une part des récoltes est versée à l'État). Les terres privées sont soumises à l'impôt (*kharaj*). Les productions sont librement commercialisées et les principales libertés économiques sont respectées.

Cependant l'économie rurale va se dégrader sous les Ottomans. L'institution de la ferme fiscale, *l'iltizam*, est considérée par de nombreux auteurs comme un facteur de ruine progressive de l'agriculture et par là de déclin de l'empire. Les impôts sur les terres sont affermés aux *multazim*, notables rappelant les fermiers généraux de l'Ancien Régime, pour des durées courtes. Ils versent à l'État à l'avance les sommes et se chargent ensuite de les récolter auprès des paysans. Selon Laurens (2000), le système est extrêmement négatif, car le *multazim* "ne détenant que pour une courte durée sa ferme fiscale, surexploite les paysans provoquant ainsi la ruine de l'agriculture." Les paysans sont considérés, selon la tradition musulmane, comme les occupants de terres qui appartiennent au pouvoir. La gestion est opérée de façon collective par la communauté villageoise. On retrouve un système communautaire, comparable à *l'open field*, mais avec une propriété étatique. Les propriétés privées sont rares.

De la même façon, pour Deyon et Jacquart (1978), la stagnation économique de l'Empire ottoman s'explique en outre par la formation de grands domaines mal gérés : "Leurs titulaires, investis par la faveur des vizirs et des eunuques de Palais, voyaient essentiellement une source de revenus et de puissance locale... On retrouve ici les inconvénients du système latifundiaire, aggravés par l'incurie administrative, les exactions des agas et des pachas, la sujétion supplémentaire des infidèles. La mise en valeur du sol reste très incomplète et très archaïque. D'immenses étendues montagneuses sont abandonnées aux migrations des troupeaux de chèvres et d'ovins. Ailleurs les paysans pratiquent une polyculture médiocre, qui assure à peine leur subsistance et la satisfaction des exigences des notables ... qui se réservent jusqu'aux deux tiers de la récolte ... Dans ces conditions, les paysans, qu'ils soient musulmans ou chrétiens, ne peuvent espérer aucune amélioration de leur sort ... Quant aux revenus accumulés par le sultan, par ses favoris et par les membres de l'aristocratie parasitaire, ils ne servent qu'à la poursuite coûteuse des guerres et à la satisfaction des besoins par l'importation."

[18] Il faut cependant noter qu'il y a des différences importantes entre pays de l'Islam, par exemple les régions agricoles et les régions pastorales. Le *melk*, système de propriété privée, est dominant là où il y a irrigation (la propriété de l'eau est même parfois séparée de celle de la terre). Il faut aussi signaler un système de "privé collectif", appelé aussi propriété tribale ou archiya, différent des iqta' (propriété du sultan concédée aux officiers).

Le système semble donc combiner les inconvénients de la gestion communautaire, caractéristique du Moyen Âge européen ou de l'Afrique noire actuelle, des latifundios de type latin, de la Rome antique à l'Amérique du Sud d'aujourd'hui, et des exactions des fermiers fiscaux, comparables à ceux de la France de l'Ancien Régime. Dans ces conditions, rien d'étonnant à l'absence de progrès dans le monde rural, sans parler d'une révolution agricole, une stagnation qui se répercute sur l'ensemble de l'économie.

2.2. Échanges extérieurs

Le recul des échanges dans le monde musulman est l'explication classique du déclin pour de nombreux historiens qui rappellent comment le commerce du Levant est contourné par les Européens : les Portugais font le tour de l'Afrique pour aller chercher directement les épices, les Espagnols traversent l'Atlantique et finissent par trouver, non seulement un nouveau continent, mais aussi de nouvelles routes vers l'Asie. Le monde musulman devient alors une sorte de cul-de-sac commercial – alors qu'il était jusque là au centre géographique des continents connus – et les nouvelles voies du commerce mondial seront désormais celles de l'Atlantique. Selon la formule de Burlot (1990), il s'agit d'une asphyxie maritime : "les Portugais ont ravi aux Turcs leur rôle d'intermédiaire entre l'Extrême-Orient et l'Occident". L'Europe occidentale occupe dès lors une place centrale. Pour expliquer la poussée européenne vers le grand large, René Grousset (1948) remonte aux croisades, dont l'échec serait à l'origine des grandes découvertes : "C'est la chute des colonies franques de Syrie qui, en réservant aux sultans d'Égypte le monopole exclusif – et abusif – du commerce de l'océan Indien, a acculé les navigateurs de l'Extrême-Occident à rechercher, par delà le Cap, la route directe des Indes."

Les historiens[19] relatent comment les navigateurs portugais puis hollandais, suivis par les marchands venus de toute l'Europe, prennent possession des mers arabes à partir du XVIe siècle. Au moment même où la poussée ottomane menace l'Europe chrétienne jusqu'à Vienne et partout en Méditerranée, les Portugais se rendent maîtres, "en prenant l'énorme continent à revers pour attaquer le monde musulman au défaut de la cuirasse" (Grousset), d'une des régions les plus peuplées du monde. Avec une poignée d'hommes et de vaisseaux, mais grâce à une artillerie supérieure, ils vont dominer le commerce oriental pendant tout le XVIe siècle. Implantés à Goa en Inde, à Java et Sumatra dans les Moluques, à Macao en Chine, ils collectent les soieries, le poivre et autres épices, et les expédient soit vers l'Europe, soit vers leur comptoir d'Ormuz, à l'entrée du golfe persique où ils les échangent avec le monde musulman contre des armes, des chevaux, de l'argent. Un commerce fructueux s'établit ainsi entre les Occidentaux, les Arabes et l'Asie, organisé par les Portugais.

---

[19] Voir par exemple Barendse (2002).

Le recul commercial se poursuivra sous les Ottomans, comme l'explique Braudel (1979) : "L'Empire des Osmanlis est d'un seul tenant ; c'est un ensemble compact de terres où l'eau intruse des mers est comme prisonnière... C'est la terre qui crée le carrefour du Proche-Orient, lequel donne à l'Empire turc la source vive de sa puissance... A cette époque, il est vrai, le Proche-Orient n'est plus le carrefour du monde par excellence comme au temps de Byzance et des triomphes premiers de l'islam. Au bénéfice de l'Europe sont intervenues les découvertes de l'Amérique et de la route du cap de Bonne-Espérance... L'Islam turc ne saisira pas le Maroc, Gibraltar et l'accès à l'Atlantique ; il ne maîtrisera pas l'ensemble de la Méditerranée ; et, vers l'Est, ne maîtrisera pas la Perse, barrière infranchissable qui l'a privé de positions essentielles... La bataille de Lépante, qui a mis fin à la maîtrise ottomane sur la Méditerranée, et l'essor belliqueux de la Perse avec Shah Abbas ont été les raisons essentielles de l'arrêt des progrès turcs... Il ne faut pas sous-estimer non plus la présence portugaise qui nargue l'Islam dans l'océan Indien : car cette victoire de la technique maritime de l'Europe a contribué à empêcher le monstre turc de déboucher de façon efficace hors du golfe persique et de la mer Rouge."

Le commerce de l'Empire ottoman avec le reste de l'Europe se fait de plus sous pavillon chrétien, et même le cabotage intérieur à l'empire... Les techniques maritimes occidentales sont plus avancées et les navires marchands turcs ou égyptiens ne peuvent rivaliser. On le voit dans un détail rapporté par Lewis (1982) : en 1593, à l'arrivée d'un bateau anglais amenant l'ambassadeur britannique à la Sublime Porte, un observateur local écrit que "jamais un navire aussi étrange n'était entré dans le port d'Istanbul, il a traversé 3700 milles de mer avec 83 canons, en plus d'autres armes."

Les échanges sont déséquilibrés, Istanbul importe massivement sans avoir grand-chose à offrir en retour, une situation qui évoque celle de la Rome et une des causes de sa décadence. Pire, le marché intérieur souffre d'une fragmentation totale, les provinces vivent à l'écart, repliées sur elles-mêmes, et échangent très peu, du fait de l'insécurité permanente aux marches de l'empire. Au XVIIIe siècle, il exporte quelques matières premières et achète en Europe la plupart de ses produits de luxe et de ses biens manufacturés, un commerce qui passe par les étrangers, une double situation de dépendance économique. Le résultat de tout cela, initié par un immense déplacement du commerce mondial en à peine deux siècles, est résumé par Valensi (1978) : "Le renversement des circuits d'échange fait perdre aux pays musulmans leur fonction de transit et les rend tributaires des fournisseurs européens... Inversion de la route du commerce, nouvelle division du travail : elles disent la satellisation de l'ensemble musulman... Dès 1788, l'ambassadeur de France pouvait écrire que l'Empire ottoman était "une des plus riches colonies de la France".

Les techniques commerciales sont également bien différentes. Braudel parle d'une *économie de bazar*, "une économie de marché articulée autour des villes et des foires régionales et où l'échange, fidèle aux règles traditionnelles, reste sous le signe de la bonne foi et de la transparence". Il évoque "un certain archaïsme de l'échange", rapporté par exemple par un observateur qui note vers 1550 : "Toutes choses en Turquie se font à l'argent comptant. Aussi n'y a-t-il point tant de paperas, ni de brouillarts (registres) de debtes à crédit, ne de papiers journaux". De la même façon, Valensi (1978) note l'écart Orient/Occident au niveau des pratiques des affaires : "Les négociants marseillais sont plus paperassiers. Ils accumulent et conservent registres et correspondances. Du reste, une ordonnance royale leur prescrit de garder une copie des lettres expédiées. La généralisation, au cours du XVIIIe siècle, de documents commerciaux imprimés – connaissements, lettres de voiture, manifestes, polices d'assurance – marque une rationalisation des techniques. L'usage général de la comptabilité en partie double, l'amélioration des techniques comptables, l'unification des méthodes de tenue des livres, signalent aussi une plus grande rigueur de la gestion, et une plus grande efficacité dans la communication et l'utilisation de l'information. Le comptoir, c'est déjà un bureau ; le caravansérail reste une auberge et un entrepôt de marchandises."

L'explication commerciale du déclin musulman souffre cependant d'une lacune évidente : ce n'est pas parce qu'un pays se fait dépasser au plan économique – comme la Hollande l'a été par l'Angleterre au XVIIIe siècle, comme l'Angleterre l'a été par l'Amérique au XXe – que ce pays se met à reculer en termes absolus. La Hollande, même dépassée lors de la révolution industrielle, même devenue un petit pays bien loin de dominer les échanges mondiaux comme elle le faisait au XVIIe siècle, est restée un pays riche et développé. De même pour l'Angleterre d'aujourd'hui, qui ne domine plus les océans[20], l'économie et la politique mondiales comme elle l'a fait pendant un siècle, entre 1815 et 1914. Le monde arabo-musulman a au contraire décliné, non seulement en termes relatifs, mais en termes absolus, par rapport à l'Occident depuis le XVIe siècle. La Hollande et l'Angleterre sont des puissances mineures par rapport aux États-Unis, mais le niveau de vie de leurs habitants ne s'est guère éloigné du niveau de vie des Américains. Par contre, tous les pays arabes, plus riches que l'Europe occidentale au Moyen Âge, ont décroché ensuite et se retrouvent au XXe siècle parmi les nations pauvres. Il faut donc chercher plus loin que l'explication strictement économique, aller vers une explication institutionnaliste, au sens large du mot *institution*, celui qui évoque les croyances, les règles du jeu, les mentalités, ou encore un ensemble de "coutumes cristallisées" (Bienaymé, 1960).

---

20 Comme il était affirmé dans la chanson patriotique : "Britannia rules the waves".

2.3. Institutions

"Quand les musulmans conquirent la Perse, entre 637 et 642, et tombèrent sur un nombre incroyable de livres et de textes scientifiques, Sad bin Abi Waqqas écrivit au calife Oumar bin al-Khattab pour lui demander l'autorisation de les emporter et les distribuer comme tribut parmi les musulmans. Oumar lui répondit : *Détruis-les, si ce qu'ils contiennent est valable, Dieu nous a donné de meilleures connaissances ; s'ils sont dans l'erreur, Dieu nous en a protégés*[21]" (Ibn Khaldûn, *Muqqadima*).

Peu de prescriptions du Coran s'opposent au développement économique : les échanges libres, l'initiative individuelle, les gains privés, tout cela est considéré comme allant de soi, tant par le prophète, qui a été un marchand, que par les écrits saints. Les autorités se limitent à ce que le privé ne peut faire : prendre en charge les monopoles naturels, la direction générale de l'économie, les diverses faillites du marché. La principale référence au taux d'intérêt est dans le chapitre trois du Coran, verset 130 : "Croyants, ne vivez pas sur l'intérêt, doublé ou triplé !", et encore, d'après les théologiens, il s'agirait ici de l'usure, et non de la pratique d'un intérêt normal. On retrouve d'ailleurs le même type d'interdictions en Occident, et dans les pays catholiques jusqu'au XVIIIe siècle. Enfin, l'islam considère que la vie quotidienne de l'homme ne doit pas être déconnectée d'un environnement moral reposant sur des valeurs partagées, et donc que le marché libre ne doit pas être laissé à lui-même, qu'il doit être entouré de règles, des règles non économiques, ce qui tend à rejoindre l'évolution des idées en Occident depuis la crise de 1929.

Cependant, si le Coran n'est pas hostile à l'activité économique, ses interprétations par les religieux semblent avoir peu à peu défavorisé les innovations. On a vu qu'autour de l'an mille, les sciences et les techniques islamiques dépassaient celles de l'Europe, qui ne put lentement recouvrer son héritage qu'à travers les contacts avec les musulmans dans les régions frontalières comme l'Espagne. Landes (1998) explique le mécanisme qui va des interdits religieux au blocage économique, à travers l'exemple bien connu du refus de l'imprimerie, interdite par les religieux : le Coran devait être recopié à la main, la calligraphie arabe, sacrée, ne pouvait faire l'objet d'une impression. Tout livre était considéré comme sacrilège et hérétique : "L'Islam était au Moyen Âge le maître d'école de l'Europe. Mais par la suite quelque chose s'enraya. La science islamique, dénoncée comme hérétique par des zélotes religieux, fut étouffée sous les pressions théologiques du conformisme spirituel, ce qui pouvait représenter une question de vie ou de mort pour les penseurs et les savants. Pour

---

21 L'anecdote est parfois relatée à propos de la bibliothèque d'Alexandrie : "Si le contenu des livres s'accorde avec la parole d'Allah, nous pouvons nous en passer ; s'ils contiennent quelque chose de différent, il n'est aucun besoin de les garder" (Blamont, "Le chiffre et le songe", Odile Jacob, 1993).

l'islam militant, la vérité était déjà révélée. Ce qui ramenait à la vérité était utile et permis. Tout le reste n'était qu'erreur et tromperie. [...] Les pays musulmans interdirent longtemps l'imprimerie pour des raisons religieuses, l'idée que le Coran puisse être imprimé était inacceptable. Les juifs et les chrétiens avaient des presses à Istanbul, mais pas les musulmans. En Europe au contraire, personne ne pouvait mettre un couvercle sur les nouvelles techniques. L'autorité politique était trop fragmentée. L'Église avait bien essayé de limiter les traductions vernaculaires des textes sacrés et interdire la diffusion des écrits canoniques ou autres, mais elle fut dépassée. Les démons de l'hérésie étaient sortis de leur boîte bien avant Luther, et l'imprimerie les empêcha d'y retourner. [...] *Le résultat est que le monde musulman se coupa du flux de connaissances propagé par les livres, favorisant la ségrégation intellectuelle, le retard technique et la dépendance industrielle.* [...] *Le mal était structurel, fondé dans le dogme religieux et maintenu par les coutumes.* Une bureaucratie byzantine, avec des règlements incompréhensibles, rendait tout encore plus compliqué, alors que la corruption était la seule façon d'obtenir quelque chose. [...] Une fois que l'Empire atteignit ses limites territoriales, sans nouvelles conquêtes à piller, les autorités se tournèrent vers l'intérieur pour trouver des ressources, en pressurant leurs sujets. Rien n'était sûr, même pas la richesse des grands dignitaires. Une voie idéale pour l'autodestruction."

Dans un ouvrage récent sur les causes du déclin de l'Islam, Bernard Lewis (2002) met en cause la fermeture du monde musulman sur lui-même, la certitude dans sa supériorité, la confiance aveugle dans sa suprématie, et donc le refus d'adopter les idées et les techniques occidentales, venues de peuples longtemps jugés avec mépris. Pendant un millénaire, les musulmans dominent, sur les plans militaire, économique et technique, ils créent une première forme de mondialisation, en reliant des peuples très divers : "À l'apogée du pouvoir islamique, il n'y avait qu'une seule civilisation comparable en taille, qualité, variété et réalisation, la Chine. Mais la civilisation chinoise restait surtout locale, limitée à une région, l'est asiatique, et à un groupe racial... L'Islam au contraire avait créé une civilisation mondiale, pluriethnique, pluriraciale, internationale et l'on pourrait même dire transcontinentale".

Mais les musulmans, à la différence des chrétiens dans le monde arabe, ne voyageaient pas en Occident, ne pouvaient vivre chez les infidèles, ils n'avaient même pas d'ambassades permanentes, ils ne connaissaient pas et ne cherchaient pas à apprendre les langues des Occidentaux, ils n'avaient pas "d'occidentalistes", comme il y avait des orientalistes en Europe. Appliquant une pensée attribuée au prophète : "Celui qui imite un peuple devient l'un d'entre eux" (citée par Mokyr, 1990), l'empire ottoman va se fermer aux apports extérieurs, sauf en matière militaire, et considérer que toutes les réponses aux questions ont déjà été données par les générations précédentes et qu'il suffit donc de répéter les traditions. C'est seulement au XIXe siècle, mais trop tard et avec réticence, que l'Orient se met à l'école de l'Occident, comme dans le cas de Mehemet Ali en Égypte[22], et encore plus au XXe avec d'Atatürk.

Les thèses sur le rôle de mentalités et de la culture dans le développement économique datent de Weber il y a un siècle. Parmi les analyses récentes, on peut citer Harrison (1992) qui explique que les valeurs et les comportements sont à l'origine des succès asiatiques, ou à l'inverse des difficultés propres aux autres régions du tiers monde, comme l'Amérique latine (instabilité, inégalités, corruption). Sowell (1994) considère de la même façon que "le dédain pour le commerce et l'industrie a été répandu pendant des siècles parmi les élites hispaniques, à la fois en Espagne et en Amérique latine", ce qui explique le retard. Des hommes politiques ont développé des idées semblables, notamment Lee Kuan Yew, ancien Premier Ministre de Singapour, qui vante le "dynamisme intrinsèque de l'homme asiatique" (*inner dynamism of Asian man*). Fukuyama (1995) ou Peyrefitte (1995) mettent l'accent sur le rôle de la confiance dans une société : un élément culturel diffus, mais envahissant, qui conditionne la prospérité et la compétitivité d'une économie. Les sociétés à faible confiance (low-trust) selon Fukuyama, comme la Chine, l'Italie ou la France, dans lesquelles les relations proches entre les gens ne vont guère plus loin que la famille, ont du mal à développer des institutions sociétales complexes comme les grandes entreprises multinationales, et sont donc désavantagées par rapport aux sociétés de confiance élevée (*high-trust*) telles l'Allemagne, le Japon ou les États-Unis.

Ensuite, certains auteurs ont tenté de faire le lien entre culture et système politique. Pour eux la démocratie, par exemple, ne peut venir facilement dans un pays, il faut des décennies ou des siècles d'imprégnation dans le tissu social pour qu'elle se mette en place : on ne peut l'enfiler comme un manteau... Ainsi les régions du nord de l'Italie où l'esprit civique apparaît dès le XIVe siècle continuent aujourd'hui à être plus réceptives que celles du sud au fonctionnement des institutions démocratiques.

Pour finir et aller au-delà du développement économique, il faut bien sûr évoquer Samuel Huntington et son fameux essai, "*The Clash of Civilisations?*", publié dans *Foreign Affairs* en 1993, et suivi d'un livre en 1996, à l'origine d'une polémique ininterrompue. L'auteur annonçait une guerre des cultures, que les événements récents semblent justifier : "Mon hypothèse est que la source fondamentale des conflits dans ce nouveau monde ne sera plus d'abord idéologique ou d'abord économique ; la grande division au sein de l'humanité et la source majeure des conflits seront culturelles... La culture et les identités culturelles forment de nouveaux schémas de cohésions, de désintégration et de

---

22 Sorman (2003) relate une de ces tentatives de modernisation, avec Rifaa, un envoyé de Mehemet Ali en France, au début du XIXe siècle.

conflit dans le monde de l'après guerre froide... La politique mondiale est reconfigurée selon des lignes culturelles."

Barber (1995) présente une version vulgarisée de ces idées en affirmant que les conflits principaux auront lieu entre les valeurs locales et tribales d'un côté (*Jihad*) et les valeurs mondialistes de technologie et de démocratie (*McWorld*).

En ce qui concerne la sécurité des échanges et des biens, ainsi que les relations de confiance avec l'État, si nécessaires au développement économique, les pratiques sont également mises en cause. Si on note à une certaine époque un respect des droits de propriété, comparable aux habitudes occidentales, la plupart des auteurs constatent une dégradation progressive, à la différence de l'Europe où ceux-ci tendent à devenir sacro-saints, notamment dans l'Angleterre issue de la révolution parlementaire (1689).

Dans Al-Andalus par exemple, le respect des droits et la sécurité semblent être la règle : "Al-Mansour tient fermement les rênes du pouvoir. Gérée avec fermeté, compétence, et une relative justice, l'Espagne musulmane possède la meilleure administration du monde occidental. Son chef lui assurera deux décennies tranquilles à l'intérieur de ses frontières. Les criminels, les comploteurs, mais aussi quelques gêneurs, sont châtiés sans merci, empoisonnés ou crucifiés. On accroche leurs cadavres à des potences sur un quai du fleuve. Les espions sont efficaces, la police surveille les rues et les marchés. On peut à nouveau, sans trop de crainte, marcher la nuit dans Cordoue" (Langellier, 2000).

Laurens décrit également une situation favorable dans l'Empire ottoman, à travers le cas d'une vieille femme à Istanbul qui refusait de se laisser exproprier (dans le but de prévoir des coupe-feu entre les immeubles) malgré des offres favorables : "Lorsqu'on demandait au sultan pourquoi il n'usait pas de sa puissance, pourquoi il ne prenait pas ce terrain en payant ce qu'il valait, il répondait : *C'est chose impossible, cela ne peut se faire, c'est sa propriété*[23]."

Malgré tout, les exemples en sens inverse abondent, et l'évolution n'est guère favorable : Chaudhuri (1990) rapporte une citation du calife de Bagdad : "Celui qui a la meilleure vie est celui qui a une grande maison, une belle femme, des moyens suffisants, *qui ne nous connaît pas et que nous ne connaissons pas...*" Braudel (1979) décrit également l'absence de sécurité et de respect des

[23] Cet exemple évoque, dans sa forme comme dans son fond, un cas célèbre en Prusse : "Tous les écoliers prussiens connaissent une anecdote datant de cette époque, qui, vraie ou non, caractérise la réputation de ce tribunal, le *Kammergericht* de Berlin. Frédéric, faisant construire le château de Sans-Souci réclamait la démolition d'un moulin à vent, qui se dresse aujourd'hui encore à côté du château, et il fit au meunier une offre d'achat. Le meunier refusa, il ne voulait pas sacrifier son moulin. Le roi menaça alors de faire exproprier le meunier, sur quoi celui-ci répliqua : *Eh oui, sire, mais il y a le Kammergericht de Berlin !*" (Haffner, 2002).

droits de propriété dans l'Empire ottoman, malgré l'établissement d'une *pax turcica*, en citant un ambassadeur français du XVIIe siècle : "Le Grand Seigneur est au-dessus des lois, il fait mourir sans formalité et souvent sans aucun fondement de justice ses sujets, *se saisit de tous leurs biens et en dispose à volonté*... [...] Le mal, ou les maux, qui travaillent la Turquie, sont de tous les ordres à la fois : l'État n'est plus obéi ; ceux qui travaillent pour lui touchent des salaires aux taux anciens, alors que monte le prix de la vie : ils "se dédommagent par des dilapidations".

La fiscalité enfin reste essentiellement de type prédateur, à la différence de l'Europe où des pratiques de transparence et de régularité s'instaurent aux Temps modernes. Les capitaux vont pouvoir circuler, favorisant l'investissement et la croissance, alors qu'ils continuent à se cacher en Orient, par crainte des abus du pouvoir (voir North et Thomas, 1973 ; Rosenberg et Birdzell, 1986).

On imagine souvent le monde ottoman comme figé au niveau politique, sans aucun pouvoir de décision au peuple, mais en réalité il existe un mécanisme par lequel celui-ci exprime sa volonté, c'est la légitimation islamique des révoltes[24], décrit par Laurens (2000) : "Si le sultan viole les droits de ses sujets, il risque d'être renversé par une révolte populaire défendant l'application de la loi. [...] Une révolte populaire se produit, une partie des contingents militaires se joint au mouvement. Les *ulama*[25] décident alors de sanctionner par une consultation juridique (*fatwa*) déposant le sultan pour avoir multiplié les iniquités et on nomme un successeur toujours dans sa famille. [...] Ainsi, l'Empire ottoman, que les Européens jugent despotique, est en réalité un système complexe..."

Cependant les musulmans restent largement hostiles à la vague provoquée par la Révolution française, comme le montre l'échec de l'expédition d'Égypte (cf. Laurens, 1989), et aussi les réactions ottomanes aux idées de 1789. On peut le voir à travers l'exemple d'un texte très violent, utilisant des arguments qui évoquent la position d'Edmund Burke[26] sur les événements qui se déroulent en France (voir annexe).

---

[24] Des révoltes, mais aussi des coups d'État, menés par les fameux janissaires. Benjamin Lellouch rapporte ainsi le cas d'un jeune sultan, à propos d'un ouvrage sur les pratiques de la succession dans l'Empire ottoman (Vatin et Veinstein, 2003) : "Osmân II, *« ce lion mâle de la jungle »*, n'avait pas atteint dix-neuf années lunaires quand il rencontra la mort dans ces journées de mai 1622. Les janissaires avaient pénétré l'avant-veille dans ses appartements privés du palais et installé son oncle sur le trône. Au plus fort de l'insurrection, quelques soudards avaient affublé le sultan déchu d'un turban sale, l'avaient conduit dans une voiture de marché à travers Istanbul, et finalement mené à une prison d'État. Là, on s'était acharné sur sa virilité."

[25] Enseignants en science religieuse, dans les mosquées.

[26] *Réflexions sur la Révolution française*, 1790.

2.4. Démographie

Le monde musulman a toujours été sous-peuplé par rapport à l'Occident, du fait des conditions naturelles plus difficiles, de la présence de nombreuses zones arides, et de l'absence de progrès techniques dans le domaine agricole. Les rendements de la terre et la productivité des paysans sont plus faibles au Moyen-Orient, les densités de population sont très inférieures : "par rapport à l'Europe, le monde ottoman est un monde vide" (Laurens, 2000). En outre, l'Islam est plus exposé aux incursions des envahisseurs asiatiques, comme on l'a vu avec le cas des Mongols, mais aussi des nomades venus du désert, les bédouins qui pillent régulièrement les villes et les paysans sédentaires, tout cela provoquant une insécurité permanente, obstacle au développement. Il est plus exposé également aux épidémies, par sa situation centrale aux portes de l'Asie : "la peste est endémique dans l'Empire ottoman tandis qu'elle est simplement exportée en Europe" (ibid.). Elle le restera jusqu'au XIXe siècle, alors qu'elle est efficacement endiguée en Occident au XVIIe par des mesures de prévention comme la quarantaine, que les musulmans ignorent.

Les mouvements démographiques sont en gros parallèles dans les deux civilisations : les XIVe et XVe voient un effondrement dû à la peste noire, qui détruit aussi l'Europe. Le XVIe siècle est au contraire une période d'expansion et de prospérité, correspondant à la Renaissance (François Ier et Soliman le magnifique) ; le XVIIe siècle cependant est un siècle de recul, comme en France par exemple avec les famines récurrentes du règne de Louis XIV. Le XVIIIe voit aussi une évolution identique, un renouveau démographique à l'est comme à l'ouest de l'Europe, mais la différence est qu'à partir de là, grâce aux révolutions industrielle et agricole, l'Europe occidentale sort du piège malthusien et connaît une explosion démographique continue, alors que le monde musulman reste coincé dans le mouvement de balancier propre aux sociétés traditionnelles, enfermées dans ce piège, avec un nouveau recul de la population au XIXe. L'explosion démographique ne se produira qu'au XXe avec l'introduction de la médecine moderne. Ainsi, la différence majeure est que l'entrée dans la transition démographique et la sortie du piège malthusien en Occident représentent un mécanisme endogène, lié aux progrès agricoles et industriels, tandis qu'elles sont exogènes dans le monde musulman, apportées de l'extérieur par des techniques favorables à une baisse de la mortalité.

2.5. Statut de la femme

Lewis (2002) décrit les trois inégalités de base qui caractérisent le monde musulman : maîtres et esclaves, hommes et femmes, croyants et infidèles : "Tous les trois – l'esclave, la femme et le non-croyant – étaient vus comme devant remplir des fonctions sociales nécessaires… mais étaient sujets à une loi strictement appliquée qui limitait leur capacité, imposant des contraintes quotidiennes. Ces incapacités étaient vues comme une partie inhérente de l'islam, établies par la Révélation divine, par les préceptes et la pratique du prophète, par les écritures et l'histoire de la communauté."

Contrairement à une idée répandue, cependant, les droits des femmes ont été longtemps plus développés dans le monde musulman qu'en Europe : "la femme musulmane avait des droits de propriété plus étendus qu'en Occident jusqu'à une date récente" (Lewis). C'est surtout au XXe siècle en réalité que l'Occident va révolutionner la condition féminine, car auparavant la situation n'était guère différente.

Dès le Moyen Âge en terre d'Islam, des lettrés prennent position en faveur de l'égalité, pour des raisons économiques. C'est le cas d'Averroès à propos de l'Andalousie musulmane, le philosophe emploie une image animalière pour montrer l'égalité des sexes, dans un passage présenté par Meddeb (2003) : "Bien que plus faibles, les chiennes de garde sont aussi féroces que leurs congénères mâles pour lutter contre les hyènes qui s'attaquent aux troupeaux." Et à propos des femmes : "aussi ressemblent-elles à des plantes. Et comme leur entretien représente un lourd fardeau pour les hommes, elles deviennent une des causes de la misère de ces cités. Car elles ne participent pas aux activités nécessaires ; à peine contribuent-elles à la production par des métiers rudimentaires comme le filage et le tissage. Tel est le témoignage serein d'Averroès, naturellement en faveur de l'égalité des femmes, prônant implicitement leur affranchissement. Par son recours à l'argument économique, il croise les revendications féministes de notre époque, qui lient la libération des femmes à leur participation à la production pour leur épargner la dépendance financière."

Dans l'Empire ottoman, une des premières voix qui s'élève contre l'inégalité des sexes, en insistant également sur ses effets économiques désastreux, est celle de Namik Kemal, du mouvement des "Jeunes Turcs", en 1867 : "Nos femmes sont actuellement considérées comme n'ayant pas d'autre rôle utile à l'humanité que d'avoir des enfants ; elles ne sont vues qu'en tant qu'objets de plaisir, comme des instruments de musique ou des bijoux. Mais elles constituent la moitié, et peut-être plus, de notre espèce. Les empêcher de contribuer par leurs efforts au soutien et à l'amélioration des autres viole les lois de base de la coopération en société *à un degré tel que notre pays est frappé comme un corps humain qui serait paralysé d'un côté*. Et pourtant les femmes ne sont pas inférieures aux hommes dans leurs capacités intellectuelles et physiques. Autrefois, elles partageaient toutes les activités avec les hommes, y compris la guerre. Dans les champs, elles partagent encore le travail… La raison de ces limites à leur activité vient du sentiment qu'elles sont totalement ignorantes et ne savent rien des droits, des devoirs, du bien et du mal. Beaucoup de conséquences néfastes découlent de ce statut inférieur, la première étant une mauvaise éducation pour les enfants." (cité par Lewis, 2002).

La Turquie est le pays musulman qui opèrera le plus tôt des réformes dans ce domaine, avec Atatürk (Mustapha Kemal) dans les années vingt, progrès qui seront peu imités dans le reste du monde musulman, sauf en Tunisie, et parfois même arrêtés, comme dans le cas de l'Iran de Khomeiny, revenant sur les réformes du Shah en faveur des femmes.

Landes (1998) évoque également les effets économiques négatifs de la discrimination, mais aussi de la polygamie, qui implique une insécurité permanente à la tête de l'État : "Dénier leur place aux femmes revient à priver le pays de travail et de talent, mais plus grave, cela revient à miner la volonté de réussite et d'accomplissement des garçons et des hommes. On ne peut élever des enfants de façon à ce que la moitié se croit supérieurement biologique, sans limiter leurs ambitions et réduire leurs réalisations. [...] Dans les sociétés musulmanes, la multiplication des épouses et concubines et la prolifération des descendants (qu'est-ce qu'un dirigeant oisif pouvait faire d'autre ? Quelle meilleure preuve de vigueur...) posaient la question de la légitimité. La manière ottomane de résoudre le problème était d'étrangler tous les rivaux potentiels, assez délicatement en réalité, avec une corde de soie. Des actions aussi définitives incitaient au meurtre préventif, non seulement des rivaux, mais des mères des rivaux (enfermées dans des sacs et jetées dans le Bosphore), et aussi le fait d'emmurer prudemment l'héritier du trône dans le harem, à l'abri du danger d'une intrusion. Cet isolement sclérosant conduisit à l'impuissance intellectuelle et politique. A partir du XVIIe siècle, le futur sultan était typiquement une non entité, un jouet entre les mains des autres."

Aujourd'hui dans les pays musulmans, les choses ont peu changé et la participation féminine à l'économie est la plus faible de toutes les civilisations.

2.6. Esclavage et travail

L'islam, né au VIIe siècle, est proche de l'Antiquité et continuera à pratiquer l'esclavage[27], alors que l'Europe féodale est caractérisée par le servage, une condition différente. Le maître a un lien direct avec l'esclave, un droit de propriété, le serf a un lien indirect avec le seigneur, qui passe par la terre. Le seigneur possède la terre, et par là dispose de la main d'œuvre des serfs qui y sont attachés. Mais il n'a pas un droit de propriété direct sur ceux-ci et ne peut les vendre, la tenure héréditaire accordant le droit au serf et à sa descendance de vivre sur la terre qu'il travaille.

---

[27] Le mot même esclave est un mot d'origine arabe: *saqlab*, qui signifie Slaves, lesquels étaient pris comme esclaves par le monde musulman (même terme en anglais – slave – ou en portugais – escravo). Le mot latin pour esclave était servus, qui a donné servitude (esclavage) et servage (condition des serfs au Moyen Âge), ainsi que tous les termes dérivés : servile, servilité, serviteur, etc.

L'esclavage et le commerce des esclaves occupent donc une place importante dans l'économie musulmane. Les populations slaves ainsi que les peuples nordiques non christianisés (Angles, Saxons, Scandinaves) acheminés à travers les royaumes francs vers Lyon et Venise où se développent de fructueux trafics avec le monde arabe, mais aussi les populations noires et asiatiques (Turcs) sont ainsi réduits, alors que les *dhimmis* et bien sûr les musulmans en sont préservés (cf. Lombard, 1971). Les progrès du monothéisme, l'Islam en Asie, le christianisme en Europe de l'Est, vont tarir l'afflux de main d'œuvre servile, et il restera surtout l'Afrique, au delà du Sahel islamisé, comme terrain de chasse pour les trafiquants.

On a considéré que cette pratique généralisée de l'esclavage a été un des facteurs du déclin de l'Islam, comme il a été dans les sociétés de l'Antiquité un facteur de la stagnation technique et économique. L'image de l'esclave est attachée à la notion de travail, et le travail est donc méprisé, ce qui explique le peu d'intérêt des Anciens dans les techniques productives, par exemple le fait que les moulins à eau sont connus par les Romains, mais qu'ils n'essaieront pas de les utiliser sur une grande échelle, alors que le Moyen Âge européen connaîtra une véritable révolution technique avec leur généralisation. Le même phénomène se serait produit en Islam avec une absence d'intérêt au développement des techniques productives.

En Occident au contraire, on assiste au Moyen Âge à une glorification du travail et des techniques, décrite par exemple par White (1978) : "La créativité technologique était en accord avec l'esprit de la culture occidentale médiévale. Les moines, pendant des siècles la catégorie la plus instruite de la population, se dédiaient au travail comme à une forme de mystique. Au XIIe siècle, le biographe contemporain de St Bernard décrit avec fierté la série de moulins à eau dans son abbaye de Clairvaux, moulins qui opéraient divers processus industriels. [...] Dès le XIe siècle, pour la première fois dans la tradition occidentale, le chanoine Hughes de Sainte-Victoire avait donné aux arts mécaniques une place intellectuelle reconnue dans les activités humaines. [...] La fin du Moyen Âge considérait les progrès de sa technologie comme profondément vertueux, un signe de l'obéissance à l'injonction divine que l'homme devait régner sur la Terre. Malgré les premiers doutes, et la sécularisation d'attitudes jusque-là religieuses, l'idée des bénéfices de la technique s'installe comme un axiome en Occident."

Cette explication reposant sur les effets néfastes de l'esclavage doit être cependant relativisée dans la mesure où l'esclavage a un rôle différent dans le monde musulman de celui qu'il avait dans l'Antiquité. Il s'agit surtout d'un esclavage non productif, comme le rappelle Hourani (1991) : "Pour l'essentiel cependant, les esclaves étaient des serviteurs domestiques ou des concubines dans les villes". De même Laurens (2000) explique que "dans l'Empire ottoman, comme aux autres époques islamiques, l'esclavage proprement dit n'a pas de fonction économique comme moyen de production, contrairement à son rôle dans l'Antiquité... Il est avant tout un fait domestique." Par ailleurs les esclaves se mélangent très rapidement à la population, ce qui explique l'absence de minorités noires importantes dans les pays musulmans, alors qu'un grand nombre d'esclaves venaient d'Afrique, à la différence de la séparation nette qu'on a pu constater en Amérique, avec la présence d'importantes communautés noires aujourd'hui. Enfin, les esclaves étaient affranchis en grand nombre, et certains formaient des élites militaires[28], qui se sont parfois emparées du pouvoir (cas des Mamelouks en Égypte), passant du statut d'esclaves à celui de maîtres de toute la société...

2.7. Géographie

"La mer, après tout, est la grande civilisatrice des nations. Si l'Afrique, au lieu d'un littoral linéaire uniforme, avait été ébréchée de profondes indentations par l'antique et glorieux océan, combien différent eût été le sort de ses habitants !" (David Livingstone, *Livingstone's African Journal*, 1853-1856, Ed. I. Shapera, 1963).

Les causes géographiques du déclin ont été étudiées par divers auteurs. Jones (1981) insiste par exemple sur l'aridité et la pauvreté du monde musulman en ressources naturelles stratégiques comme le bois, les grains ou les minerais. Ces lacunes sont exploitées par ses adversaires, les royaumes chrétiens faisant tout par exemple pour limiter les exportations de fer, de bois et de céréales vers l'Islam. Tellier (2002) présente de son côté une explication "topodynamique", liée à la géographie et aux évolutions socio-économiques. C'est la découverte de l'Amérique, relançant l'expansion vers l'ouest, qui serait le facteur déterminant : "le pouvoir économique passa progressivement de l'Orient vers le nord de l'Italie, puis vers le nord de l'Europe", et finalement, après la révolution industrielle, vers les États-Unis avec la formation d'un "corridor américain" partant de Séoul et Tokyo pour aller jusqu'à Londres, Berlin et Moscou, avec en son centre les grandes métropoles comme Los Angeles, Chicago et New York. On retrouve ici les explications commerciales et la perte de la position centrale dans les échanges mondiaux. De même Blaut (2000), dans une approche néomarxiste, insiste sur le rôle du Nouveau Monde : l'Europe occidentale a utilisé ses ressources pour dominer le reste de la planète et empêcher son développement. Jusqu'aux alentours de 1500, elle n'est, selon l'auteur, pas différente des autres civilisations, ni plus dynamique, ni plus inventive, ni mieux dotée d'institutions favorables à la croissance. Blaut tente de démolir tour à tour, sur un ton polémique critiqué par Mokyr, les idées opposées de "Huit historiens eurocentriques", dont Weber, Landes, Jones, White et Diamond.

---

[28] Les Omeyyades ont ainsi 10 000 Slaves gardes esclaves à Cordoue au Xe siècle, les Tulunides 24 000 Turcs et 40 000 Noirs mamelouks en Égypte au IXe siècle (Lombard, 1971).

Cosandey[29] (1997) présente une analyse plus originale, en insistant sur les aspects scientifiques et techniques, et les raisons de l'essor européen dans ce domaine par rapport aux autres cultures. C'est la disposition géographique unique de l'ouest européen, fortement pénétré par la mer, sa "thalassographie" particulière, qui explique le succès, et inversement le retard de l'Islam, de la Chine ou de l'Inde. Les échanges sont d'une part facilités, du fait de l'omniprésence de la mer, ce qui conduit à une division du travail plus marquée, génératrice de croissance, laquelle permet un surplus pour financer les chercheurs et les savants. La prospérité économique, liée aux échanges et à la mer, est le premier facteur de progrès technique et scientifique. Le deuxième, toujours liée à la présence de la mer, est la division de l'Europe en nations stables, protégées par des barrières naturelles évidentes (les côtes dessinent par avance les frontières de l'Espagne, de la Grande-Bretagne, de la Grèce de l'Italie, des Pays-Bas, du Danemark, etc.). La division politique stable est un facteur de rivalité créative dans le domaine scientifique et technique, chaque pays tendant à favoriser les recherches pour avoir un avantage sur l'autre. A l'inverse, dans les empires unifiés et puissants, comme ceux de l'Islam ou de la Chine, l'absence d'émulation, le rôle néfaste des groupes de pression hostiles aux changements, l'invention n'a pas bénéficié de circonstances aussi favorables[30].

2.8. Les villes

Une autre thèse, développée par Braudel (1979) et Heilbroner (1989), est le rôle spécifique des villes dans le monde européen occidental[31], qui profitent de la chute d'un pouvoir central – la disparition de l'Empire romain et l'émiettement politique total qui suit au Moyen Âge – pour affirmer leur autonomie et leurs franchises, et inventer les libertés économiques qui caractérisent le capitalisme de marché (liberté d'échanger, liberté d'entreprendre, liberté des prix, etc.). White (1978) insiste également sur les mentalités des premiers citadins, venus du monde rural, et habitués à des pratiques indépendantes : "La révolution agricole des premiers temps du Moyen Âge commence de façon obscure avec l'apparition, parmi les Slaves, de la lourde charrue à roue, tirée par attelage de 4 à 8 bœufs. On la trouve dans la plaine du Pô en 643, en Grande-Bretagne seulement au IXe siècle avec les invasions nordiques. ... Le paysan du nord avait enfin trouvé un instrument adapté à son écologie."

Peu de paysans disposaient d'animaux en telle quantité, il fallait donc des regroupements et des ententes pour leur utilisation. En outre, la terre ne pouvait être individualisée, il fallait une mise en commun dans le cadre de l'*open field* :

---

29 Voir aussi son site: www.riseofthewest.com.

30 Pour une application détaillée de cette thèse au cas du progrès scientifique et technique comparé en Islam et en Europe, voir Brasseul (1999a).

31 Voir, pour un développement de cette idée, Brasseul (1999b).

"La culture devait être réalisée sous le contrôle strict du conseil du village... La charrue lourde de l'Europe du nord-ouest réduisit l'individualisme mais aboutit à la construction parmi les paysans *de systèmes solides de gouvernement de leurs propres activités*. Quand l'accroissement du surplus permit à davantage d'entre eux d'aller vers les villes, *ils emportèrent avec eux des habitudes d'autonomie communautaire bien plus fortes que tout ce qu'on avait vu sous l'Empire romain. Ainsi les villes se mirent très tôt à lutter, souvent avec succès, pour se transformer en communes bourgeoises libres toute allégeance à une autorité supérieure.* [...] Les paysans connaissaient leur affaire et ils n'étaient pas conservateurs quand ils voyaient une façon plus efficace de travailler. Le laboureur stupide est un mythe inventé par des citadins ayant oublié leurs ancêtres ruraux." (ibid.).

Même si les corporations urbaines vont peu à peu étouffer les libertés économiques à la fin du Moyen Âge et aux Temps modernes, entraînant une délocalisation vers le monde rural (le *putting-out system*), le mouvement était lancé et le capitalisme continuera à s'affirmer. Il serait ainsi né dans les villes occidentales, entraînant tout le processus qui aboutit à la révolution industrielle du XVIIIe siècle : "En Occident, capitalisme et villes, au fond, ce fut la même chose" (Braudel). Les villes du monde musulman – comme d'ailleurs du monde chinois ou indien – ne bénéficieront jamais de ces libertés, dans la mesure où elles restent soumises à des empires forts et centralisés. Finalement, la chute de l'Empire romain expliquerait, par delà les siècles, pourquoi le capitalisme moderne est une invention occidentale.

2.9. Le chameau et la roue

Richard Bulliet, un historien américain, spécialiste de l'islam médiéval, a écrit un livre classique (1975) sur le rôle du chameau dans la disparition de la roue au Moyen-Orient après l'Antiquité : "La sagesse populaire tient la roue pour l'une des plus astucieuses parmi les inventions de l'homme, tandis que le chameau est l'une des plus maladroites faite par Dieu"... La roue a disparu progressivement au bénéfice du chameau ou du dromadaire, entre le troisième et le septième siècle de notre ère (l'Islam hérite donc de cet état de fait et ne l'a pas créé), la raison principale étant économique : le transport à dos d'animal est moins coûteux que celui de véhicules tirés par des animaux, sans même compter la construction et l'entretien des routes nécessaires à ces derniers[32]. La dégradation du réseau routier dans l'Empire romain après le troisième siècle, avec le déclin de Rome, peut expliquer les dates citées plus haut. Si la roue n'a

[32] *Cost of maintenance is as negligible as cost of construction.* Bulliet ajoute que les gouvernements orientaux se livrent à des investissements dans la construction de ponts et de caravansérails (relais pour les voyageurs) – *investment in these two things is functionally equivalent to roadbuilding in a wheelless society* – au lieu de routes inutiles (*useless grading and paving*) et en cela se montraient complètement rationnels.

pas disparu en Gaule, alors qu'elle l'a fait en Afrique et en Orient, l'explication tient au fait que le chameau n'y existait pas.

Braudel (1979) évoque également cette différence entre les deux cultures : "L'espace ottoman se caractérise par l'omniprésence de caravanes chamelières ... L'activité caravanière – chameaux et dromadaires – s'étend de Gibraltar à l'Inde et à la Chine du Nord, de l'Arabie et de l'Asie mineure jusqu'à Astrakhan et Kazan ... Les voyageurs d'Occident ont décrit souvent ces modes de transport, la masse des voyageurs réunis, les longs trajets où l'on ne trouve pas, comme en Angleterre, des bourgs et des cabarets à loger tous les soirs, l'étape à la belle étoile, sous sa tente, lorsque la saison le permet, ou dans les khans et les caravansérails, grands bâtiments commodes et peu coûteux."

Ainsi, une des grandes civilisations de l'humanité a abandonné la roue pour des raisons économiques. Etant donné tous les aspects techniques et toutes les inventions qui lui sont liés, on peut penser que cela n'a pas manqué d'avoir eu un impact sur son développement, même si la roue n'a pas été abandonnée en dehors du transport, par exemple dans l'irrigation, la meunerie, la poterie et divers artisanats. Bulliet évoque dans son chapitre *A society without wheels*, une mentalité ayant développé un préjugé inconscient contre la roue, mentalité omniprésente (*a pervasive non-wheel mentality*), fait confirmé par exemple par l'absence de brouettes sur les chantiers à Téhéran jusqu'au XXe siècle, ou bien par l'existence de palanquins portés par deux chameaux plutôt que tirés sur des roues, ou encore par l'absence d'artillerie mobile dans les armées arabes. Le retard des sociétés musulmanes à adopter la roue ensuite, à la période coloniale, en est une conséquence, comme le rappelle Tellier (2002) : "Lors de l'avènement du transport motorisé, les sociétés utilisant le chameau comme principal mode de transport se sont trouvées particulièrement désavantagées du fait de l'absence de réseau routier et aussi du fait que l'utilisation de la roue et des divers mécanismes qui ont joué un rôle si important dans la révolution industrielle y avait été complètement marginalisée. La notion même de mécanisme avait été presque évacuée de l'esprit des populations vivant du chameau."

La disposition des villes arabes est aussi caractéristique de sociétés sans roues : l'enchevêtrement des rues étroites et courbes, en forme de labyrinthe, dans les souks par exemple, inaccessibles aux charrettes, en est le témoignage. C'est aussi le cas des villes européennes au Moyen Âge, tandis que la période classique au XVIIe reprend les constructions rectilignes devant l'envahissement des véhicules sur roues : "L'univers a des roues" s'écrie Stow en 1528, et de même Dekker en 1600 : "C'est à croire que le monde marche sur des roues !" (cités par Braudel, 1979). Les villes arabes au contraire resteront de type enchevêtré : "Jusqu'à 1845, la largeur d'une nouvelle rue importante au Caire était déterminée à partir de la largeur totale de deux chameaux chargés se croisant" (Bulliet). Les rues étroites de la période médiévale, en Europe comme en terre d'Islam, s'expliquent bien sûr par d'autres facteurs : elles permettent une densité plus élevée de population, donc une ville accessible aux piétons faute de transports rapides, elles impliquent des villes plus faciles à défendre, elles fournissent de l'ombre et abritent du vent, elles facilitent les relations sociales. Néanmoins, les villes occidentales se sont adaptées à la généralisation de la roue, ce qui n'est pas le cas des villes du monde musulman, du fait d'un choix certes rationnel au départ, mais qui s'est révélé une sorte d'impasse technique à long terme.

CONCLUSION

"Le monde islamique n'a cessé d'être l'inconsolé de sa destitution" (Abdelwahab Meddeb, 2002).

Au terme de ce panorama des explications, il apparaît qu'un faisceau de facteurs, plus qu'une explication unique, permet de rendre compte d'un déclin entamé dans la dernière période du Moyen Âge. Les aspects géographiques semblent avoir été déterminants, expliquant à la fois des facteurs économiques (déplacement des échanges vers l'ouest avec la découverte de l'Amérique, type de transport utilisé, système foncier) et des facteurs institutionnels (absence de réforme politique, stagnation des techniques, interprétation conservatrice de la religion). Mais si le passé peut ainsi s'éclairer, comme tant d'auteurs s'y sont essayés, qu'en est-il du présent et de l'avenir ?

On dit souvent que l'Islam a besoin d'une réforme, d'une évolution semblable à celle qu'a connue l'Europe de la Renaissance puis des Lumières, et un argument parfois avancé est que l'Islam est né plus tard, ce qui peut expliquer qu'il n'est pas encore passé par là : "Dans le calendrier musulman, on est en 1415. En Europe, en 1415, Jean Hus venait d'être brûlé, Mais en 1436 cependant, ses partisans avaient obtenu des concessions de la part de l'Eglise, à la suite des guerres hussites en Bohême. En 1470, les bibles de Gutenberg se répandaient à travers l'Europe. En 1506 le grand réformateur Zwingli prêchait en Suisse. En 1517, Luther clouait ses thèses sur la porte de l'Eglise de Wittenberg. L'Europe du nord basculait dans la Réforme. Aujourd'hui, à l'heure d'Internet et des voyages rapides transcontinentaux, les choses vont beaucoup plus vite. Une vue optimiste peut laisser penser à des changements rapides, profonds et positifs, dans les pays musulmans[33]."

Ces changements rapides passent par une démocratisation, mais celle-ci est souvent bloquée, comme on l'a vu, par le fait que les islamistes radicaux tendent à monopoliser l'opposition. Le recul de l'extrémisme apparaît donc comme une condition de l'évolution du monde musulman, aussi bien au plan politique qu'économique. Dans les préjugés exprimés de part et d'autre de la Méditerranée, l'Islam a tendance à considérer l'Occident comme amoral, ce

[33] "A Survey of Islam", The Economist, 1994.

dernier le voyant comme fanatique. Un rapprochement ne peut venir que si le monde musulman introduit chez lui davantage de tolérance, en même temps que l'Occident introduit plus de sens moral, faute d'évoluer vers un matérialisme stérile. Une domestication du marché par des valeurs supérieures, comme les expériences social-démocrates cherchent à le faire – comment l'initiative individuelle, force de progrès, doit être placée dans un cadre solidaire ? – peut apprendre des valeurs de l'Islam, dont le but a toujours été de placer l'homme, dans sa vie quotidienne, au sein de valeurs morales communes. Un double rapprochement donc, qui serait le gage d'une meilleure compréhension et d'un apaisement des tensions.

ANNEXE

La Révolution française vue du côté ottoman ou l'Islam au secours de l'Église catholique

"Une conflagration de sédition et de scélératesse... Liberté, égalité, félicité... La réduction du peuple de France à l'état de bétail... La déclaration rebelle qu'ils appellent «les droits de l'homme»".

"Les gens bien informés n'ignorent pas que *la conflagration de sédition et de scélératesse qui éclata il y a quelques années en France*, projetant des étincelles et des flammes de trouble et de tumulte dans toutes les directions, avait été préparée de longue date dans l'esprit de certains hérétiques maudits et était un mal sous-jacent qu'ils cherchaient à toutes les occasions de réveiller. De la sorte, *les célèbres athées Voltaire et Rousseau, et d'autres matérialistes de leur acabit*, avaient édité et publié divers ouvrages consistant, Dieu nous en préserve, en insultes et calomnies contre les purs prophètes et les grands rois, réclamant la suppression et l'abolition de toute religion, et pleins d'allusions à la douceur de l'égalité et du républicanisme, tout cela exprimé en des mots et des phrases aisément intelligibles, sous forme de moquerie, dans le langage du peuple.

Séduits par la nouveauté de ces écrits, la plupart des gens, jusqu'aux jeunes et aux femmes, ont eu de l'inclination pour eux et y ont accordé une grande attention, de sorte que l'hérésie et la scélératesse se sont répandues comme la syphilis dans les artères de leur cerveau et ont corrompu leurs croyances. Lorsque la révolution s'intensifia, personne ne se formalisa de la fermeture des églises, de l'assassinat et de l'expulsion des moines, et de l'abolition de la religion et de la doctrine : *ils avaient tourné leur cœur vers l'égalité et la liberté*, par lesquelles ils espéraient atteindre la parfaite *félicité* en ce monde, selon les enseignements mensongers de plus en plus colportés dans le peuple par cette pernicieuse équipe qui a fomenté la sédition et le mal par égoïsme et intérêt.

Nul n'ignore que l'ordre et la cohésion de tous les États reposent avant tout sur la solidité des racines et des branches de la sainte loi, de la religion et de la doctrine ; que les moyens politiques seuls ne suffisent pas à assurer la tranquillité du pays et l'obéissance des sujets ; que la nécessité de la crainte de Dieu et le respect du châtiment dans le cœur des esclaves de Dieu sont un des décrets divins les plus indéracinables ; que jadis comme aujourd'hui chaque État et chaque peuple a sa propre religion, vraie ou fausse. Pourtant, les chefs de la sédition et des maux surgis en France, avec une ampleur sans précédent, afin de faciliter l'accomplissement de leurs projets néfastes, et dans le plus grand mépris de leurs redoutables conséquences, ont ôté au peuple la peur de Dieu et du châtiment, ont autorisé toutes sortes d'actions abominables et entièrement fait disparaître la vergogne et la pudeur, préparant ainsi *la réduction du peuple de France à l'état de bétail*. Non contents de se satisfaire de cela, ils ont cherché partout leurs semblables, afin d'occuper les autres États à la protection de leurs propres régimes et ainsi prévenir une attaque contre eux, *ils ont fait traduire dans toutes les langues et publier en tous lieux la déclaration rebelle qu'ils appellent "des droits de l'homme"* et se sont efforcés d'inciter les peuples de toutes les nations et de toutes les religions à se rebeller contre les rois dont ils sont les sujets."

Mémorandum d'un haut fonctionnaire ottoman, Ahmed Atif Effendi, cité par Laurens (2000).

RÉFÉRENCES

Ajami F., 1998, *The Dream Palace of the Arabs: A Generation's Odyssey*, Pantheon.

Arnaldez R., Massignon L., Youschkevitch A.P., 1966, "La science arabe", dans *Histoire générale des sciences*, R. Taton, PUF.

Barber B., 1995, *Jihad vs McWorld*, Random House.

Barendse R.J., 2002, *The Arabian Seas: The Indian Ocean World of the Seventeenth Century*, M.E. Sharpe.

Bienaymé A., 1960, "Institutions et facteurs sociologiques dans la théorie économique", *Revue Économique*, 11(3).

Blaut J.M., 2000, *Eight Eurocentric Historians*, Guilford Press. Voir critique de Joel Mokyr, *Journal of Economic History*, 61(2), juin 2001.

Brasseul J., 1997, 2001, *Histoire des faits économiques*, tome 1, Armand Colin.

Brasseul J., 1999a, "L'évolution divergente des sciences et des techniques sur les deux rives de la Méditerranée : les leçons de l'histoire", *Mondes en développement*, tome 27, 105.

Brasseul J., 1999b, "Les villes et l'apparition du capitalisme" dans Bailly A. et Huriot J. M. (sous la dir. de), *Villes et croissance*, Anthropos.

Braudel F., 1979, *Civilisation matérielle, économie et capitalisme, XVe-XVIIIe siècle*, Armand Colin.

Bulliet R.W., 1975, 1990, *The Camel and the Wheel*, Harvard University Press.

Burlot J., 1990, *La civilisation islamique*, Hachette

Chaudhuri K.N., 1990, *Asia before Europe*, Cambridge.

Cohen D., 2001, "Y a-t-il une malédiction économique islamique ?", *Le Monde*, 6 novembre.

Corm G., 2002, *L'Europe et l'Orient, de la balkanisation à la libanisation, histoire d'une modernité inaccomplie*, rééd. La Découverte.

Corm G., 2002, *Orient-Occident, la fracture imaginaire*, La Découverte.

Cosandey D., 1997, *Le Secret de l'Occident, du miracle passé au marasme présent*, Arléa, critique dans la revue *Région et Développement*, n° 8, L'Harmattan, 1998.

Daniel N., 1993, *Islam et Occident*, Cerf, 1e éd. 1960.

Deyon P., Jacquart J., 1978, "L'empire ottoman", dans Léon P. (sous la dir. de), *Les hésitations de la croissance 1580-1830, Histoire économique et sociale du monde*, t. 2, A. Colin.

Diamond J., 1997, *Guns, Germs and Steel*, Vintage, 1998.

Diamond J., 1998, "Peeling the Chinese Onion", *Nature*, Vol. 391, 29 Jan.

Fergani N., Maksoud C. et alii, 2002, *Arab Human Development Report*, PNUD.

Fukuyama F., 1992, *The End of History and the Last Man*, Free Press.

Fukuyama F., 1995, *Trust: The Social Virtues and the Creation of Prosperity*, Free Press.

Fuller G., Francke R.R., 2000, *The Arab Shi'a: The Forgotten Muslims*, St Martin's Press.

Grousset R., 1939, *L'épopée des croisades*, Plon, rééd. Perrin, 1995.

Grousset R., 1948, *Bilan de l'histoire*, Plon.

Grousset R., 1960, *L'Empire des steppes*, Payot.

Haffner S., 2000, *Histoire d'un Allemand*, Actes Sud.

Harrison L.E., 1992, *Who Prospers? How Cultural Values Shape Economic and Political Success*, Basic Books.

Heilbroner R.L., 1989, *The Making of Economic Society*, Prentice-Hall.

Hourani A., 1991, *A History of the Arab Peoples*, Faber & Faber.

Huff T., 1991, *The Rise of Early Modern Science: Islam, China, and the West*, Cambridge University Press.

Huntington S., 1996, *The Clash of Civilisations and the Remaking of the World Order*, Simon & Schuster.

Ibn Khaldûn, 1980, *Le voyage d'Occident et d'Orient*, Sinbad.

Kepel G., 2001, *Jihad : Expansion et déclin de l'islamisme*, Gallimard/Folio, (trad. anglaise : *Jihad: The Trail of Political Islam*, Harvard University Press, 2002).

Khoury G.D., Tuéni G., Lacouture J., 2003, *Un siècle pour rien, le Moyen-Orient arabe de l'Empire ottoman à l'Empire américain*, Albin Michel.

Jones E., 1981, *The European Miracle*, Cambridge University Press.

Landes D., 1998, *The Wealth of Nations, Why Some Are So Rich and Some So Poor*, Norton.

Langellier J.P., 2000, "Al-Mansour, le Richelieu de la guerre sainte", *Le Monde*, 26 juillet.

Langellier J.P., 2000, "Mahmud de Ghazna, le briseur d'idoles", *Le Monde*, 28 juillet.

Laurens H., 1989, *L'Expédition d'Égypte*, Armand Colin.

Laurens H., 2000, *L'Orient arabe, Arabisme et islamisme de 1798 à 1945*, Armand Colin, rééd. 2002.

Le Boucher E., 2003, "Au-delà de l'Irak, la faillite du monde arabe", *Le Monde*, 3 février.

Lévi-Strauss Cl., 1952, "Histoire stationnaire et cumulative", dans *Race et histoire*, Unesco.

Lewis B., 1988, *Islam et laïcité*, Fayard.

Lewis B., 1982, *The Muslim Discovery of Europe*, Norton.

Lewis B., 1993, *Les Arabes dans l'histoire*, Aubier.

Lewis B., 1996, *The Middle East: 2000 Years of History from the Rise of Christianity to the Present Day*, Weidenfeld & Nicholson.

Lewis B., 2002, *What Went Wrong? Western Impact and Middle East Response*, Phoenix (trad. *Que s'est-il passé ? L'Islam, l'Occident et la modernité*, Gallimard, 2002. Critique de Roger-Pol Droit, "Splendeur perdue de l'Islam", *Le Monde des livres*, 4 octobre 2002 ; critique d'Edward Said dans Harper's, juillet 2002, qui traite Lewis de "pseudo-expert".

Lombard M., 1971, *L'Islam dans sa première grandeur (VIIIe-XIe siècle)*, Flammarion.

Maalouf A., 1983, *Les croisades vues par les Arabes*, J. C. Lattès.

Mantran R., 1969, *L'expansion musulmane*, PUF.

McNeill W., 1963, *The Rise of the West*, The University of Chicago Press.

Meddeb A., 2002, *La maladie de l'islam*, Seuil.

Mokyr J., 1990, *The Lever of Riches, Technological Creativity and Economic Progress*, Oxford University Press.

Naipaul V.S, 1998, *Beyond Belief: Islamic Excursions Among the Converted Peoples*, Little, Brown.

Naipaul V.S, 1981, *Among the Believers: An Islamist Journey*, Random House.

North D.C., Thomas R.P., 1973, *The Rise of the Western World, A New Economic History*, Cambridge University Press.

Peyrefitte A., 1995, *La société de confiance*, Odile Jacob.

Pietri L., 1971, *Les débuts du Moyen Âge, Le monde et son histoire*, Meuleau M. (sous la dir. de), Bordas/Laffont, rééd. Bouquins, Laffont, 1984.

Rashed R. (sous la dir. de), 1997, *Histoire des sciences arabes*, R. Morelon coll., 3 vol., Seuil.

Riché P., 1968, *Grandes invasions et empires, Ve-Ve siècles*, Histoire universelle Larousse.

Rosenberg N., Birdzell L.E., 1986, *How the West Grew Rich*, Basic Books.

Roy O., 1992, *L'échec de l'islam politique*, (trad. anglaise : *The Failure of Political Islam*, Harvard, 1994), Seuil/Esprit.

Said E., 1978, *L'Orientalisme*, Seuil, 2e éd. 1980.

Sardar Z., 1977, *Science, Technology and Development in the Muslim World*, Croom Helm, London.

Sardar Z., 1977, *Science, Technology and Development in the Muslim World* Humanities Press, New Jersey.

Sorman G., 2003, *Les enfants de Rifaa, musulmans et modernes*, Fayard.

Sourdel D., Sourdel J., 1968, *La civilisation de l'Islam classique*, Arthaud.

Sowell Th., 1986, *Race, politique et économie*, PUF.

Sowell Th., 1994, *Race and Culture: A World View*, Basic Books.

Tellier L.N., 2002, "Ben Laden et son espace", *Organisations et territoires*, Printemps-Été.

Temin P., 1997, "Is it Kosher to Talk about Culture?", *Journal of Economic History*, 57(2), June.

Tolan J., 2003, *Les Sarrasins, L'islam dans l'imagination européenne au Moyen Âge*, Aubier.

Valensi L., 1978, "Le monde musulman", dans Léon P. (sous la dir. de), *Inerties et révolutions 1730-1840, Histoire économique et sociale du monde*, tome 3, Armand Colin.

Vatin N., Veinstein G., 2003, *Le sérail ébranlé, Essai sur les morts, dépositions et avènements des sultans ottomans (XIVe-XIXe siècles)*, Fayard.

White L. Jr, 1978, "The Expansion of Technology 500-1500", in *Medieval Religion and Technology*, University of California Press, Berkeley.

Articles

The Economist, "In the name of God", A survey of Islam and the West, September 13th 2003, "Self-doomed to failure", *Special report: Arab development*, July 6th 2002 ; "The man in the Bagdhad café", *Cultural explanations*, November 9th 1996 ; "Time travellers", *A survey of the Gulf*, March 23rd 2002 ; "Children of the Islamic revolution", *A survey of Iran*, January 18th 1997 ; "New and old", *A survey of Egypt*, March 20th 1999 ; "The elusive golden apple", "Ataturk's long shadow", Surveys of Turkey, June 8th 1996, June 10th 2000 ; "Squeezed", *A survey of the Arab world*, May 12th 1990 ; "Not again, for heaven's sake", *A survey of Islam*, August 6th 1994

Le Monde, "Un islam, des islams", 8 octobre 2001 ; "L'islam et les femmes", 16-17 décembre 2001 ; "L'énigme saoudienne", 3-4 mars 2002 ; "De Dakar à Djakarta : les musulmans face à la guerre", 11-12 novembre 2001 ; "Algérie 1962-2002", 30 juin-1er juillet 2002 ; "Le mystère irakien", 29-30 septembre 2002 ; "Proche-Orient : la paix en fuite", 18 avril 2002 ; "La Turquie orpheline", 15-16 novembre 1998 ; "Nos voisins, les Turcs", 15-16 décembre 2002 ; "Al-Mansour, le Richelieu de la guerre sainte", 26 juillet 2000 ; "Mahmud de Ghazna, le briseur d'idoles", 28 juillet 2000.

THE DECLINE OF THE ISLAMIC WORLD FROM THE MIDDLE AGES: A SURVEY OF THE EXPLANATIONS

Abstract *- Since its peak in the Middle Ages, the Islamic world has lost its prominent place among the great civilisations. Indeed, the scientific and industrial revolutions took place in Western Europe between the XVIIth and the XIXth centuries, and not in the Muslim world, while the free-market democratic system was also invented in the Netherlands, England and France. This article highlights some aspects of the Islamic decline in the first part, and aims to survey the main explanatory theories for this decline in its second part, ranging from geographical to institutional factors and from economic to demographic analyses.*

LA DECADENCIA DEL MUNDO MUSULMÁN A PARTIR DE LA EDAD MEDIA : UNA SINTESIS DE LAS EXPLICACIONES

Resumen *- Desde su apogeo en la Edad Media, el mundo musulmán perdió la primera plaza entre las grandes civilisaciones, dejando la revolución científica en el siglo XVII y la revolución industrial en los siglos XVIII y XIX desarrollarse en Europa Occidental. A aquellas épocas también nació en Europa el sistema político – económico capitalista de mercado que se está desarrollando hoy en día casí en todos los paises. Este artículo presenta en la primera parte los detalles del retroceso y analiza en la secunda parte las principales teorías explicativas de los factores geográficos a los factores institucionales pasando por los análisis económicos o demográficos.*

L'IMPACT DE LA POLITIQUE EURO-MÉDITERRANÉENNE SUR LES ÉCHANGES UE-MAROC :

APPLICATION D'UN INDICATEUR DE PERFORMANCE A L'EXPORTATION

Nicolas PÉRIDY*

Résumé *- Les politiques commerciales de l'Union européenne affectant les échanges euro-marocains ont connu des évolutions importantes au cours de la dernière décennie, avec les accords d'adaptation (qui prévoient l'élimination des droits de douane de l'UE sur les importations en provenance du Maroc), les accords de libre-échange avec les pays tiers méditerranéens (PTM), ainsi que les accords de Marrakech (GATT 94). L'objet de cette contribution est d'évaluer l'impact de ces politiques sur les échanges UE-Maroc. Nous analysons pour cela l'évolution récente des échanges et des spécialisations sectorielles marocaines et les mettons en relation avec la politique commerciale de l'UE, à l'aide d'un indicateur de performance à l'exportation. Si la politique commerciale préférentielle de l'UE a bien eu des effets positifs sur les exportations marocaines, l'extension des accords préférentiels de l'UE avec les PECO, ainsi que l'application des accords du GATT 94, semblent avoir sensiblement limité ces effets, notamment concernant les produits agricoles et textiles. Dans ce contexte, l'application des accords Euromed, en particulier pour les produits agricoles, permettrait de relancer les échanges préférentiels entre l'UE et le Maroc.*

Mots-clés - ÉCHANGES COMMERCIAUX, MAROC, GATT, UNION EUROPÉENNE, POLITIQUES COMMERCIALES, TEXTILE.

Classification JEL : F13.

---

* Laboratoire d'Economie de Nantes (LEN), Université de Nantes.

1. INTRODUCTION

Les relations commerciales préférentielles entre l'UE et le Maroc figurent parmi les plus anciennes qu'ait connues l'UE, puisque dès 1969, un premier accord d'association a été signé entre les deux parties. Auparavant, seules la Grèce, la Turquie et l'Espagne disposaient de relations préférentielles directement avec la CEE.

Ce premier accord de 1969 avait une portée limitée quant au contenu des préférences, notamment parce que les produits agricoles en étaient exclus. Il a été ensuite complété en 1976 par un accord de coopération, qui élargissait la gamme de produits d'exportation au Maroc bénéficiant de réductions du tarif douanier commun. L'impact de ces deux accords a largement été évalué dans la littérature économique[1].

Ces quinze dernières années ont cependant été marquées par un renouveau important des relations UE-Maroc. Premièrement, des accords d'adaptation sont entrés en vigueur (European Communities, 1988), suite à l'entrée de l'Espagne et du Portugal dans la CEE. Ces accords prévoyaient l'élimination progressive des droits de douane sur les produits agricoles marocains, au même rythme que pour les produits espagnols et portugais. Le terme de la période de transition, initialement prévu fin 1995, a été ramené à fin 1991. Ainsi, depuis cette date, les exportations marocaines sont théoriquement admises en franchise douanière comme les exportations ibériques. Ceci devait permettre au Maroc d'éviter un désavantage tarifaire relatif par rapport à l'Europe du Sud.

Le deuxième volet du renouveau dans les relations commerciales UE-Maroc correspond aux accords euro-méditerranéens (Euromed), fixant la mise en place progressive d'une zone de libre-échange entre l'UE et les pays tiers méditerranéens (PTM, Commission Européenne, 1995a). Parallèlement à ces accords, le Maroc s'est aussi engagé dans un processus de libéralisation commerciale dans le cadre de l'adhésion de ce pays au GATT, et à son engagement dans les négociations du cycle d'Uruguay (rappelons que l'accord final a été signé à Marrakech en décembre 1993).

Si les implications ex ante de ces accords ont largement inspiré la littérature[2], peu d'études font le point sur les effets de ces nouveaux accords sur les échanges récents euro-marocains (1988-2000). L'objet de cette contribution

---

[1] Alaoui (1994) ; Bensidoun et Chevalier (1996) ; Bichara (1992) ; Fontagné et Péridy (1997) ; Gaines et al. (1981) ; Pomfret (1982) ; Yannopoulos (1977).

[2] Jaïdi (1994) ; Kebadjian (1995) ; Mourji et al. (1997) ; Rutherford et al. (1994).

est donc d'évaluer l'impact de ces accords sur les échanges euro-marocains. Dans une seconde section, nous analyserons de façon très détaillée l'évolution récente des échanges entre le Maroc et l'UE. Nous analyserons aussi les implications de ces évolutions sur les spécialisations marocaines vis-à-vis de l'UE, à l'aide du calcul d'indicateurs d'avantages comparatifs et d'intra-branche. Nous montrerons ainsi que le Maroc a vu sa part légèrement s'accroître dans les échanges avec l'UE, grâce à une forte poussée des exportations de vêtements et de produits électroniques. Cette évolution a donc permis au Maroc une certaine mutation de ses spécialisations avec l'UE, dans la mesure où les avantages comparatifs traditionnels (exportations de fruits et légumes, de conserves alimentaires, de phosphates et dérivés) ont tendance à décliner au profit de secteurs tels que les vêtements ou les composants électroniques. Cette évolution est d'ailleurs proche de celle qu'ont connue les NPI d'Asie dans les années 70. On observera également que les échanges intra-branche sont quasiment inexistants entre le Maroc et l'UE, ce qui indique que les relations commerciales des deux parties restent des relations de type Nord-Sud, avec la prédominance de la logique des avantages comparatifs.

Dans une troisième section, nous rapprocherons ces évolutions avec la politique commerciale UE-Maroc. Il s'agit ici de savoir si la mutation des spécialisations marocaines est naturelle ou bien si elle est causée par les préférences commerciales accordées par l'UE. Le calcul d'un indicateur de performance à l'exportation permettra d'apporter des éléments de réponse. Cet indicateur sera calculé sur deux périodes, au niveau global puis sectoriel, et complété par d'autres indicateurs sectoriels afin d'apporter des éléments explicatifs aux résultats obtenus. Nous verrons que d'une manière générale l'impact des politiques commerciales européennes sur les exportations marocaines – bien que traditionnellement positif – a été de plus en plus faible, notamment dans le secteur des textiles, qui a souffert de l'extension des accords préférentiels de l'UE avec d'autres PTM ainsi qu'avec les pays d'Europe centrale et orientale (PECO). De même, les exportations agricoles marocaines sont pénalisées par des mesures européennes protectionnistes, qui compensent les effets des préférences tarifaires sur ces produits. Pour les autres produits, la politique commerciale européenne n'a que peu d'effet sur les exportations du Maroc vers l'UE.

2. ÉVOLUTION DES ÉCHANGES UE-MAROC

Cette section propose une analyse détaillée des échanges commerciaux entre le Maroc et l'UE entre 1988 et 2000. Après une présentation générale des échanges du Maroc et de leur évolution, nous ventilons l'analyse par secteurs et produits. Nous nous interrogeons ensuite sur l'impact des évolutions constatées sur les spécialisations du Maroc, à l'aide du calcul des avantages comparatifs et de leur interprétation.

2.1. 1988-2000 : une croissance soutenue des échanges UE-Maroc

2.1.1. Évolution générale

Le tableau n° 1 met en évidence la hausse régulière des exportations et des importations du Maroc vis-à-vis de l'UE, avec respectivement 9 % et 10 % de croissance moyenne annuelle. La progression est toutefois plus marquée en début et en fin de période, en relation avec la reprise économique au Maroc ou dans l'UE.

La balance commerciale reste déficitaire pour le Maroc vis-à-vis de l'UE, avec une forte progression du déficit en fin de période, qui s'explique principalement par la poussée des importations de machines et appareils électriques et électroniques (+750 millions d'ECU entre 1998 et 2000), ainsi que des importations de coton et autres fibres textiles (+200 millions), destinées à la production de vêtements. Enfin, la facture énergétique et céréalière s'est alourdie de 150 millions pour chacun de ces deux postes sur la même période.

Tableau n° 1 : Évolution des échanges totaux du Maroc avec l'Union européenne 1988-2000 (millions ECU)

	Exportations	Variation (%)	Part de l'UE (%)	Importations	Variation (%)	Part de l'UE (%)	Balance commerciale
1988	2 271,1	-	0,59	2 609,8	-	0,72	-338,7
1989	2 674,4	17,8	0,60	3 224,4	23,5	0,78	-549,9
1990	3 050,4	14,1	0,66	3 573,1	10,8	0,86	-522,7
1991	3 176,6	4,1	0,64	3 708,3	3,8	0,88	-531,7
1992	3 312,2	4,3	0,68	3 952,5	6,6	0,91	-640,3
1993	3 394,3	2,5	0,69	4 236,1	7,2	0,86	-841,8
1994	3 702,1	9,1	0,68	4 371,5	3,2	0,80	-669,5
1995	4 017,0	8,5	0,74	4 728,2	8,2	0,83	-711,3
1996	4 223,8	5,2	0,73	4 678,1	-1,1	0,75	-454,2
1997	4 739,9	12,2	0,71	5 308,8	13,5	0,74	-568,9
1998	5 319,9	12,2	0,75	6 546,6	23,3	0,90	-1 226,7
1999	5 551,9	4,3	0,71	6 626,8	1,2	0,87	-1 074,8
2000	5 994,1	8,0	0,68	7 691,8	16,1	0,82	-1 697,7

Source : d'après CEPII, CD-ROM CHELEM ; Eurostat, CD-ROM COMEXT.

Comparativement à d'autres pays, les échanges UE-Maroc ont certes progressé moins vite que les échanges UE-PECO ou UE-Chine (Graphique 1). En revanche, le commerce de l'UE avec le Maroc a augmenté légèrement plus vite qu'avec les pays du MERCOSUR, les NPI d'Asie, les pays du Mashrek ou du Maghreb dans leur ensemble, et beaucoup plus vite qu'avec les USA, le Japon ou l'Afrique sub-saharienne. Cette bonne tenue des échanges UE-Maroc permet à ce pays d'augmenter légèrement sa part dans les échanges totaux de l'UE, de 0,65 % à 0,75 % de 1988 à 2000.

Graphique 1 : Évolution des échanges entre l'Union européenne et ses principaux partenaires commerciaux (exportations + importations, 1988=100)

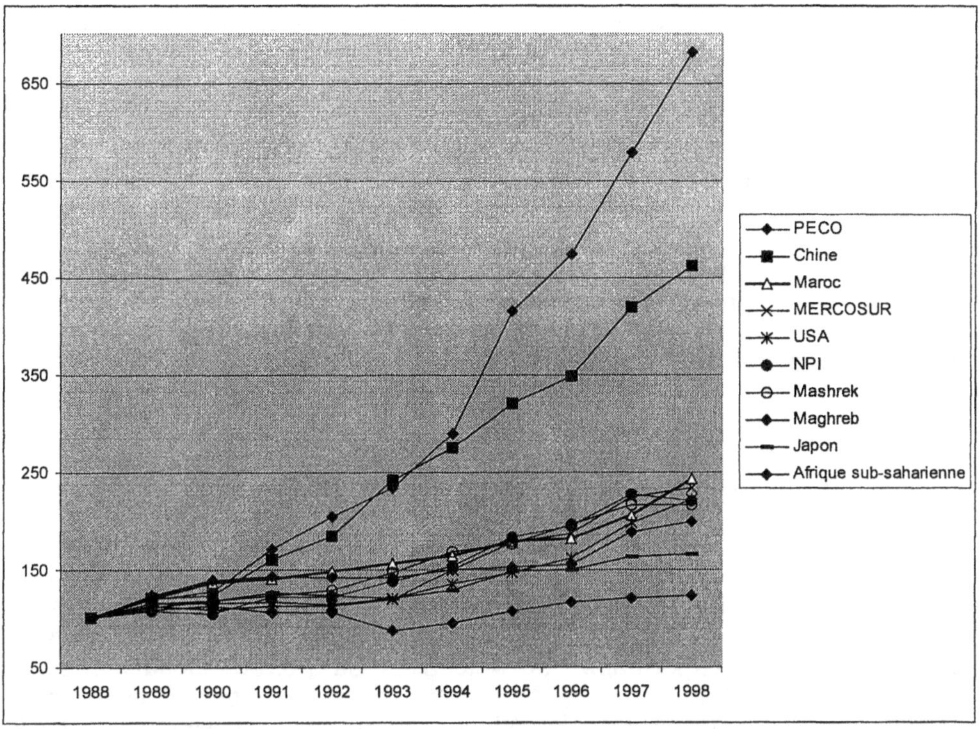

Source : d'après CEPII, CD-ROM CHELEM.

Concernant la répartition géographique des échanges entre l'UE et le Maroc, les principales évolutions entre 1988 et 2000 sont les suivantes : la France consolide sa première place comme premier fournisseur et client du Maroc, en représentant la moitié des échanges du Maroc avec l'UE. L'Espagne devient le deuxième pays client du Maroc, en passant devant l'Allemagne, et reste le second pays fournisseur. L'Italie conserve son 3° rang des pays fournisseurs, avec 9 % des importations du Maroc, mais régresse à la 5° place des pays clients (6 %). L'Allemagne régresse à la quatrième place des pays clients et fournisseurs du Maroc. La Belgique, le Luxembourg, les Pays-Bas et le Danemark voient aussi leur part diminuer sensiblement dans les échanges avec le Maroc, au profit essentiellement de la Grande-Bretagne, qui passe du 7° au 3° rang des pays clients, et du 7° au 5° rang des pays fournisseurs, tandis que les autres pays (Portugal, Grèce, Europe du Nord) conservent une part marginale des échanges avec le Maroc.

Les balances commerciales bilatérales font apparaître un déficit pour le Maroc vis-à-vis de la plupart des pays de l'UE, les plus importants étant vis-à-vis de la France, l'Espagne, l'Italie et l'Allemagne. De faibles excédents sont en revanche enregistrés vis-à-vis de la Belgique, le Luxemburg, de la Grande-Bretagne et de la Grèce.

2.1.2. Analyse sectorielle des échanges

Le graphique n° 2 présente l'évolution des principaux produits exportés par le Maroc vers l'UE, entre 1988-90 et 1998-2000. L'utilisation d'une moyenne tri-annuelle est destinée à limiter les effets des variations annuelles potentiellement importantes, notamment pour les produits agricoles en cas de sécheresse. On distingue deux grands groupes de produits : ceux pour lesquels les niveaux et la progression des exportations est importante (vêtements, machines et appareils électriques, aéronautique) et les secteurs plus traditionnels (engrais, phosphates, fruits et légumes), pour lesquels les exportations sont beaucoup plus faibles et stables.

La forte progression des exportations de vêtements est particulièrement frappante : ainsi, la part des vêtements dans les exportations totales marocaines vers l'UE est passée de 25 % en 1988 à près de 40 % en 2000 (tableau n° 2). Une décomposition plus fine (digit 8) indique que les principaux vêtements exportés sont les pantalons de coton homme et femme, les chemises et chemisiers, les gilets pour femme ainsi que les T-shirts. Ces produits représentent à eux seuls plus de 40 % des exportations de vêtements du Maroc. Depuis 1988, la progression la plus forte est enregistrée pour les soutiens-gorge (exportations multipliées par 121), les vestes synthétiques femme (multipliées par 19), les T-shirt coton et les chemisiers femme (multipliées par 8), et les pantalons hommes ou femme (multipliées par 3).

Mis à part les vêtements, deux autres secteurs connaissent aussi une très forte progression des exportations vers l'UE : il s'agit des machines et appareils électriques, ainsi que l'aéronautique. Ainsi, la part des machines et appareils électriques dans les exportations totales est passée de 3,4 % à 10,1 % entre 1988-90 et 1998-2000; une analyse sectorielle plus détaillée indique que les exportations de ce secteur sont concentrées sur 5 types de produits : les transistors (y compris les thyristors) (36 %), les conducteurs électriques (16 %), les diodes (16 %), les circuits intégrés (9 %), et les chargeurs d'accumulateurs (5 %). Depuis 1988, la progression des exportations est remarquable pour tous ces produits mais plus particulièrement pour les transistors (de 14 à 324 millions d'ECU), les conducteurs (de 9 à 84 millions), et les circuits intégrés (de 2 à 46 millions). Il s'agit ici d'un secteur de spécialisations naissantes, à très fort potentiel.

Graphique 2 : Exportations du Maroc vers l'UE 1988-2000 (1000 ECU, moyenne annuelle, NomCom, digit 2)

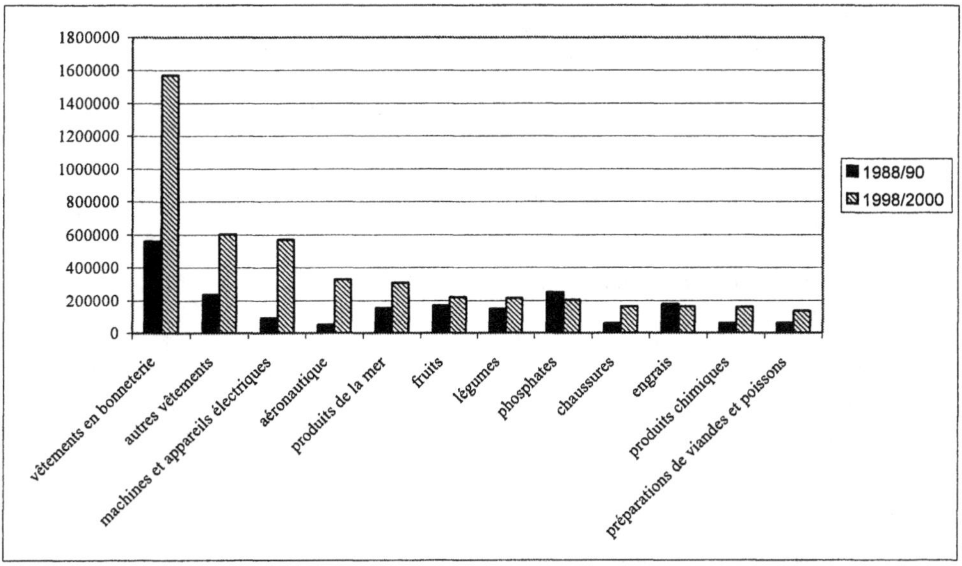

Source : d'après Eurostat, CD-ROM COMEXT.

Dans le secteur de l'aéronautique, le Maroc n'exporte pratiquement qu'un seul produit : les avions civils de 2 à 15 tonnes, mais en très forte progression de 1988 à 1998 (de 39 millions d'ECU à 440 millions d'ECU de 1988 à 1998).

Concernant les autres secteurs, le niveau et la progression des exportations sont beaucoup plus faibles : on y retrouve essentiellement les produits traditionnels, comme les phosphates et dérivés (engrais, chimie), ainsi que les produits agricoles (fruits et légumes), de la pêche, ou agro-alimentaires (conserves de légumes et de poissons). La part de ces secteurs dans les exportations totales tend à diminuer, à l'instar des phosphates, dont la part est passée de 9,3 % à 3,6 % sur la période.

Une analyse similaire des importations marocaines indique que 3 secteurs atteignent ou dépassent les 500 millions d'ECU : les machines et appareils électriques, les machines et appareils mécaniques, et l'aéronautique (graphique n° 3). Curieusement, parmi ces trois secteurs, le premier et le troisième sont aussi fortement exportateurs. Une analyse hâtive pourrait conduire à penser qu'il existe un commerce intra-branche significatif avec l'UE, mais une analyse plus fine des flux permet en fait de rejeter cette hypothèse. En effet, le calcul de l'indicateur de Grübel et Loyd (1977)[3] indique clairement la prédominance des échanges inter-branches. Par ailleurs, on note peu d'évolution depuis 1988, si ce n'est une hausse de l'intra-branche pour les vêtements autres qu'en bonneterie, et les chaussures. Ainsi, d'après l'analyse de cet indicateur, il semble que les échanges UE-Maroc demeurent des échanges traditionnels de spécialisation.

Tableau n° 2 : Part des principaux secteurs dans les échanges totaux du Maroc (*)

Part des exportations totales	1988-1990 (%)	1998-2000 (%)
Vêtements en bonneterie	20,9	27,9
Autres vêtements	8,8	10,7
Machines et appareils électriques	3,4	10,1
Aéronautique	1,8	5,8
Produits de la mer	5,6	5,5
Fruits	6,2	3,9
Légumes	5,5	3,8
Phosphates	9,3	3,6
Chaussures	2,1	2,9
Engrais	6,5	2,8
Produits chimiques	2,2	2,8
Préparations de viandes et poissons	2,3	2,4

Part des importations totales	1988-1990 (%)	1998-2000 (%)
Machines et appareils électriques	7,7	14,2
Machines et appareils mécaniques	16,4	13,4
Aéronautique	2,8	7,0
Automobile	8,1	5,6
Coton	5,3	5,3
Fibres synthétiques discontinues	4,3	5,1
Vêtements autres qu'en bonneterie	0,9	4,3
Céréales	1,6	3,2
Plastiques	3,4	3,1
Combustibles minéraux	1,3	2,9
Filaments synthétiques	2,0	2,2
Fer et acier	4,9	2,0
Etoffes de bonneterie	1,3	1,9
Papiers, cartons	1,2	1,9
Ouvrage en fer et acier	1,8	1,6

(*)Nomenclature combinée, digit 2, secteurs sélectionnées pour des importations ou exportations supérieures à 100 millions d'ECU, moyenne tri-annuelle.
Source : d'après Eurostat, CD-ROM COMEXT.

[3] GLi=1-|((Xi-Mi)/(Xi+Mi)| avec Xi et Mi représentant respectivement les exportations et les importations pour un produit i. Cet indicateur varie entre 0 et 1. Dans le premier cas, les échanges sont entièrement inter-branches (les exportations ou les importations sont nulles). Dans le second cas, les échanges sont de type intra-branche (Xi = Mi).

Graphique n° 3 : Importations du Maroc en provenance de l'UE 1988-2000 (1000 ECU, moyenne annuelle, NomCom, digit 2)

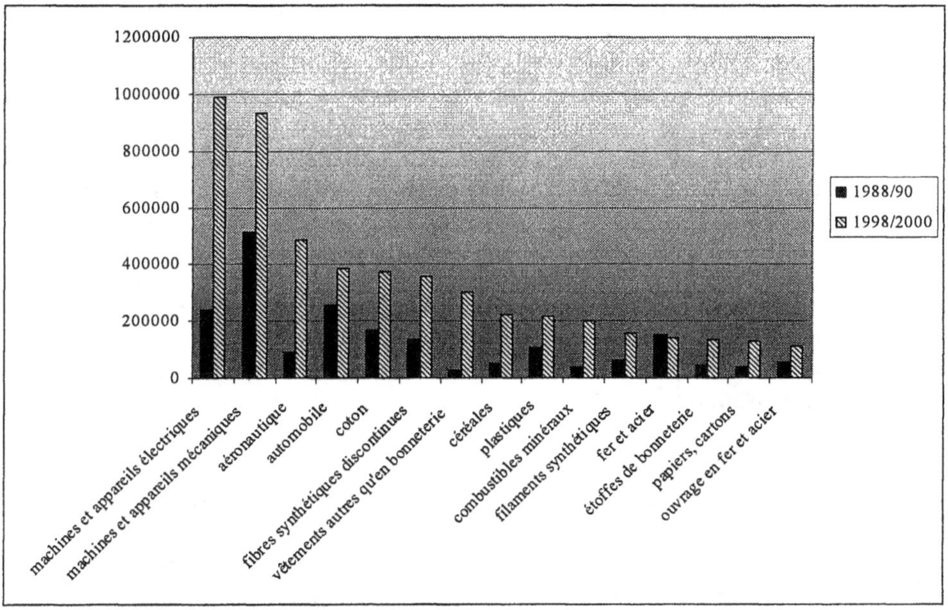

Source : d'après Eurostat, CD-ROM COMEXT.

En raison cependant du biais d'agrégation sectorielle lié à l'utilisation du coefficient de Grübel et Loyd, une analyse doit être conduite à un niveau sectoriel plus fin. Nous appliquons ici la méthodologie développée par Freudenberg et Fontagné (1997)[4]. Les calculs nous indiquent que 84 % des échanges entre l'UE et le Maroc sont de type inter-branches, contre seulement 16 % intra-branche (dont 9 % de commerce croisé de produits différenciés horizontalement, et 7 % verticalement)[5]. A y regarder de plus près, on s'aperçoit

[4] Elle consiste à partir de la nomenclature sectorielle la plus désagrégée (digit 8). Pour chaque produit, on calcule un taux de recouvrement du flux minoritaire par le flux majoritaire. Si ce taux est suffisant (supérieur à 10 %), on considère que les échanges sont de type intra-branche. Dans le cas contraire, les échanges sont inter-branches. Ensuite, pour les échanges intra-branche, on distingue les échanges en différenciation horizontale et verticale. Dans le premier cas, il s'agit d'un échange de biens similaires de qualité voisine (la différence de valeur unitaire entre les exportations et les importations ne doit pas excéder 15 %). Dans le second cas, les échanges portent sur des biens similaires mais de qualité différente (la différence de valeur unitaire est supérieure à 15 %). Il est enfin possible de réagréger sectoriellement et sans biais ces calculs afin d'obtenir, pour l'ensemble des produits, la part de chaque type de commerce (inter-branches, intra-branche en différenciation horizontale, intra-branche en différenciation verticale) dans les échanges totaux.

[5] Calculs personnels effectués à partir du CD-ROM COMEXT. Les résultats détaillés sont disponibles sur demande auprès de l'auteur.

que le commerce intra-branche en différenciation horizontale ne concerne pour ainsi dire qu'un seul produit : les avions civils de 2 à 15 tonnes. Il s'agit là en fait d'un flux très particulier, avec exportation pour perfectionnement passif vers l'UE (souvent pour réparation), puis réimportation après perfectionnement[6]. Ce flux gonfle donc artificiellement la part de l'intra-branche dans le commerce total. Concernant les produits différenciés verticalement, on retrouve essentiellement un échange croisé de produits issus de la branche "machines et appareils électriques", comme les conducteurs électriques, les thyristors et les circuits intégrés (autres que de technologie wafer). Il faut toutefois noter que ces produits sont quand même essentiellement exportés (les importations ne représentant souvent guère plus de 10 à 12 % des exportations). On est donc pour ces produits à la limite d'un commerce de spécialisation avec avantage comparatif. Tous ces chiffres confirment bien que les relations commerciales entre l'UE et le Maroc restent des relations Nord-Sud, et que la logique d'avantages comparatifs prédomine largement, avec une part très faible de réel commerce intra-branche.

Le premier secteur d'importation concerne les machines et appareils électriques. La progression des importations y est importante, puisque ce secteur parvient presque à doubler sa part dans les importations totales du Maroc entre 1988-90 et 1998-2000 (de 7,7 % à 14,2 %). Ce secteur est relativement diversifié puisque les 5 premiers produits importés ne représentent que 40 % des importations totales du secteur. Ces produits sont – par ordre d'importance – les transistors (y compris les thyristors), les diodes, les circuits intégrés et les mémoires (RAM). A première vue, il est frappant de constater que ces produits importés sont aussi exportés. Cependant, il ne s'agit pas exactement d'un commerce intra-branche dans la mesure où les diodes, transistors et circuits intégrés importés sont en disques "wafer", alors que ces mêmes produits exportés n'utilisent pas cette technologie.

Les importations de matériel mécanique sont des importations traditionnelles, qui ont peu augmenté relativement aux autres secteurs (les flux ayant en valeur tout juste doublé, et la part dans les importations totales légèrement reculé). Les produits importés y sont très diversifiés : en effet, les cinq premiers produits importés[7] représentent ensemble moins de 9 % des importations totales de machines mécaniques.

---

[6] Le perfectionnement passif consiste à exporter un produit qui subira quelques transformations dans le pays destinataire (montage, transformation, réparation), avant réimportation dans le pays d'origine et utilisation.

[7] Pièces pour moteurs à piston, pièces n.d.a., machines n.d.a., unités de mémoire, parties de machines à coudre n.d.a.

Le secteur de l'aéronautique offre une toute autre configuration des échanges : premièrement, les importations, négligeables en 1988, atteignent 500 millions d'ECU sur la période 1998-2000, soit le troisième rang d'importation. Deuxièmement, elles sont très concentrées : en effet, seuls deux produits sont importés : les avions civils de 2 à 15 tonnes (57 % des importations totales du secteur) et les avions civils supérieurs à 15 tonnes (41 %). La progression des importations de ces derniers est particulièrement remarquable depuis 1988 (de 0 à 320 millions d'ECU).

Parmi les autres secteurs d'importation, on observe la progression importante des importations de coton, de fibres synthétiques discontinues, et de filaments synthétiques, servant de matière première à la fabrication de vêtements. On remarque aussi l'apparition d'importations de vêtements (autres qu'en bonneterie). Là encore, l'observation simultanée d'importations et d'exportations ne permet pas de conclure à l'existence d'un commerce intra-branche, dans la mesure où les produits importés sont pour 85 % d'entre eux des parties de vêtements ou accessoires non dénommés ailleurs. Ces importations sont en fait destinées à un assemblage pour réaliser des produits finis, avant réexportation vers l'UE

Les céréales forment aussi un groupe de produits à forte progression des importations depuis 1988 : il s'agit exclusivement des importations de blé, variables d'une année sur l'autre en fonction des récoltes au Maroc. Enfin, les autres secteurs d'importation sont plus traditionnels, avec une plus faible progression (automobile, plastiques, fer et acier, papier-carton, combustibles minéraux).

En résumé, on constate des évolutions assez importantes des échanges extérieurs entre l'UE et le Maroc, avec en particulier une part de plus en plus élevée de la confection et du matériel électronique, au détriment de secteurs plus traditionnels. Il faut souligner que ces évolutions s'inscrivent dans un processus de division internationale du travail et des processus productifs auquel s'est associé le Maroc. Ceci se traduit notamment par un trafic important de perfectionnement des produits entre l'UE et le Maroc : ainsi, une part non négligeable des importations de produits textiles de base (coton, étoffes, fibres et filaments synthétiques) est transformée au Maroc pour ensuite être réexportée vers l'UE après perfectionnement, sous forme de vêtements. Ce trafic existe aussi dans une moindre mesure dans le secteur électrique et électronique. Inversement, le Maroc exporte une part importante de produits liés à l'aéronautique ou à la construction mécanique, qui sont ensuite réeimportés après perfectionnement dans l'UE sous forme d'avions, d'automobile, ou d'autres ouvrages en fer ou acier.

Les échanges de perfectionnement se font souvent grâce à une pénétration importante des firmes étrangères (le plus souvent europénnes) dans le tissu productif marocain. Ainsi, en 1998, 80 entreprises étrangères figuraient parmi les 200 premières entreprises marocaines, et 45 parmi les 100 premières, souvent avec une position dominante dans leur secteur (DREE, 2002). Une autre illustration de cette pénétration étrangère correpond aux flux d'investissements directs étrangers (IDE) au Maroc, qui sont passés de 138 à 754 millions de dollars entre la période 1988-90 et 1998-2000, en provenance pour 70 % de l'UE. Les secteurs dans lesquels s'effectuent ces IDE sont l'industrie (34 %) – dont essentiellement la confection et le matériel électrique et électronique –, mais aussi les télécommunications (25 %), la banque (12 %) et l'immobilier (8 %). Certes, comme le montre le tableau n° 3, ces flux sont encore faibles par rapport à certains pays émergents concurrents en Amérique Latine ou en Asie du Sud-Est. Même rapportés au PIB, les IDE au Maroc sont souvent deux fois moins importants que dans ces mêmes pays concurrents. Malgré ces chiffres encore insuffisants, les IDE commencent à jouer un rôle important au Maroc dans l'organisation des processus productifs et des échanges avec l'UE.

Tableau n° 3 : Flux d'Investissements Directs Étrangers entrant au Maroc

	1988-1990		1998-2000	
	IDE entrants (mio dollars)	Part dans le PIB (%)	IDE entrants (mio dollars)	Part dans le PIB (%)
Mexique	2 896	1,26	11 977	2,75
Brésil	1 641	0,43	28 075	4,00
Maroc	*138*	*0,58*	*754*	*2,18*
Tunisie	72	0,66	446	2,24
Égypte	1 059	1,33	1 011	1,22
Indonésie	784	0,77	525	0,35
Corée du Sud	974	0,45	5 863	1,47
Taiwan	1 298	0,90	1 799	0,65
Malaisie	1 573	4,09	2 951	3,49
Philippines	1 353	3,25	1 360	1,83
Thaïlande	1 774	2,43	5 807	4,51
Chine	3 358	0,81	42 248	4,47
Indochine	4	0,05	218	0,67

Source : calculs effectués d'après CEPII (CD-ROM CHELEM).

2.2. Une mutation progressive des spécialisations sectorielles marocaines

L'analyse des échanges menée précédemment met en évidence d'importants changements, essentiellement dans la structure sectorielle des échanges Maroc-UE. On a pu notamment observer la forte hausse des exportations de vêtements, de certains produits électroniques (transistors, diodes, circuits intégrés) et aéronautique (petits avions). De même, la structure des importations s'est sensiblement modifiée, avec une forte hausse des importations dans l'aéronautique (petits et gros appareils), dans l'électronique et dans le textile. Ces changements remettent-ils en cause le schéma traditionnel des spécialisations marocaines vers l'UE ?

2.2.1. Les avantages comparatifs

On peut analyser l'évolution du paysage des spécialisations au Maroc à partir du calcul d'un indicateur d'avantage comparatif révélé. Certes, cet indicateur est à manier avec précaution dans la mesure où, pour certains produits, les performances à l'exportation sont étroitement liées aux contraintes du régime commercial européen. C'est le cas en particulier de certains produits agricoles, comme les tomates ou les agrumes, pour lesquels l'accès au marché européen est très réglementé, comme nous le verrons dans la troisième section. C'est aussi le cas pour quelques produits textiles, soumis à des restrictions volontaires aux exportations en début de période, ainsi que les produits de la mer. Ainsi, pour ces produits, l'interprétation de l'indicateur d'avantage comparatif devra-t-elle tenir compte de ces contraintes. Néanmoins, cet indicateur pourra se révéler utile pour analyser l'évolution des mutations des spécialisations marocaines, en particulier dans les secteurs de la confection et du matériel électronique, pour lesquels nous avons observé précédemment d'importantes évolutions des échanges.

Concernant le choix de l'indicateur utilisé, il en existe plusieurs types (indicateurs de Balassa, taux de couverture, indicateurs de position, etc.). Ayant été abondamment discutés dans la littérature économique, il est inutile de revenir ici sur les avantages et inconvénients de chacun d'entre eux. Nous avons choisi ici l'indicateur de contribution au solde de Lafay (1994), car il présente un correctif lié au biais de la contrainte externe. Cet indicateur mesure en effet la part du solde externe d'un produit i dans les échanges totaux d'un pays, cette part étant corrigée du déséquilibre extérieure que devrait supporter ce produit s'il se comportait comme l'ensemble des autres branches. Il est positif en cas d'avantages comparatifs révélés et négatif dans le cas contraire.

Le tableau n° 4 présente les principaux avantages comparatifs du Maroc en 1998-2000 et leurs évolutions depuis la période 1988-1990[8]. On remarque premièrement que la plupart des produits d'exportation traditionnels voient leur avantage comparatif diminuer. Cette remarque s'applique plus particulièrement aux phosphates (pour lesquels l'indicateur de Lafay est passé de 0,11 à 0,03 sur la période), et aux engrais (de 0,07 à 0,02). Pour ces deux produits, les exportations n'ont guère augmenté (elles ont même diminué pour les engrais), ce

[8] Nous avons également effectué les calculs en moyenne tri-annuelle, afin de lisser les évolutions annuelles pouvant être exceptionnelles.

Tableau n° 4 : Niveau et évolution des avantages comparatifs du Maroc par produit et groupe de produit[1]

Renforcement des spécialisations[2]	Stabilité des spécialisations[3]	Baisse des spécialisations[4]
Vêtements autres qu'en bonneterie Pantalons coton homme Chemisiers synthétiques femme Pantalons synthétiques femme Vestes synthétiques femme Soutien-gorge	Pantalons coton denim homme Chemises coton homme Pantalons coton femme	
Vêtements en bonneterie Pulls ou gilets femme T-shirts en coton		
Fils cuivre pour bobinage électronique Transistors MOS et diss. Thyristors		
		Produits de la mer Poulpes congelées
	Conserves de poissons	
	Produits chimiques Acide phosphorique	**Fruits** Oranges navels
	Chaussures	**Légumes** Tomates fraîches
		Conserves de légumes
		Terres et pierres Phosphates
		Engrais Phosphate diammonique

[1] *Indicateur de Lafay >=0,01 en 1998-2000 pour des exportations supérieures à 100 millions d'ECU (digit 2) ou 50 millions d'ECU (digit 8); digit 2 (caractères gras) ; digit 8 (caractères normaux).*

[2] *Hausse de l'indicateur >0,01 de 1988-1990 à 1998-2000.*

[3] *Variation de l'indicateur comprise -0,01 et +0,01*

[4] *Baisse de l'indicateur >0,01.*

qui explique la baisse de l'indicateur d'avantage comparatif. Il semble cependant qu'à moyen terme en tous cas, cette baisse devrait se stopper dans la mesure où le Maroc dispose avec les phosphates d'un avantage comparatif naturel.

La même remarque s'applique aux exportations traditionnelles agricoles (fruits et légumes), auxquelles il faut ajouter les conserves de légumes et les produits de la mer. Là aussi, le Maroc dispose d'un avantage comparatif naturel que ce pays devrait conserver dans l'avenir, même si la part de ces produits dans les exportations totales du Maroc risque de continuer à diminuer. La question est de savoir si la baisse observée des avantages comparatifs est due aux mesures protectionnistes européennes appliquées à ces produits. A ce stade de l'analyse, rien ne permet encore de l'affirmer. Cette question sera traitée en détail dans la section 3.

On trouve dans un deuxième groupe les produits pour lesquels les avantages comparatifs sont restés stables sur la période. Entrent dans ce groupe les conserves de poisson, qui forment également un secteur traditionnel de spécialisations, ainsi que des secteurs à valeur ajoutée un peu plus élevée : les produits chimiques (essentiellement l'acide phosphorique) et les chaussures. On trouve également dans ce même groupe certains vêtements (pantalons, chemises homme), pour lesquels le niveau de spécialisation, déjà élevé en 1988, reste inchangé.

Un troisième groupe de produits correspond à ceux pour lesquels les avantages comparatifs se sont renforcés sur la période : on y trouve essentiellement les vêtements et certains produits destinés à l'électronique. Ces derniers, comme les fils de cuivre pour bobinage électronique, les transistors et les thyristors, n'étaient quasiment pas exportés en 1988. Douze ans plus tard, avec 270 millions d'ECU d'exportations, ils représentent un secteur important des échanges du Maroc. D'ailleurs, si on prend le groupe de produits "machines et appareils électriques" auquel ils appartiennent, l'indicateur de Lafay est passé du négatif au positif sur la période, ce qui signifie que c'est un pôle naissant en termes d'avantage comparatif. La hausse récente mais sensible des exportations de circuits intégrés et de conducteurs électriques devrait permettre à ces produits de renforcer bientôt ce pôle.

Concernant les vêtements, le niveau de spécialisation est particulièrement élevé en 1998-2000 (0,10 pour les vêtements en bonneterie, 0,23 pour les autres); les produits avec le plus fort avantage comparatif sont les pantalons, les chemises et chemisiers, les T-shirt coton, ainsi que les vestes synthétiques ou gilets femme).

On observe cependant un tassement de l'indice de Lafay pour les articles autres qu'en bonneterie depuis 1994 (où il avait atteint un maximum de 0,28).

Tableau n° 5 : Niveau et évolution des désavantages comparatifs du Maroc par produit et groupe de produit[1]

Renforcement des désavantages[2]	Stabilité des désavantages[3]	Baisse des désavantages[4]
Fibres synthétiques discontinues	Tissus teints polyester	
Coton Tissus de coton teints		
	Tissus denim	
Combustibles minéraux		
	Butanes liquéfiés	
Papiers et cartons		
Céréales Blé		
	Filaments synthétiques	**Machines ou appareils mécaniques**
		Automobile
	Ouvrages en fonte, fer ou acier	
		Fonte, fer, acier
		Plastiques
Avions civils > 15 tonnes		**Etoffes de bonneterie**
		Optique, photo, cinéma
Accessoires de vêtements nda Parties de vêtements nda	Pièces pour véhicules Véhicules diesel de 1500 à 2 500 cm3	
Diodes en disque wafer Transistors en disque wafer Thyristors en disques wafer	Demi-produits en fer ou acier non alliés	
	Cargos et bateaux Médicaments	

[1] *Indicateur de Lafay <=-0,01 en 1998-2000 pour des importations supérieures à 100 millions d'ECU (digit 2) ou 35 millions d'ECU (digit 8) ; digit 2 (caractères gras) ; digit 8 (caractères normaux).*
[2] *Baisse de l'indicateur >0,01 de 1988-1990 à 1998-2000.*
[3] *Variation de l'indicateur comprise -0,01 et +0,01.*
[4] *Hausse de l'indicateur >0,01.*

2.2.2. Les désavantages comparatifs

Une analyse similaire pour les principaux désavantages comparatifs du Maroc et leur évolution est présentée dans le tableau n° 5. On a également classé les produits en trois groupes selon les évolutions. Dans le premier groupe, on retrouve les produits dont le désavantage comparatif est renforcé. Il s'agit essentiellement de produits textiles servant d'inputs à la fabrication de vêtements (fibres synthétiques discontinues, tissus de coton, parties et accessoires de vêtements). S'y ajoutent certains produits primaires de première nécessité (butane, céréales), ainsi que les papiers-carton et les avions civils >15 tonnes (Airbus).

A l'opposé, un certain nombre de produits voient leur désavantage comparatif se réduire : il s'agit de produits très variés (machines et appareils mécaniques, automobile, fonte, fer, acier, plastiques, étoffes de bonneterie, optique). Pour tous ces produits cependant, la réduction du désavantage comparatif ne laisse pas envisager, en tous cas à moyen terme, une apparition d'avantages. Enfin, d'autres produits voient leur situation se stabiliser (filaments synthétiques, ouvrages en fer, fonte, certains produits automobiles, bateaux, médicaments).

En résumé, l'analyse précédente laisse apparaître des mutations progressives mais relativement importantes de la configuration des spécialisations marocaines : en effet, il semble que le Maroc délaisse progressivement les activités traditionnelles liées aux avantages comparatifs naturels (phosphates, fruits et légumes, produits de la mer, conserves) au profit d'activités à plus forte valeur ajoutée (vêtement, et plus récemment électronique). La question est maintenant de savoir si ces évolutions sont naturelles, ou si elles ont été poussées par la politique commerciale de l'UE

3. LES EFFETS DE LA NOUVELLE COOPÉRATION COMMERCIALE UE-MAROC

Les changements importants qu'a connus le Maroc dans ses spécialisations sectorielles peuvent être rapprochés de la politique commerciale préférentielle de l'UE vis-à-vis de ce pays. Afin d'évaluer dans quelle mesure cette politique a pu influencer les exportations du Maroc, on peut calculer un indice de performance à l'exportation (IPE)[9]. Cet indice correspond au ratio entre d'une part la variation des exportations du Maroc vers l'UE relativement à la variation des exportations des pays concurrents[10] vers l'UE, et d'autre part la variation des exportations du

[9] Cet indicateur est fréquemment utilisé dans la littérature économique pour évaluer les effets des préférences commerciales, comme par exemple Fontagné et Péridy (1997), Pomfret (1982), Yannopoulos (1986).

[10] Il s'agit ici de pays concurrents d'un niveau de développement comparable, mais qui ne bénéficient pas de préférences commerciales particulières, hormis dans le cadre du Système des Préférences Généralisées (SPG). Ces pays sont : le Vénézuéla, le Mexique, le Brésil, la Colombie, l'Indonésie, la Corée du Sud, la Malaysie, les Philippines, la Thailande, la Chine, l'Indochine et Taïwan.

Maroc vers le reste du monde (monde moins UE) relativement à celle des pays concurrents vers le reste du monde. Ainsi :

$$IPE = \frac{\dfrac{\Delta X_{MA\rightarrow UE}/X_{MA\rightarrow UE}}{\Delta X_{EME\rightarrow UE}/X_{EME\rightarrow UE}}}{\dfrac{\Delta X_{MA\rightarrow RDM}/X_{MA\rightarrow RDM}}{\Delta X_{EME\rightarrow RDM}/X_{EME\rightarrow RDM}}}$$

avec : X = exportations ; MA = Maroc ; UE = Union européenne ; EME = pays émergents (concurrents du Maroc) ; RDM = Reste du Monde.

Si cet indicateur est supérieur à 1, cela veut dire non seulement que les exportations du Maroc vers l'UE progressent plus vite que celles des pays concurrents, mais qu'elles progressent aussi relativement plus vite avec l'UE qu'avec le reste du monde. Dans ce cas, on en conclut que les préférences commerciales ont un effet positif sur la performance à l'exportation du Maroc, et vice-versa si l'IPE est inférieur à 1[11].

Tableau n° 6 : Indicateur de performance à l'exportation (IPE)[1]

	1988-2000	1988-1994	1994-2000
Agriculture	**1,11**	1,91	0,83
Fruits et légumes	**0,93**	1,64	0,49
Poisson	**0,81**	0,87	0,32
Conserves	**1,25**	1,77	0,70
Textiles	**1,51**	2,01	0,78
Vêtements	**1,87**	1,99	1,22
Chimie	**0,90**	1,20	0,80
Electrique	**1,00**	0,78	1,28
Fournitures électriques	**0,99**	1,05	0,94
Electronique	**0,90**	1,20	0,71
Composants électroniques	**1,10**	1,20	0,88
Total	**1,26**	2,72	0,71

[1] Calculs effectués pour les branches dont les exportations marocaines vers l'UE sont supérieures à 100 millions de $US.
Source : calculs personnels d'après les données CEPII (CD-ROM CHELEM).

[11] De façon sous-jacente, on suppose que les variations des exportations d'un pays A vers un pays B peuvent résulter de trois facteurs : une variation de la demande d'importation du pays B, un changement de la compétitivité du pays A, ou une modification des politiques commerciales. Or, on s'intéresse ici seulement à l'influence du troisième facteur. Il faut donc éliminer l'influence des deux autres dans l'indicateur. Les effets de la variation de la demande du pays B sont neutralisés dans le numérateur de l'IPE : en effet, pour que la politique commerciale de B soit favorable à A, il, faut que les exportations de A vers B augmentent plus vite que celles de ses concurrents. De même, l'influence des variations de compétitivité du pays A est neutralisée dans le dénominateur, puisque ce dernier tient compte des variations des exportations de A vers le reste du monde relativement à celles de ses concurrents.

Les calculs de l'IPE sont présentés dans le tableau n° 6. Sur la période 1988-2000, il semble donc que les préférences commerciales européennes aient encouragé les exportations marocaines. En effet, à destination de l'UE, elles ont progressé plus vite que celles des pays concurrents sur cette décennie, mais à destination du reste du monde, elles ont progressé moins vite. En revanche, si on calcule l'IPE sur deux sous-périodes (1988-94 et 1994-2000), il apparaît que la politique préférentielle européenne a eu un effet positif seulement dans la première. Pour mieux comprendre ces évolutions, une analyse détaillée par secteurs est nécessaire.

3.1. Des effets très positifs pour la confection

Parmi l'ensemble des secteurs étudiés, l'impact le plus élevé concerne les vêtements. Pour ces produits en effet, il semble clair que les exemptions douanières dont a bénéficié le Maroc ont largement contribué à développer ses exportations de vêtements vers l'UE, d'autant plus que les pays concurrents se voyaient appliqué un droit supérieur à 10 %, et ce même si le Maroc a connu certaines restrictions à ses exportations de vêtements.

Toutefois, on constate une forte baisse de l'IPE depuis 1994 (de 1,99 à 1,22). Ceci signifie que si les exportations marocaines de vêtements ont traditionnellement bénéficié de la politique commerciale européenne, c'est beaucoup moins vrai ces dernières années. Deux éléments viennent expliquer cette évolution. Premièrement, l'extension des accords européens avec des pays concurrents du Maroc : dans la mesure en effet où le Maroc est l'un des tous premiers pays à avoir signé des accords commerciaux préférentiels avec la CEE, celui-ci a régulièrement été confronté à l'érosion de ses préférences, liée à la multiplication des accords préférentiels de l'UE, notamment depuis la fin des années 80, avec les accords généralisés avec les PTM et les accords de libre-échange avec les PECO.

Afin d'apprécier avec plus de précision les effets de cette érosion des préférences marocaines, on utilise un indicateur de similarité des exportations (ISE)[12]. Ce dernier mesure le taux de recouvrement des exportations du Maroc vers l'UE, avec les PECO et les autres PTM (tableau n° 7). Plus ce taux de recouvrement (compris entre 0 et 1) est élevé, plus les exportations du Maroc vers l'UE sont concurrentes avec celles de ces pays. On remarque d'après ces calculs que les exportations marocaines sont plus similaires aux exportations des PTM que des PECO. Parmi les PTM, la similarité est très frappante avec la Tunisie (67,5 %), à cause notamment des fruits et légumes et surtout des vêtements. Cependant, le Maroc comme la Tunisie sont traditionnellement sur le

12 Cet indicateur a été initialement développé par Pomfret (1982). Il se définit comme : $\sum \min(X_{ik}, X_{jk})$ où X_{ik} et X_{jk} représentent la part du produit k dans les exportations totales respectivement des pays i et j. Les calculs ont été effectués à partir d'une décomposition par produits en 99 chapitres (NomCom).

même plan préférentiel commercial avec l'UE, et les protocoles de 1988 ainsi qu'Euromed ne changent rien à cette situation.

Tableau n° 7 : Indicateur de Similarité des Exportations entre le Maroc, les autres pays méditerranéens et les PECO (2000, %)

PTM	**52,7**	**PECO**	**36,3**
Tunisie	67,5	Roumanie	53,5
Turquie	54,1	Lituanie	48,3
Chypre	46,7	Bulgarie	46,3
Jordanie	39,5	Pologne	38,6
Malte	39,3	Estonie	32,1
Israël	34,9	Slovaquie	30,4
Liban	32,9	Hongrie	30,0
Syrie	11,8	Slovénie	28,6
Algérie	4,9	Tchéquie	25,4
Grèce	*41,1*	Lettonie	22,3
Portugal	*41,0*		
Espagne	*30,7*	*NPI d'Asie*	*0,20*

Source : calculs personnels d'après les données Eurostat, CD-ROM COMEXT.

En revanche, la similarité des exportations marocaines est plus préoccupante avec la Turquie et Chypre, dans la mesure où ces deux pays ont un accord d'union douanière avec l'UE. L'accord avec la Turquie est entré en vigueur en 1996 et s'est accompagné de l'élimination des droits de douane et restrictions quantitatives, y compris concernant les textiles-vêtements[13], qui représentent 40 % des exportations de la Turquie vers l'UE : d'ailleurs, la seule branche "vêtements" fait grimper l'indice de similarité des exportations de ces deux pays de 23 points.

Chypre a également une structure d'exportations similaire à celle du Maroc, principalement pour les vêtements et les fruits et légumes. La mise en place d'un accord de libre-échange avec ce pays (1994) a déjà provoqué une érosion des préférences marocaines.

L'érosion des préférences avec les autres PTM semble devoir poser moins de problème, car les indices de similarité sont plus faibles, notamment avec la Syrie et l'Algérie, mais aussi parce que les flux d'exportations peuvent être faibles (Malte), ou parce que la similarité des exportations est très diluée entre les produits (Jordanie, Israël, Liban), ou encore parce que cette similarité concerne des produits déjà libéralisés avant 1988 pour ces pays (engrais, machines et appareils électriques, etc.).

[13] Sauf pour les exportations de coton brut, libéralisées en 2001.

Concernant les PECO, même si l'indice de similarité des exportations marocaines est plus faible qu'avec les PTM, le fait que l'érosion des préférences vis-à-vis des premiers soit plus importante a conduit les autorités marocaines à fortement s'inquiéter des accords de libre échange entre l'UE et les PECO. Le problème de l'érosion risque d'être particulièrement marqué avec la Roumanie, dont les exportations vers l'UE sont similaires presque pour moitié aux exportations marocaines. Cette similitude concerne essentiellement les vêtements, qui représentent à eux seuls une similarité de 35 points sur les 53 % au total. La même remarque s'applique aussi à la Bulgarie et la Lituanie (l'IPE est pour les vêtements respectivement de 22 et 25 points d'indice).

La Pologne, l'Estonie, la Hongrie, la Slovaquie et la Slovénie ont chacun un ISE voisin de 30 % avec le Maroc. La similitude des exportations de ces pays est partagée sur deux groupes de produits : les vêtements (dans une mesure moindre que les pays précédents), et les appareils électriques et électroniques.

En résumé, la libéralisation anticipée des importations de l'UE de textile-habillement en provenance des PECO constitue un facteur majeur d'érosion des préférences marocaines, d'autant plus que le Maroc disposait d'un régime d'importation de vêtements plus favorable que les PECO. La baisse rapide de l'IPE observée dans cette section semble bien devoir s'expliquer par ce facteur.

Un autre élément permettant d'expliquer la baisse de l'IPE concerne les accords du GATT94 (cycle d'Uruguay). Plus précisément, ces accords prévoient la suppression des restrictions quantitatives aux échanges de textile-habillement sur une période de 10 ans (1994-2004). Or, dans la mesure où le Maroc n'était pas sujet aux AMF (accords multi-fibres), ce pays était donc dans une position commerciale plus favorable que les pays concurrents soumis aux AMF, et ce même si les exportations de vêtements du Maroc étaient limitées par les RVE (restriction volontaires aux exportations)[14]. D'ailleurs, si on compare l'évolution des exportations marocaines effectives de produits soumis aux RVE, avec les quantités agréées (OMC, 1996), il est frappant de constater que les quotas de pantalons été systématiquement dépassés, ce qui témoigne de la souplesse avec laquelle les RVE ont été appliquées par l'UE. En conséquence, la libéralisation multilatérale du commerce de vêtements ne peut avoir qu'un effet négatif renforcé sur les exportations marocaines, dans la mesure ou les quotas AMF étaient appliqués beaucoup plus strictement.

Fontagné et Péridy (1995) montrent d'ailleurs que la marge préférentielle relative (tarifaire et non tarifaire) dont bénéficiait le Maroc était de 17 % pour les vêtements. Ces auteurs calculent également que la suppression progressive de la marge préférentielle non tarifaire suite au GATT94 génère une diminution de la

[14] Si quatre produits étaient soumis aux RVE en 1982 (les pantalons, chemises, chemisiers et robes), seuls les pantalons restaient soumis à cette restriction depuis 1991.

marge totale d'environ 5 points. Ceci doit donc théoriquement profiter aux pays exportateurs concurrents du Maroc initialement soumis aux AMF. D'autres études empiriques disponibles sur ce sujet montrent aussi clairement que la suppression des AMF devrait entraîner une hausse sensible des exportations des pays d'Asie (Srinivasan, 1998, p. 42), qui pourrait se faire au détriment des pays du Maghreb, sous l'effet de la suppression du détournement de trafic provoqué par l'AMF en faveur de ces derniers.

Tableau n° 8 : Évolution comparée des exportations de vêtements des principaux pays fournisseurs de l'UE (%, moyenne annuelle)

	1994-1999 (%)	1988-1994 (%)
Turquie	16,8	21,0
Pologne	7,6	65,1
Rép. Tchèque	6,2	-
Slovaquie	22,6	-
Hongrie	14,8	24,4
Roumanie	34,0	20,9
Bulgarie	41,2	79,9
Maroc	**9,3**	**25,4**
Tunisie	12,8	27,5
Pakistan	2,6	29,1
Inde	4,4	23,2
Bangladesh	27,1	86,8
Thailande	0,8	6,7
Indonesie	8,8	64,6
Chine	11,5	45,0
Coree du sud	4,2	-9,0
Hong kong	0,6	1,5
Extra-eur 15	**9,8**	**15,4**

Seuil : Exportations supérieures à 500 millions d'ECU en 1999 pour les vêtements (code NomCom 61+62).

Si l'on regarde l'évolution annuelle des importations de vêtements de l'UE (tableau n° 8), on s'aperçoit que la progression annuelle des exportations marocaines, qui était bien supérieure à la moyenne des pays fournisseurs de l'UE (respectivement 25,4 % et 15,4 %), est depuis 1994 revenue à cette moyenne (environ 9 %). Elle reste par ailleurs inférieure à la croissance des exportations des PECO, de la Chine et du Bangladesh.

Ainsi donc, l'application du cycle d'Uruguay dans le secteur des textiles, mais surtout l'extension des accords de l'UE aux autres PTM et aux PECO semblent largement expliquer la baisse de l'impact des accords euro-marocains sur les exportations de ce pays.

3.2. Des effets mitigés sur les exportations agricoles

On observe que l'IPE est proche de 1 pour les exportations agricoles, ce qui signifie que globalement, la politique commerciale de l'UE n'a pas eu d'effet sur les exportations agricoles marocaines. Il semble en fait que les préférences tarifaires dont a bénéficié le Maroc aient été contrariées par des mesures protectionnistes, ce qui expliquerait la neutralité de la politique commerciale de l'UE sur les exportations agricoles marocaines. Par ailleurs, l'IPE a également décliné depuis 1994, ce qui pose la question de d'analyser dans quelle mesure le déclin des avantages comparatifs concernant les produits agricoles d'exportation (agrumes, primeurs) et les produits de la mer, observée dans la section précédente, pourrait être rapprochée de la politique de préférence communautaire appliquée par l'UE dans le cadre de la PAC ou de la Politique Commune des pêches (PCP).

Traditionnellement, les exportations agricoles marocaines étaient soumises à diverses contraintes à l'entrée dans l'UE : application du prix de référence avec taxe compensatoire (tomates, clémentines), prélèvement variable à l'importation (huile d'olive), prix minima (fruits et légumes), surveillance des prix et échange de lettres (fleurs coupées), calendrier d'importation (fruits et légumes).

Mais depuis la signature des accords du GATT (cycle d'Uruguay), les Etats signataires ont dû remplacer les barrières non tarifaires par des équivalents tarifaires. Ceci s'est traduit pour les importations de l'UE par la conversion de tous ces instruments en équivalents tarifaires. Le Maroc n'étant plus soumis aux droits de douane communautaires depuis 1993, l'UE a établi deux contraintes supplémentaires par rapport à la situation pré GATT94 : premièrement, les principaux fruits et légumes sont soumis à des contingents tarifaires, au-delà desquels les importations se voient progressivement appliquer le tarif douanier commun. Deuxièmement, pour certains fruits et légumes, l'UE fixe des prix d'entrée minima au-dessus desquels s'applique le droit nul. En dessous de ce prix, c'est le droit NPF qui s'applique.

Ainsi, si les exportations marocaines bénéficient théoriquement d'une franchise douanière à l'entrée dans l'UE depuis 1993, l'existence de contingent et de prix d'entrée limite la portée du protocole de 1988 et d'Euromed sur les échanges de produits agricoles. Ceci justifie d'ailleurs partiellement le manque d'entrain de la part du Maroc à appliquer ce dernier accord.

Mais pour évaluer avec plus de précision dans quelle mesure ces instruments restrictifs limitent les exportations marocaines vers l'UE, deux indicateurs sont calculés : le premier correspond au ratio entre les exportations effectives et le contingent alloué. Lorsque ce ratio dépasse 100 %, ceci signifie que des droits de douane sont progressivement réappliqués sur les exportations marocaines. Un deuxième indicateur correspond à la valeur unitaire des exportations marocaines vers l'UE, calculée comme le ratio entre les exportations en valeur et les exportations en volume. Ceci donne une indication du prix d'entrée et de son évolution. On peut comparer ce ratio au prix d'entrée autorisé par l'UE. Plus les deux valeurs sont proches, et plus la probabilité de réapplication du droit NPF est importante.

Tableau n° 9 : Contingents et prix d'entrée pour les principaux produits agricoles exportés (%)

Exportations/ contingent	Tomates	Oranges	Clémentines	Courgettes	Conserves/ sardines
1990	123	95	69	156	105
1991	157	132	83	100	103
1992	152	109	69	39	115
1993	187	96	89	101	97
1994	155	87	85	162	105
1995	120	59	75	181	71
1996	110	106	n.d.	45	100
1997	110	77	n.d.	86	76
1998	121	68	n.d.	120	75
1999	n.d.	n.d.	n.d.	n.d.	n.d.

Prix d'entrée – valeur unitaire	Tomates	Oranges	Clémentines	Courgettes
1995	-195	-156	-251	-682
1996	-231	-163	-284	-353
1997	-106	-162	-280	-717
1998	-221	-119	-170	-785
1999	n.d.	n.d.	n.d.	n.d.

Note : Les prix d'entrée moins les valeurs unitaires sont exprimées en ECU/tonne.
Source : calculs personnels, d'après Journal Officiel des CE, divers numéros, d'après le CD-ROM JurisCelex.

Le tableau n° 9 reporte ces deux indicateurs pour les principaux produits agricoles exportés par le Maroc. On observe premièrement concernant le ratio exportations/contingent une différence importante selon les produits. Les exportations de tomates dépassent systématiquement les contingents[15], d'où la réapplication de droits partiels. Les exportations d'oranges, de courgettes et de conserves de sardine dépassent souvent leurs contingents respectifs, quoique pas systématiquement. En fait, il n'y a guère que les exportations de clémentines qui restent chaque année sous leur contingent alloué. Quant aux valeurs unitaires, elles restent au dessus des prix d'entrée. Cependant, elles ont tendance à baisser

[15] Ce ratio est toutefois légèrement surestimé pour les exportations de tomates dans la mesure où le contingent s'applique du 1 novembre au 31 mars, alors que les données douanières vont jusqu'au 14 mai. L'erreur est cependant inférieure à 5 %, selon les calculs effectués pour 1997.

plus vite que ce dernier, que ce soit pour les tomates, les oranges ou les clémentines.

En résumé, il semble que les instruments de protection appliqués par l'UE aux importations marocaines soient suffisamment puissants pour limiter effectivement les exportations marocaines de fruits et légumes vers l'UE (notamment les tomates). Ceci pourrait bien alors expliquer la baisse des spécialisations marocaines pour ces produits. Cette analyse semble d'ailleurs confirmée par le calcul de l'IPE : ce dernier est en effet inférieur à 1 pour les fruits et légumes. On observe aussi pour tous les produits agricoles une baisse de l'IPE en fin de période. Cette baisse pourrait être attribuée à plusieurs facteurs, notamment la mise en place des contingents tarifaires et de prix minima, mais aussi l'érosion des préférences tarifaires marocaines sur ces produits (GATT94) : dans la mesure en effet ou la baisse des tarifs douaniers impulsée par les accords de Marrakech est importante pour les produits agricoles exportés par le Maroc[16], ce pays, qui bénéficie théoriquement d'une exemption de droit, voit sa position relative se dégrader par rapport à ses concurrents.

3.3. Les autres produits : peu d'effet des accords européens

Concernant les exportations de produits électriques, électroniques et les produits chimiques, l'IPE est proche de 1, mais pour des raisons différentes que pour les produits agricoles : ici, ceci s'explique par le fait que les taux NPF appliqués aux pays concurrents pour ces produits sont faibles (5 % pour la chimie de base et les engrais, 4 % pour les machines électriques). Ceci donne donc une marge préférentielle très faible aux exportations marocaines, et explique ainsi la neutralité de la politique commerciale de l'UE sur ces produits.

Au terme de cette analyse, il apparaît assez clairement que si la politique commerciale préférentielle de l'UE a bien eu des effets positifs sur les exportations marocaines, les années récentes voient une baisse importante de ces effets. Cette baisse est particulièrement sensible dans le secteur de la confection, essentiellement en raison de l'extension d'accords commerciaux aux autres PTM et aux PECO ; cette baisse concerne également les exportations marocaines agricoles, en raison d'une trop forte protection de ces produits à l'entrée dans l'UE.

Cette protection a d'ailleurs été à l'origine de crispations entre l'UE et le Maroc concernant la mise en place d'Euromed. Le Maroc reproche en effet à l'UE le caractère asymétrique des accords, dans la mesure où ce pays doit opérer

[16] Les droits pour les produits alimentaires sont en effets passés de 28 à 24 % en moyenne de 1995 à 1997, puis à 10 % en 2000, ce qui renforce l'érosion des préférences pour les exportations du Maroc. Ces même taux atteignaient en 1997 10 % pour les poissons, 12 % pour les conserves de poisson et 24 % pour les conserves de légumes, avec pour cette dernière une forte baisse programmée d'ici à 2003 (OMC, 1998).

un réel démantèlement tarifaire dans le domaine industriel, alors que l'UE refuse une libéralisation de ses importations agricoles. Par ailleurs, le Maroc reste préoccupé par le risque de dilution des relations commerciales préférentielles euro-marocaines dans le cadre d'Euromed. Cette perspective d'érosion de la marge préférentielle marocaine par rapport aux autres PTM est d'ailleurs renfocée par la libéralisation commerciale effectuée dans le cadre du GATT (notamment en ce qui concerne la libéralisation mondiale du commerce de textiles).

Malgré le retard dans l'application d'Euromed au Maroc, ces dix dernières années restent marquées par de profonds changements des politiques commerciales euro-marocaines, dans la perspective du libre-échange. Au moment de l'ouverture de négociations concernant l'accès au marché auropéen des produits agricoles méditerranéens, leur aboutissement devrait donner une nouvelle impulsion aux échanges UE-Maroc.

RÉFÉRENCES

Alaoui M., 1994, "La coopération entre l'Union Européenne et les pays du Maghreb", in *Géo-économie de la coopération européenne de Yaoundé à Barcelone*, Maisonneuve et Larose, Paris.

Assemblée Nationale, 1999, *Le dialogue euro-méditerranéen après Barcelone: bilan et perspectives*, Commission des Affaires Étrangères, Rapport d'Information, n° 1737.

Bensidoun I., Chevallier A., 1996, *Europe-Méditerranée : le pari de l'ouverture*, Economica, Paris.

Bichara K., 1992, *Le Grand Maghreb et l'Europe : Enjeux et Perspectives*, Publisud, Paris.

Commission Européenne, 1995a, "Proposition de décision du Conseil et de la Commission relative à la conclusion de l'accord euro-méditerranéen établissant une association entre les Communautés Européennes d'une part, et le Royaume du Maroc d'autre part", COM (95), 740 final.

Commission Européenne, 1995b, Journal Officiel des Communautés Européennes, L-48/21.

Commission Européenne, 1995c, Journal Officiel des Communautés Européennes, L-287/1.

Commission Européenne, 1998, Journal Officiel des Communautés Européennes, L-351/15.

DREE, 2002, "Les IDE en Méditerranée", Fiche de Synthèse, ministère de l'Economie et des Finances.

European Communities, 1988, "Council regulation of 30 June 1988 concerning the conclusion of an additional protocol to the Co-operation agreement between the European Economic Community and the Kingdom of Morocco", *Official Journal of the European Communities*, Vol. 31, L-224, pp. 17-27.

Fontagné L., Péridy N., 1995, "Uruguay Round et PVD : le cas de l'Afrique du Nord", *Revue Économique*, 46, 3, pp. 703-716.

Gaine D.B. et al., 1981, "EEC Mediterranean Policy and Foreign Trade", *Journal of World Trade Law*, 15, 5, pp. 431-439.

Jaïdi L., 1994, "La zone de libre-échange Union Européenne/Maroc : impact du projet sur l'économie marocaine", GEMDEV, 22.

Kebadjian G., 1995, "Le libre-échange euro-maghrébin : une évaluation macroéconomique", *Revue Tiers-Monde*, 144.

Mourji F. et al., 1997, "Les effets de l'accord de libre-échange entre le Maroc et l'UE", dans Benhayoun G., Catin M., Regnault H. (sous la dir. de) *L'Europe et la Méditerranée : intégration économique et libre-échange*, l'Harmattan, Paris.

OMC, 1996, *Examen des politiques commerciales : Royaume du Maroc*, Genève.

OMC, 1998, *Examen des politiques commerciales : Union Européenne*, Genève.

Pomfret R., 1982, "Trade Effects of EC Preferences to Mediterranean Countries: the Case of Textile and Clothing Imports", *World Development*, 10, 12, pp. 857-862.

Rutherford T.F. et al., 1994, "L'accord de libre-échange entre le Maroc et la CEE : une évaluation quantitative", *Revue d'Économie du Développement*, 2.

Srinivasan T.N., 1998, *Developing Countries and the Multilateral Trading System*, Westview Press, Oxford.

World Bank, 1988, "Morocco: the Impact of Liberalization on Trade and Industrial Adjustment", unpublished staff report, Washington DC.

Yannopoulos G.N., 1977, "The Mediterranean Policy of the EEC: its Impact on Associated Developing Countries", *Journal of World Trade Law*, 11, pp. 489-500.

Yannopoulos G.N., 1986, "Patterns of Response to EC tariff Preferences: an Empirical Investigation of Selected Non-ACP Associates", *Journal of Common Market Studies*, 25, 1, pp. 15-30.

THE IMPACT OF THE EURO-MEDITERRANEAN POLICY ON EU-MOROCCAN TRADE (1988-2000): THE APPLICATION OF AN INDEX OF EXPORT PERFORMANCE

Abstract - *Over the past ten years, the EU commercial policy concerning EU-Morocco trade has been confronted to new developments, notably the adaptation agreements, the free trade arrangements with Mediterranean countries, and the GATT Marrakech Agreement (1994). The purpose of this study is to assess the impact of these new developments on EU-Morocco trade. We will first analyze recent changes in Moroccan trade flows and specialization vis-à-vis the EU. The link with the new agreements will then be established, through the calculation of an index of export performance. We conclude that the EU preferential policy vis-à-vis Morocco had positive effects on Morocco's exports to the EU, but Eastern European countries agreements, as well as the implementation of the GATT 94, seem to have limited this impact, especially concerning clothing and agricultural products.*

EL IMPACTO DE LA POLÍTICA EURO-MEDITERRÁNEA SOBRE LOS INTERCAMBIOS ENTRE LA UNIÓN EUROPEA Y MARRUECOS : APLICACIÓN DE UN INDICADOR DE RESULTADO A LA EXPORTACIÓN

Resumen - *Las políticas comerciales de la Unión Europea que afectan los intercambios entre Europa y Marruecos han conocido evoluciones importantes a lo largo del último decenio, con los acuerdos de adaptación (previendo la eliminación de las barreras arancelarias de la Unión Europea sobre la importaciones en proveniencia de Marruecos), los acuerdos de librecambio con los países terceros mediterráneos (PTM) así como los acuerdos de Marrakech (GATT 94). El tema de este artículo es evaluar el impacto de estas políticas sobre los intercambios entre la Unión Europea y Marruecos. Por eso analizamos la reciente evolución de los intercambios y de la especialización sectorial marroquí y los ponemos en relación con la política comercial europea gracias a un indicador de resultado a la exportación. Si la política comercial de la Unión Europea ha tenido realmente efectos positivos sobre las exportaciones marroquíes, la extensión de los acuerdos preferenciales de la Unión Europea con los Paises de Europa Central y Oriental así como la aplicación de los acuerdos de GATT 94, parecen haber disminuido un poco sus efectos, principalmente en lo que se refiere a los productos agrícolas y textiles. En este contexto, la aplicación de los acuerdos Euromed, en particular para los productos agrícolas permitiría reactivar los intercambios preferentes entre la Unión Europea y Marruecos.*

INSTAURATION D'UNE ZONE DE LIBRE-ÉCHANGE ET POLITIQUE D'ACCOMPAGNEMENT : LE CAS DU MAROC

Mohammed CHATER*

Résumé - *Le travail à pour objectif d'évaluer l'impact de l'établissement d'une zone de libre-échange euro-méditerranéenne sur l'économie marocaine et de simuler certaines politiques économiques d'accompagnement à l'aide d'un modèle d'équilibre général calculable en concurrence imparfaite et avec des rendements d'échelle croissants. La politique économique d'accompagnement porte essentiellement sur une dynamisation de l'épargne nationale, la mise à niveau des entreprises et la politique de change. Les résultats mettent en évidence le rôle décisif de certaines des modalités de politique économique dans la réussite de l'intégration dans la zone de libre-échange.*

Mots-clés : MODÈLES D'ÉQUILIBRE GÉNÉRAL CALCULABLE, ZONE DE LIBRE-ÉCHANGE, POLITIQUE ÉCONOMIQUE D'ACCOMPAGNEMENT.

Classification JEL : D58, F12, P26.

---

* INSEA, Rabat, Maroc.

1. INTRODUCTION

L'accord d'association entre le Maroc et l'Union européenne (UE) a été signé en 1966 avec comme objectif majeur l'établissement progressif, étalé sur une période de transition de 12 ans, d'une zone de libre-échange (ZLE). Cet accord fait partie du grand projet de création d'une ZLE euro-méditerranéenne à l'horizon 2010.

L'objet de cette recherche est de tenter de fournir une estimation des effets du libre-échange avec l'UE sur la croissance et le développement du Maroc. Remarquons que ces effets peuvent être directs ou indirects, immédiats ou décalés, affectant l'économique, le social et sans doute aussi le politique.

S'agissant de l'économie marocaine, les effets sont multiples et conséquents, en particulier en ce qui concerne la structure des échanges, la compétitivité et les finances publiques. Leur étude va se faire par une analyse où la libéralisation est introduite sous forme de choc économique qui traduit la disparition totale de la protection douanière vis-à-vis des produits européens.

L'approche méthodologique adaptée à la question requiert une modélisation qui permet de simuler un choc de structure et d'en évaluer les retombées. C'est la raison pour laquelle nous avons opté pour la modélisation en équilibre général[1]. Cette dernière se base sur la formalisation des comportements des agents économiques. Le choc de la libéralisation des échanges est traduit alors en réactions et ajustements adaptatifs des agents économiques, face aux changements générés par l'instauration d'une ZLE. L'avantage de ce type de modélisation est donc net lorsqu'on traite de scénarios de politiques économiques et de stratégies industrielles.

2. L'ACCORD D'ASSOCIATION

On peut résumer l'accord d'association en deux points essentiels :

- L'accord discrimine entre les produits industriels et les produits agricoles et agro-industriels, auxquels sont assimilés ceux de la pêche qu'ils soient frais ou transformés.
- L'aspect commercial est dominant, l'objectif essentiel est d'établir une zone de libre-échange. Les autres volets de coopération passent au second plan.

---

[1] Pour la construction et l'utilisation d'un modèle macroéconométrique dynamique de simulation de l'économie marocaine, on peut consulter Bouhia, Catin et Mouine (1995).

2.1. Les produits industriels

En pratique, dès l'entrée en vigueur de l'accord, le Maroc abandonne les restrictions quantitatives (ou de mesures d'effet équivalent) appliquées aux produits originaires de l'UE. En parallèle, le démantèlement des barrières tarifaires s'effectue à des rythmes différents et décroissants selon le degré de sensibilité des produits. C'est ainsi que les produits ont été ventilés en six listes, les trois premières présentent un caractère général, les trois suivantes concernent des produits particuliers :

- Un démantèlement total dès l'entrée en vigueur de l'accord pour les biens d'équipement (liste 1). Il faut dire qu'il s'agit de biens non fabriqués au Maroc et dont les droits d'importation étaient déjà très faibles (souvent de 2,5 %).
- Un démantèlement rapide, en quatre ans, à raison de 25 % par an, dès l'entrée en vigueur de l'accord, pour les matières premières, les pièces de rechange et les produits non fabriqués localement (liste 2).
- Un démantèlement lent, en dix ans, à raison de 10 % par an, après un délai de grâce de trois ans, pour les produits industriels fabriqués au Maroc (liste 3).

Tableau n° 1 : Calendrier des rythmes de désarmement tarifaire

Année de démantèlement	Biens d'équipement (liste 1)	Matières premières et produits non fabriqués localement (liste 2)	Produits fabriqués localement (liste 3)
2000	100 %	25 %	Délai
2001		25 %	de
2002		25 %	grâce
2003		25 %	10 %
2004			10 %
2005			10 %
2006			10 %
2007			10 %
2018			10 %
2019			10 %
2010			10 %
2011			10 %
2012			10 %

Le démantèlement tarifaire concernant les trois listes, telles qu'elles sont annexées à l'accord, est présenté dans le tableau n° 1. Il porte sur près de 60 % des importations marocaines. Par secteur d'activité, la situation est fort variable, qu'il s'agisse de la proportion des importations originaires de l'UE ou du taux de protection.

Les listes particulières portent sur les voitures automobiles ou l'élément industriel des produits agricoles transformés :

- Le démantèlement pour les voitures automobiles (liste 4) est d'abord lent : de 3 % par an de la quatrième à la sixième année de l'entrée en vigueur de l'accord ; puis plus rapide : de 15 % par an pour les années suivantes, jusqu'à l'élimination des droits d'importation.
- Le démantèlement de l'élément industriel des produits agricoles transformés suit deux rythmes : quatre ans dès l'entrée en vigueur de l'accord (liste 6-1) ou dix ans à partir de la quatrième année (liste 6-2).

2.2. Les produits agricoles

Les produits agricoles[2] proprement dits, ceux des industries agricoles et de la pêche, frais et transformés, sont intéressés par une seconde phase dont les négociations prévues en 2001 ont déjà pris un sérieux retard.

Dans une première phase de cinq ans, l'accord conserve le statu quo, c'est-à-dire les avantages déjà accordés par l'UE avant l'accord d'association, avec quelques aménagements et améliorations mineurs.

3. L'APPROCHE MÉTHODOLOGIQUE

3.1. Le modèle

Le modèle construit est du type CGE, c'est-à-dire celui des modèles d'équilibre général calculables, en concurrence imparfaite et avec des rendements d'échelle croissants[3]. Il est statique, mais comporte néanmoins une dynamique ad hoc relative à l'accumulation du capital. L'accroissement du stock de capital est endogène (dépendant des flux d'investissement), ce qui rend la variation du stock de capital prédéterminée par le niveau de l'épargne nationale, atteint à la période précédente[4].

Il est multi-sectoriel : l'économie y est subdivisée en treize secteurs de production qui combinent deux facteurs de production, le capital et le travail, selon une technologie Cobb-Douglas. Les secteurs sont en relation les uns avec les autres via un système d'échange d'inputs intermédiaires du type Léontief (à coefficients fixes).

---

[2] A ce sujet, voir Sasson (1994).

[3] Cf. Cox et Harris (1985), Devarajan et Rodrik (1989) et Venables (1985).

[4] La description complète du modèle (en langage Gams) ainsi que la base de données utilisée peuvent être demandées à l'auteur (mchater@insea.ac.ma).

On considère donc deux facteurs de production : le capital et le travail. Le travail est mobile entre secteurs mais hétérogène, trois niveaux de qualification sont nécessaires au processus de production. Le capital est, tout au moins dans la simulation de référence, fixé par secteur. Et ceci pour deux raisons, la première est qu'il est admissible de considérer qu'une fois installé, le capital est immobile durant la période ; et la seconde raison est que, par rapport au degré d'industrialisation et au niveau général de développement, on admet que le capital installé dans chaque secteur est de type spécifique, ce qui le rend approprié à l'activité d'un seul secteur.

Le facteur travail considéré au niveau de la fonction de production est composite. Il s'exprime comme étant la résultante d'une agrégation CES portant sur trois catégories de travail, différenciées par leur degré respectif de qualification. Chaque catégorie est mobile à travers les secteurs et bénéficie d'un salaire approprié qui varie cependant entre les secteurs.

Cette dispersion salariale segmente le marché du travail. Ce qui aboutit à une première différenciation salariale entre secteurs pour une même qualification et une seconde différenciation entre qualifications propres à chaque secteur. On incorpore, en outre, des rigidités salariales à la baisse, assurées par la présence d'un salaire minimum. Ce qui reflète les mécanismes keynésiens de type Barro-Grossman (1971).

La production de tous ces secteurs génère les revenus d'un consommateur représentatif. Ses préférences sont représentées par un système emboîté où on trouve au sommet une fonction d'utilité Cobb-Douglas (ce qui se traduit par des décisions de consommation et d'épargne prises dans le cadre d'un système linéaire des dépenses) portant sur un bien composite qui, à son tour, se définit comme une fonction CES portant sur le bien importé et celui produit localement, pour lesquels la substitution est imparfaite (Armington).

On intègre dans le modèle l'agent "gouvernement". Son revenu est constitué d'une part des impôts directs, indirects, des tarifs douaniers et des droits d'enregistrement et de timbre, d'autre part des recettes non fiscales. Il lui permet d'engager les dépenses courantes et d'investissement.

Au sein des secteurs en concurrence imparfaite, la variété des performances productives est attribuée directement à des profits excédentaires, dont le niveau permet, par calibrage, d'avoir le nombre de firmes présentes dans le secteur qui soit compatible avec les déterminants de l'utilité des consommateurs, quand ces firmes affichent un comportement Cournot-Nash. Les firmes, qui vendent sur ces marchés non parfaitement compétitifs, adoptent, par conséquent, une stratégie basée sur les quantités à écouler. De ce fait, les biens, qui sont vendus par les firmes du secteur, ne sont pas différenciés.

Les secteurs, en concurrence imparfaite, sont dotés, aussi, de possibilités de rendements d'échelle croissants[5]. On se réfère à la surcapacité constatée chez les entreprises marocaines. L'excédent de capital observé, associé à un certain effectif réduit de travailleurs mobilisés par cet excédent (entretien, surveillance), génère des payements en travail et capital qu'on peut attribuer à la composante coûts fixes, indépendants de l'échelle de production. Il y a donc des barrières à l'entrée, constituées par ces coûts fixes en capital et travail. Ces coûts sont exprimés en proportion des facteurs utilisés.

Telles sont les caractéristiques majeures du modèle, construit autour de la spécificité de l'économie marocaine, avec l'objectif d'évaluer l'impact de la zone de libre-échange, en particulier sur les performances sectorielles de l'appareil productif.

Signalons, à ce niveau, que seuls les effets directs peuvent être appréhendés par le modèle[6]. Les gains indirects ne sont pas évalués du fait essentiellement de leur caractère qualitatif et environnemental. Or ces gains, et nous pensons principalement à l'accélération du rythme des réformes économiques, politiques et sociales, s'ils sont substantiels, peuvent avoir des retombées importantes et non négligeables dans le bilan de l'impact.

Au Maroc, le rythme des réformes est lent. La dynamique ne s'est pas encore enclenchée. Par conséquent, les données actuelles, utilisées dans le calibrage du modèle, intègrent cet état de fait, c'est-à-dire l'absence de politique d'accompagnement opportune.

Il ne faut pas perdre de vue ce point fondamental lors de l'étude d'impact. Celle-ci ne peut que s'enrichir par l'analyse des politiques économiques associées au processus de libéralisation. Le modèle peut en simuler quelques unes.

3.2. Secteurs et concurrence

On a considéré treize secteurs de production. L'agriculture a été répartie en trois compartiments spécifiques selon leurs caractéristiques en termes de commerce extérieur, particulièrement en ce qui concerne les échanges avec l'Union européenne.

L'industrie manufacturière est ventilée conformément au classement de la comptabilité nationale marocaine en quatre groupes de branches[7]. En vertu des mêmes dispositions, au groupe "bâtiment et travaux publics" est assigné un seul secteur de production. C'est le cas, aussi, des services non marchands. Les services marchands, intégrant, entre autres, l'industrie du tourisme, forment un

---

[5] Selon la théorie développée par Helpman et Krugman (1985).

[6] Cf. Bell et Srinivasan (1984).

[7] Ministère du Commerce et de l'Industrie (1994).

seul secteur qui est en relation avec l'extérieur. Cependant, pour des raisons liées au degré de concurrence, on extrait de ce groupe les activités concernant les banques et assurances qui forment un secteur distinct. Le secteur minier est naturellement assimilé à celui des phosphates qui en constitue le compartiment, de loin, le plus important. Tous les processus relatifs à la production énergétique et à la production de l'eau sont assemblés en un seul secteur.

La nature et le degré de la concurrence prévalant sur les marchés respectifs diffèrent d'un secteur à l'autre. Cela nous amène à la répartition suivante :

- en concurrence imparfaite et avec des rendements croissants tous les secteurs manufacturiers auxquels on ajoute les secteurs minier et énergétique ainsi que celui des "banques et assurances" ;

- en concurrence parfaite, avec des rendements constants : les trois secteurs agricoles, les deux secteurs abrités restants (construction et services non marchands) et les services marchands.

4. RÉSULTATS ET ANALYSE

L'étude se concentre essentiellement sur l'impact de l'établissement d'une zone de libre-échange entre le Maroc et l'Union européenne. Le sujet est traité à travers les deux questions fondamentales suivantes :

- Dans l'état actuel de l'appareil productif et dans le cadre de la structure fiscale en place, quel serait l'impact sur l'économie marocaine d'une libéralisation totale vis-à-vis des produits européens, en dehors de toute autre mesure de politique économique ?

- Quelles pourraient être les bases d'articulation d'une politique économique préparant ou accompagnant le démantèlement?

Pour y répondre, le modèle est utilisé, d'une part, pour simuler l'impact de l'instauration de la zone de libre-échange et, d'autre part, pour effectuer des simulations alternatives afin de dégager les effets des modalités de politique économique d'accompagnement qui pourraient être prises.

4.1. Impact de l'instauration d'une zone de libre-échange

L'impact[8] présenté au tableau n° 2 a été calculé à partir d'une annulation des droits de douane appliqués aux biens et services originaires de l'Union européenne. Aucune autre modalité ou mesure n'a été incorporée. Globalement, il apparaît que :

---

[8] Voir aussi Bertola et Faini (1991).

1. Les importations augmentent légèrement, de 1,3 %.
2. Il y a une forte redistribution des importations marocaines en faveur de l'Union européenne.
3. Les exportations progressent (1,1 %) presque dans les mêmes proportions que les importations (1,3 %) ; le solde de la balance commerciale reste identique.
4. La production diminue légèrement (1,6 %) tirant vers le bas le produit national, le revenu disponible et par conséquent l'épargne privée.
5. La consommation privée ne s'apprécie que très légèrement ; la baisse des prix à l'importation compense juste la faiblesse des revenus.
6. Les recouvrements du Trésor Public subissent une forte diminution (-12 %) due aux fléchissements des impôts directs et indirects ainsi qu'à l'effondrement des recettes douanières. Le déficit public s'en trouve affecté sérieusement. La restructuration de la fiscalité devient nécessaire, ici, dans le cadre de l'équilibre budgétaire.
7. La baisse cumulée des épargnes privée et publique provoque la chute de l'investissement (-10 %).
8. Le marché du travail est nettement affecté.

Tableau n° 2 : Effets globaux de l'annulation des droits de douane au profit des produits UE

Grands agrégats	Évolution (%)	Données Budgétaires	Évolution (%)	Marché du travail	Évolution (%)
Production	-1,6	Droits de douane	-54,7	Demande de travail	-2,3
Revenu disponible	-3,4	Impôts directs	-4,2	Main d'œuvre sans qualification	-1,1
Consom. privée	0,7	Impôts indirects	-5,6	Main d'œuvre qualifiée	-3,2
FBCF	-10,1	Recouvrements globaux	-12,0		
Importations	1,3				
Importations UE	7,25				
Imports du RDM*	-6,2				
Exportations	1,1				

* *RDM : reste du monde.*

Cet état reflète les réactions de l'économie marocaine dans son ensemble. A l'exception de l'investissement, les résultats globaux concernant les variables macro-économiques agrégées apparaissent comme étant relativement faibles et ceci est dû essentiellement au phénomène de substitution entre zones d'importation.

Les effets sur l'économie locale sont amortis par la baisse sensible des importations en provenance du reste du monde. Celles-ci deviennent moins compétitives par rapport à celles de l'UE. Ce qui a comme conséquences directes de limiter le déficit de la balance commerciale et d'atténuer l'effet sur la production locale.

En ce qui concerne l'investissement, sa régression est provoquée par la baisse des revenus et, surtout, par le creusement sensible du déficit budgétaire. Ce dernier point montre l'importance et la nécessité d'une politique économique d'accompagnement efficace au moins, dans un premier temps, en termes de finances publiques. Une réforme fiscale paraît donc être une contrainte majeure pour entrer dans la zone de libre-échange.

Au niveau sectoriel, on peut répartir les résultats relatifs aux secteurs de production (tableau n° 3) en trois groupes :

1. les deux premiers secteurs agricoles (Agri1 et Agri2) ;
2. les secteurs productifs de biens d'investissement (biens de capital et construction) ;
3. les secteurs de production marchande restants.

Tableau n° 3 : Effets sectoriels de l'annulation des droits de douane au profit des produits UE

	Production (10^6 dhs)		Importations EU (10^6 dhs)		Importations RdM(10^6 dhs)		Exportations (10^6 dhs)	
	Niveau de base	Évolution (%)	Base	Évolution (%)	Base	Évolution (%)	Base	Évolution (%)
Agri1	28935,0	-2,7	1167,5	41,7	1167,5	-4,4	7210	-0,5
Agri2	27061,1	-5,5	2892,7	31,2	964,3	-6,1	5718	-2,9
Agri3	19192,4	-2,6	2866,3	-2,6	2441,7	-2,6	2	-0,01
Mines	9067,0	-0,3	178,6	7,1	2054,4	-3,4	4796	0,5
Energie	46370,3	-0,1	671,7	26	10523,3	-4,7	709	2,8
B. alim.	57249,9	-0,4	4745,3	22,2	4559,2	-4,7	11045	2,1
B. finis	35487,9	0,2	6994,2	12,1	2586,9	-8,9	15927	3,3
B. interm.	59073,4	-0,3	8348,6	11,7	4495,4	-4,7	11203	2,2
B. capit.	23515,6	-5,1	12519,6	-8,8	10243,3	-11	1405	0,4
Constr.	34530,9	-8,8						
Service	132650,0	-0,7	13203,4	0,7	2330,0	-2,1	23907	0,3
Banque	25855,5	-1,4						
Public	53818,0	0						
Total	552810	-1,6	53587,9	7,25	41365,9	-6,2	81922	1,1

Le premier groupe se caractérisait par une haute protection tarifaire. L'affaiblissement sensible de la protection rend ces secteurs plus vulnérables. La forte baisse des prix d'importation permet aux importations communautaires d'envahir le marché des deux secteurs. Et cela ne se traduit pas par un effondrement mais plutôt par une baisse de la production plus ou moins prononcée selon le secteur.

La seconde entité subit de plein fouet l'abaissement du niveau de l'investissement. Le secteur des biens de capital a une production en baisse, ses importations diminuent sérieusement quelle que soit l'origine. Le secteur de la construction est abrité de la concurrence étrangère et dépend exclusivement du marché local.

Le dernier groupe est constitué de secteurs diversifiés mais dont les résultats sont proches. Leur production est stagnante, les importations sont en hausse sensible et les exportations progressent. L'impact est absorbable aisément. Certaines caractéristiques sectorielles sont à l'origine des petites divergences qu'on observe au sein de ce groupe. Deux secteurs sont concernés, la culture de céréales et la banque. Pour le premier, le taux de droits de douane a toujours été nul pour l'Union européenne comme pour le reste du monde. On peut croire qu'il n'est pas concerné par l'instauration de la zone de libre échange. Seule la baisse de la production des autres secteurs l'affecte, tout comme le secteur abrité de la banque et assurance.

Si on fait abstraction des produits agricoles, les chiffres confirment que le secteur abrité est plus vulnérable que le secteur exposé ; alors que les secteurs traditionnellement fort exportateurs réussissent les meilleurs résultats, comme on pouvait s'y attendre. Pour ces secteurs, la libéralisation totale se traduit par l'élargissement de la concurrence, existant sur les marchés d'exportation, au marché intérieur. Il est évident que leur réaction sur le marché local est conditionnée par leur niveau de compétitivité à l'exportation.

Le secteur abrité est, lui, confronté à un net accroissement de la concurrence ; ses pertes sont donc plus élevées. Le secteur de la construction cumule bien sûr les deux handicaps, la chute de l'investissement et la libéralisation. Le secteur bancaire résiste mieux en termes de production, alors que ses prix baissent le plus.

Si on se réfère à l'évolution des prix, on remarque aussi que la répercussion de la diminution des prix d'importation, générée par l'annulation des droits de douane, sur les prix domestiques, est réelle. Il y a véritablement une baisse généralisée des prix sur le marché domestique et extérieur, qui profite à la consommation privée compensant le déclin du produit disponible. Combinée aux modifications favorables des prix, la baisse des revenus a semble-t-il discriminé entre secteurs de production en fonction des caractéristiques utilitaires des produits.

En ce qui concerne le marché de l'emploi, la demande de travail diminue pour les trois niveaux de qualification, à des degrés divers, 2,98 % de la main-d'œuvre non qualifiée rejoignent les chômeurs, 1,16 % des travailleurs qualifiés sont obligés de quitter les circuits de production et 5,25 % des cadres se retrouvent sans emploi. Ce dernier sous-marché est le plus perturbé car il est le plus concerné par la chute de l'investissement. Car ce sont les secteurs productifs de biens de capital qui emploient relativement le plus cette catégorie professionnelle.

4.2. Synthèse

L'impact de l'instauration de la zone de libre échange sur l'économie paraît maîtrisable car il s'exprime essentiellement par substitution des zones d'importation. Il n'y a donc pas de raz de marée des importations. Les conséquences les plus défavorables concernent l'investissement, qui grevé par la baisse des revenus et l'élévation du déficit public, chute. Du point de vue sectoriel, les secteurs exposés, à l'exception des secteurs agricoles, gèrent l'ouverture sans problèmes, les secteurs abrités souffrent plus.

Cependant les résultats auxquels on aboutit doivent être relativisés du fait du caractère statique du modèle et de l'absence totale de toute mesure de politique économique d'accompagnement. Le bilan présenté traduit la réaction de l'économie marocaine selon son organisation, ses structures de production et d'échanges et son environnement socio-politique d'aujourd'hui, dix ans avant de rentrer dans la ZLE.

Il paraît indispensable de revoir cette évaluation de l'impact à la lumière de mesures de politique économique.

5. POLITIQUE ÉCONOMIQUE D'ACCOMPAGNEMENT

Le descriptif global et sectoriel de l'impact montre clairement qu'il faut remédier à la chute de l'investissement par le renforcement de l'épargne nationale, particulièrement sa composante publique.

Pour l'épargne publique il convient d'éviter l'augmentation du déficit budgétaire pour ne pas amplifier la ponction sur les ressources de l'épargne privée destinée à financer l'investissement. Ensuite, dans la mesure des possibilités budgétaires, participer significativement à la formation brute de capital fixe. La perte des ressources douanières doit donc être compensée par des ressources fiscales. Une réforme fiscale s'impose.

L'épargne privée est par essence liée aux revenus de la production ; il convient dès lors de chercher à ce que ces revenus s'apprécient par l'amélioration de la compétitivité des processus productifs locaux, dans le cadre de l'Accord d'Association, et aussi par rapport à l'évolution quantitative et qualitative du commerce mondial.

Au Maroc, cet objectif est intégré, en principe, dans le programme de mise à niveau des entreprises. Ce programme est censé préparer les entreprises marocaines à gagner en compétitivité et à résister à l'intensification de la concurrence étrangère.

La hausse de la capacité compétitive de la production nationale peut aussi être envisagée, d'un point de vue global, en termes de politique de change. Une dévaluation de la monnaie nationale peut-elle constituer un outil efficace associé à la libéralisation totale vis-à-vis des produits de la Communauté européenne ?

Les différents types de stratégies sont analysés comme mesures de politique économique accompagnant l'instauration de la zone de libre échange. Les simulations de politique se font donc à partir d'un état économique où le démantèlement au profit des produits européens est considéré comme étant totalement réalisé. C'est en fait la situation économique décrite au chapitre précédent.

5.1. Mobilisation de l'épargne nationale

5.1.1. L'épargne publique : la réforme fiscale

La réforme de la fiscalité s'avère être une nécessité impérieuse ; elle doit offrir une solution financière aux contraintes budgétaires, viser l'équité et l'efficacité fiscales et réussir l'élargissement de l'assiette d'imposition.

Combler les pertes douanières est l'objectif premier. La dépense publique a des contraintes de gestion économique qui la rendent peu flexible à la baisse. Certes une rationalisation de certaines dépenses, mais surtout une lutte contre les gaspillages des deniers publics peut seulement produire quelques économies. Il faut surtout chercher parmi des solutions du côté des recettes. Par exemple, l'administration de l'impôt, en pensant aux moyens qui peuvent maintenir l'équilibre fiscal, peut viser la taxe intérieure de consommation (TIC). Cette taxe est un impôt indirect sur les quantités, neutre quant à l'origine du bien taxé et ne concerne que certains produits.

De par sa spécificité, la TIC ne pourra remplacer intégralement les droits de douane. Elle constitue, en outre une forme d'impôt relativement ancienne dont le mérite principal réside dans sa facilité de calcul et de collecte (ce qui peut paraître attrayant pour l'administration des finances). La réforme peut aussi porter sur d'autres outils d'imposition selon la capacité de compensation et aussi en fonction des critères d'équité. C'est à travers l'équité qu'on peut atteindre l'efficacité.

Une fiscalité équitablement répartie est aussi le garant d'une acceptation par le plus grand nombre d'agents économiques, ceux du secteur de production moderne comme ceux qui se positionnent le mieux dans le secteur informel. L'élargissement de l'assiette dépend dans une large mesure de l'intégration des activités informelles et du retour de la fiscalisation dans le monde agricole.

Dans cet ordre d'idées, supposons que, parmi les diverses stratégies fiscales qui peuvent être adoptées, les autorités publiques choisissent de privilégier l'imposition directe et réussissent à améliorer le rendement de l'imposition directe de 10 %.

La simulation correspondante donnée par le modèle nous indique que la production progresse très légèrement (1 %), les importations et les exportations connaissent peu de mouvements significatifs. Il y a une amélioration des recettes fiscales, mais qui ne se répercute pas sur l'épargne nationale. L'investissement n'augmente pas, il fléchit même de près de 1 %. Cette mesure est donc inefficace car elle constitue une ponction additionnelle sur le revenu.

Mais il ne faut pas oublier que cette simulation ne peut faire ressortir ni l'intégration du secteur informel, ni l'élargissement de l'assiette d'imposition. Ces derniers éléments devraient être à la base d'une amélioration réelle du rendement de l'impôt direct.

La réforme fiscale, dans l'objectif de maintien du train de vie de l'État, doit porter aussi sur la taxation indirecte par l'aménagement adéquat de la taxe intérieure de consommation et de la taxe sur la valeur ajoutée.

Tableau n° 4 : L'épargne publique[9]

Grands agrégats	Élévation de l'impôt direct (évolution en %)	Diminution de la consommation publique (évolution en %)
Production	1,0	1,1
Revenu disponible	1,0	1,5
Consommation privée	1,9	3,6
FBCF	-1,2	1,2
Importations	0,6	1,3
Exportations	1,2	2,6

Intéressons-nous au volet "charges" du Trésor public en émettant l'hypothèse que le budget public a pu connaître une rationalisation des dépenses via une réduction de la consommation publique de 10 %. Il en ressort que la situation d'ensemble s'améliore. Il y a augmentation de la production d'environ 1 % qui génère, à travers une élévation des revenus de l'ordre de 2 %, une hausse de l'épargne privée de 1,5 %, et par conséquent une augmentation de l'investissement, à peu près du même ordre. Comme dans le cas précédent, il n'y a pas de réelle modification des flux d'exportation et d'importation.

---

9 Toutes les évolutions reproduites dans les tableaux de la section 5 se rapportent non à la simulation de référence mais à la situation de l'économie après le démantèlement douanier vis-à-vis des produits de l'UE.

La restructuration fiscale doit donc nécessairement veiller au maintien des équilibres budgétaires sans détérioration des revenus et de la production. Elle doit encourager l'épargne et l'orienter vers l'investissement productif.

5.1.2. L'épargne privée

L'épargne privée est la composante principale de l'épargne nationale. Elle a un rôle fondamental dans l'orientation des ressources vers l'investissement. Supposons qu'une mobilisation de l'épargne réussisse à accroître la propension marginale à épargner de 16 % (en la faisant passer de 0,216 à 0,25).

Tableau 5 : L'épargne privée

Grands agrégats	Élévation du taux marginal d'épargne (évolution en %)
Production	2,4
Consommation privée	3,5
FBCF	1,0
Importations	1,6
Exportations	3,1

Le tableau n° 5 montre que la production s'apprécie de 2,4 % et le solde de la balance commerciale s'améliore avec une hausse des importations limitée à 1,6 % alors que les exportations s'élèvent de 3,1 %. L'épargne privée augmente naturellement de près de 22 % mais ne parvient pas élever sensiblement l'investissement (1 % seulement) à cause du déficit public qui accompagne l'augmentation de la consommation publique, en valeur.

L'augmentation de l'épargne privée semble financer l'élévation du déficit public au détriment de l'investissement. Par conséquent la maîtrise des dépenses publiques devient la stratégie prioritaire du gouvernement pour deux raisons essentielles : (i) le démantèlement douanier qui a un impact certain sur les recettes fiscales et donc sur le déficit public ; (ii) la nécessité d'assurer une réelle croissance de l'économie par la stimulation de l'investissement productif.

Dans le cadre de la libéralisation des échanges, la maîtrise du déficit est une politique fort opportune. L'amélioration substantielle de l'épargne nationale, basée sur l'appréciation de ses deux composantes publique et privée, apparaît comme une stratégie gagnante pour assimiler sans dégâts l'impact de l'Accord d'association.

5.2. La mise à niveau des entreprises

Le concept de mise à niveau a pour objectif l'amélioration de la compétitivité des entreprises marocaines. Dans ce cens, un programme a été conçu par les autorités marocaines en négociation avec l'Union européenne.

Plusieurs outils ont été créés tels que le Fonds de garantie des crédits pour la mise à niveau (FOGAM), l'Euro-Maroc-Entreprises ou le programme européen MEDA.

Le diagnostic qui peut être fait actuellement est relativement mitigé. Peu d'entreprises marocaines ont cherché à se mettre à niveau. Les petites et moyennes entreprises ont été jusqu'à présent peu concernées. L'Euro-Maroc-Entreprises affiche un bilan peu réjouissant en termes de solutions offertes aux entreprises. Les fonds européens[10] du programme MEDA sont, d'après les déclarations d'opérateurs et officiels marocains, d'accès fort difficile à mettre en œuvre. La Caisse Centrale de Garantie essaye d'intéresser les entreprises au FOGAM. Quoiqu'il en soit, les entreprises marocaines sont à la traîne et affichent un comportement frileux hérité sans doute de leurs habitudes passées de suivisme et de protectionnisme administratif.

Admettons, malgré tout, que ce programme réussisse à générer un flux d'investissement qui relève le niveau de la productivité. On émet, en outre, l'hypothèse que la différenciation de la compétitivité entre secteurs de production, qui existait avant l'impact de la libéralisation, se maintient après l'instauration de la zone de libre-échange (les données fiables à ce sujet font défaut). Actuellement, on a tendance à classer les entreprises marocaines en trois types : les entreprises menacées de disparition, celles qui peuvent s'ajuster au prix d'une mise à niveau et celles qui sont déjà compétitives.

Cette répartition situe les entreprises par rapport à leur potentiel compétitif, indépendamment de leur appartenance sectorielle.

5.2.1. L'amélioration de la productivité

La productivité des facteurs progresse lentement au Maroc. Dans les années 70, elle n'a augmenté que de 0,5 %. Entre 1980 et 1985, elle aurait baissé, au point de devenir négative. Le modèle Minaré "montre bien que la croissance et l'industrialisation du Maroc dans les années 1970-1990 ont buté sur un double écueil : une affectation et une accumulation du capital souvent peu rentable ; un "cercle vicieux" sureffectifs-bas salaires autoentretenu par l'absence de gains de productivité sensibles" (Bouhia, Catin et Mouine, 1995).

L'augmentation de la productivité constitue clairement une niche de croissance. Supposons alors que l'augmentation de la productivité se fasse à un rythme proportionnel de 10 %. Les résultats, partiellement présentés dans le tableau n° 6, sont plus que satisfaisants. Au bond attendu de la production, se greffe une élévation sensible du niveau de l'investissement qui est tout près d'atteindre le niveau référentiel avant démantèlement. De surcroît, les exportations, plus compétitives, arrivent au niveau le plus élevé, dépassant de

[10] Voir Union européenne (2000).

loin l'évolution des importations. La relance de l'investissement n'amène pas de détérioration de la balance commerciale. L'augmentation de l'offre, en abaissant les prix domestiques, profite aussi bien à la consommation privée qu'aux exportations.

Tableau n° 6 : L'élévation de la productivité

Grands agrégats	Élévation du niveau de la productivité (évolution en %)
Production	7,0
Consommation privée	5,6
FBCF	9,1
Importations	3,7
Exportations	8,4

Les finances publiques, influencées par la bonne conjoncture, assurent une baisse sensible du déficit, de l'ordre de 50 %, aidant à la bonne relance de l'investissement. Le gain est donc double, il se distingue sur le plan budgétaire et, en évitant la déviation des ressources de l'épargne, il encourage l'investissement productif.

On voit à travers ces résultats que la mise à niveau du tissu productif est un enjeu vital. Si elle réussit à améliorer sensiblement la productivité de l'outil de production marocain et à le rendre plus compétitif, la libéralisation des échanges serait synonyme de croissance. Il apparaît, à travers cette simulation, que la politique économique d'accompagnement doit avoir comme objectif majeur d'assurer de meilleures conditions de la production.

Remarquons, enfin, que dans cet exercice de simulation la productivité a été augmentée de façon uniforme pour tous les secteurs de production. Cela a comme inconvénient de reproduire le schéma de distribution de la productivité existant avant le démantèlement. En vérité, il en va tout autrement. D'une part les secteurs peuvent réagir différemment depuis l'annonce de l'accord en termes de rationalisation, de plans d'investissement et de recrutement. D'autre part, la mise à niveau concerne inégalement les entreprises quelle que soit leur appartenance sectorielle, leur protection ou leur degré d'intégration dans le commerce international.

Nous ne disposons malheureusement d'aucunes données exploitables en la matière. L'intégration de ces données, si elles étaient disponibles, nous livrerait des résultats autrement plus intéressants sur la politique sectorielle à établir. Actuellement, les autorités semblent vouloir encourager certaines activités telles que le tourisme, le textile, les nouvelles technologies de l'information pour en faire des moteurs de la croissance. En tout cas, les résultats obtenus par le modèle nous donnent la voie à suivre, qui ne peut qu'être confortée par une politique industrielle plus affinée.

5.2.2. Le développement de la concurrence

Dans cet ordre d'idées, on peut envisager que la politique économique vise à augmenter la concurrence sur le marché local pour le rendre plus efficient. Pour ce faire, on admet qu'elle parvient à réduire les barrières à l'entrée des secteurs en concurrence imparfaite. C'est ainsi que les coûts fixes en travail baissent de 50 % et les coûts fixes en capital de 60 %. La conjoncture économique de l'après – démantèlement s'en trouve complètement renversée (voir tableau n° 7). La production connaît un boom de 8,6 % mais surtout l'investissement explose avec un taux de croissance de 15,6 %. La FBCF atteint un "plafond", dépassant largement le niveau référentiel d'avant démantèlement, et cela sans perturber l'équilibre extérieur. En effet, comme dans le cas précédent, les exportations progressent plus que les importations. La consommation bénéficie encore de la nette décontraction des prix sur les marchés domestiques.

Tableau n° 7 : L'amélioration de la concurrence

Grands agrégats	Baisse des coûts fixes (évolution en %)
Production	8,6
Consommation privée	4,1
FBCF	15,6
Importations	4,3
Exportations	9,5

Le budget public devient excédentaire, ce qui permet à l'épargne publique d'être une composante positive de l'épargne nationale et d'encourager effectivement l'investissement productif. Il n'y a pas de phénomène d'éviction, les ressources d'épargne sont entièrement consacrées au financement de l'investissement. Ce qui explique le niveau atteint par la FBCF.

L'analyse sectorielle révèle que l'augmentation de la production est plus forte dans les secteurs en concurrence imparfaite qu'au sein des autres secteurs (cf. tableau n° 8). L'élimination des barrières à l'entrée stimule directement la production et génère une demande d'investissement additionnelle.

Que ce soit par rapport à la production ou vis-à-vis des exportations, les secteurs en concurrence imparfaite réagissent avec dynamisme et entraînent les autres secteurs dans leur sillage. En particulier, le secteur de la construction bénéficie directement de la forte croissance de l'investissement. Les autres secteurs en concurrence parfaite, les trois secteurs agricoles et les services marchands, n'en bénéficient pas et se retrouvent à la traîne.

Les résultats relatifs à ces deux dernières simulations font ressortir l'importance et l'urgence de la mise à niveau comme stratégie de préparation à la zone de libre-échange. La politique économique d'accompagnement doit avoir une vision sectorielle qui participe à la réussite de la mise à niveau. Les deux composantes de cette mise à niveau, qui ont été évaluées ci-dessus, montrent le potentiel de croissance et d'intégration dans le commerce international.

Tableau n° 8 : Amélioration de la concurrence sectorielle (évolution en %)

	Production	Exportation
Agri1	2,2	0,0
Agri2	2,9	-0,4
Agri3	2,7	0,0
Mines	13,8	10,8
Energie	19,0	27,5
Biens alimentaires	10,0	14,1
Biens finis	15,0	16,9
Biens intermédiaires	15,0	19,5
Biens de capital	16,1	16,5
Construction	14,0	
Services	2,9	
Banque	11,7	

Toujours en ce qui concerne la politique économique à établir, une dernière indication est à mettre en exergue. L'amélioration de la compétitivité de l'économie nationale passe nécessairement par l'instauration d'une plus grande concurrence entre les entreprises marocaines. Rappelons à ce sujet qu'au Maroc, l'imperfection de la concurrence est souvent liée à l'existence passée ou présente d'entreprises publiques et aux procédures administratives alourdies qui constituent des vraies barrières à l'entrée des secteurs de production. Les firmes produisent sous la protection administrative et souvent en fonction des commandes publiques. On a là une économie de rente, non optimale et inégalitaire.

5.3. La politique de change

La politique de change, comme modalité de politique d'accompagnement, a un aspect global, agissant instantanément sur tous les secteurs. Dans un environnement de libéralisation des échanges, on peut penser qu'une dévaluation de la monnaie nationale peut combattre, avec une certaine efficacité, la détérioration de la balance commerciale induite par le démantèlement.

Dans ce cadre, si nous supposons que les autorités monétaires décident de dévaluer le dirham de 10 %, le modèle fait apparaître que le solde de la balance commerciale s'améliore comme attendu. La montée des prix, malgré l'augmentation de la production, qui semble profiter principalement aux exportations, alourdit les dépenses publiques, aggrave le déficit et pénalise l'investissement par déviation des ressources de l'épargne privée. L'investissement ne profite guère de la dévaluation qui rend les prix d'importation décourageants.

Tableau n° 8 : La dévaluation du dirham

Grands agrégats	Baisse du taux de change de 10 % (évolution en %)
Production	4,4
FBCF	0,0
Importations	1,9
Exportations	5,1

La dévaluation semble n'avoir d'effet positif que sur la balance commerciale. L'inflation créée pénalise immédiatement la demande et, à terme, menace les flux d'exportation. La politique de change s'avère donc moins séduisante et donc ne peut être préconisée qu'avec précaution et en dernier recours, ou accompagnée d'une politique de désinflation compétitive et d'une politique d'offre favorisant les gains de productivité.

Remarquons que le régime de change incorporé dans le modèle est celui du taux de change fixe (panier ad hoc de devises). A ce sujet, le choix du Maroc, à l'avenir, pourrait porter plutôt sur un amendement du régime de change. Un rattachement à l'euro signifierait un désir d'intensification des relations avec l'UE. Le maintien du système du panier, modifié pour tenir compte de l'évolution des échanges, et l'introduction d'éléments de souplesse, pourrait mieux servir les intérêts de redéploiement et de diversification des échanges extérieurs du Maroc.

5.4. Conclusion

La réforme fiscale s'impose comme condition nécessaire de toute politique d'accompagnement dans le cadre de la libéralisation des échanges. La politique d'accompagnement s'avère indispensable, non seulement pour amortir le choc de l'ouverture, mais pour aussi le dépasser en termes de compétitivité et de croissance. Celle-ci ne peut être assurée que par un bon niveau d'investissement. Dans le cadre de la libéralisation, encourager l'investissement productif constitue l'objectif premier de la politique économique. Les mesures de politique économique doivent notamment porter sur l'amélioration de la concurrence sur le marché intérieur et la recherche de gains de productivité dans tous les secteurs de production. Et on a vu que sur ce point, le Maroc peut beaucoup progresser surtout s'il parvient à effacer les distorsions des marchés.

L'investissement direct étranger, bien qu'il n'ait pas été traité par simulation, doit aussi faire l'objet de soins particuliers de la politique pratiquée car d'évidence il répond parfaitement et directement à l'objectif. Il faut savoir combiner les avantages de la zone de libre-échange euro-maghrébine et la proximité du continent européen pour amener les investisseurs étrangers à s'installer au Maroc. Et on ne peut le faire avec succès que si l'économie locale inspire confiance, par son potentiel de croissance, dans ses institutions politiques, économiques et judiciaires ainsi que dans sa cohésion sociale.

RÉFÉRENCES

Barro R. and Grossman H.I., 1971, "A General Disequilibrium Model of Income and Employment", *American Economic Review*, 61, 82-93.

Bell C., Srinivasan T.N., 1984, "On the Uses and Abuses of Economywide Models in Development Policy Analysis", in Syrquin M., Taylor L., Westphal L. (eds.), *Economic Structure and Performance*, Academic Press, New York, 451-471.

Bertola G., Faini R., 1991, "Import Demand and Non-Tariff Barriers: the Impact of Trade Liberalisation, an Application to Morocco", *Journal of Development Economics*, 34, 269-286.

Bouhia A., Catin M., Mouine M., 1995, "Le modèle intégré national-régional de l'économie marocaine (MINARÉ)", *Région et Développement*, n° 1, 29-89.

Cox D., Harris R., 1985, "Trade Liberalisation and Industrial Organisation: some Estimates for Canada", *Journal of Political Economy*, 93, 15-145.

Devarajan S., Rodrik D., 1989, "Trade Liberalisation in Developing Countries: do Imperfect Competition and Scale Economies Matter?", *American Economic Review*.

Helpman E., Krugman R.P., 1985, *Increasing Returns and Imperfect Competition*, The MIT Press, Cambridge, Mass.

Ministère du Commerce et de l'Industrie, 1994, *Situation des industries de transformation*, exercice 1993.

Sasson A., 1994, "Le GATT agricole et la problématique des relation Maroc-Union européenne", in *Annales Marocaines d'Economie*, "GATT-Maroc, enjeux et implications".

Union européenne, 2000, *Le Partenariat euro-méditerranéen*, Guide pratique,

Venables A.J., 1985, "Trade and Trade Policy with Imperfect Competition: the Case of Identical Products and Free Entry", *Journal of International Economics*, 19, 1-20.

SETTING UP A FREE-TRADE AREA AND AN ACCOMPANYING POLICY: THE CASE OF MOROCCO

Abstract - *This work aims to assess the impact of the creation of a Euro-Mediterranean free-trade area on the Moroccan economy and to simulate some accompanying economic policies with the help of a general equilibrium model computable in imperfect competition and with increasing returns on scale. The accompanying economic policy is essentially based on boosting national savings and upgrading companies as well as on a foreign exchange policy. The outcome highlights the prominent role played by some economic policy modes in the successful integration into the free-trade area.*

INSTAURACIÓN DE UNA ZONA DE LIBRECAMBIO Y POLÍTICA DE ACOMPAÑAMIENTO: EL CASO DE MARRUECOS

Resumen - *Este artículo tiene como meta evaluar el impacto de la creación de una zona de librecambio euro-mediterránea sobre la economía marroquí y hacer una simulación de algunas políticas económicas de acompañamiento con la ayuda de un modelo de equilibrio general que se pueda calcular en término de competencia imperfecta y con rendimientos de escala crecientes. La política económica de acompañamiento se refiere esencialmente a una dinamización del ahorro nacional, a la nivelación de las empresas y a la política de cambio. Los resultados ponen de relieve el papel decisivo de algunas de las modalidades de política económica en el éxito de integración en la zona de librecambio.*

L'ATTRACTIVITÉ COMPARÉE DES INVESTISSEMENTS DIRECTS ÉTRANGERS DE LA TUNISIE ET DE LA HONGRIE

Houda NEFFATI* et Xavier RICHET**

Résumé - *Cet article compare les facteurs de l'attractivité qui ont joué en Hongrie et en Tunisie au cours de la décennie écoulée et qui sous-tendent les flux d'investissement cumulés, la localisation, la remontée de filière et les effets d'essaimage dans le tissu industriel. La première partie donne un rappel des objectifs de la restructuration des appareils productifs dans chacun des pays, un panorama des IDE, les motifs d'attractivité, pour souligner ensuite le rôle des stratégies d'insertion à l'économie mondiale menées par les deux économies. La seconde partie essaie d'apprécier les externalités positives induites par la présence durable des investisseurs étrangers. Selon le mode d'entrée que les firmes multinationales choisissent, leur présence a plus ou moins d'incidence sur la restructuration économique, sur le transfert de technologie et sur le commerce extérieur. L'on s'interroge ainsi sur les capacités d'endogénéisation des technologies, des "savoir-faire" par les agents et les institutions réceptrices.*

Mots-clés - INVESTISSEMENTS DIRECTS ÉTRANGERS, HONGRIE, TUNISIE.

Classification JEL : D2, F2, L1, M2, O1, P5.

* Université Paris Sud 11 et Centre Interuniversitaire d'Études Hongroises (CEIH).

** CIEH, Université de la Sorbonne Nouvelle, 1, rue Censier, 75005 Paris et Université Paris III.

INTRODUCTION

Il y a un double constat à faire lorsque l'on compare le mouvement des investissements directs étrangers (IDE) dans deux pays comme la Tunisie et la Hongrie à la fois semblables (distances de l'Union européenne, population, ouverture et politique macroéconomique de stabilisation) et si dissemblables (sur les plans historique et institutionnel, du développement économique, du capital humain, etc.).

Le premier est que la Tunisie s'est fixée, à travers l'ouverture de son économie, l'objectif d'attirer les IDE dans le but de faciliter sa mise à niveau alors que l'IDE en Hongrie est la résultante d'un choix de desserrement de la contrainte macroéconomique : on a vendu les firmes pour récupérer de quoi payer la dette. Ce n'est que dans un deuxième temps que les effets positifs de la présence des IDE ont été reconnus.

Le second constat est que la logique de l'IDE dans les deux pays n'est pas synchrone : si la recherche de coût bas est le premier facteur, la poursuite de l'IDE en Hongrie s'explique par l'existence d'avantages comparatifs latents et inexploités (le capital humain) alors qu'en Tunisie, *a contrario*, l'avantage que retirent certaines firmes est d'abord le faible coût de la main-d'œuvre et l'existence d'un marché à pouvoir d'achat croissant. Les entreprises peuvent ultérieurement accroître l'avantage concurrentiel en développant le capital humain local pour servir leurs investissements.

Lors de l'ouverture de l'Europe de l'Est, il a été souvent mentionné l'existence d'un effet d'éviction à l'encontre des pays du Sud de la Méditerranée, notamment à l'encontre de ceux qui avaient accompli les plus grands efforts pour ajuster leur économie, en premier lieu la Tunisie. Une des premières modalités de l'éviction des pays du Sud a été le détour de l'aide communautaire vers l'Europe de l'Est ; une autre résulte de l'attraction de flux importants d'investissements directs étrangers dans la région, notamment dans les pays les plus engagés dans les réformes pro-marché, en premier lieu en Hongrie.

A l'époque, le *Economic Intelligence Unit* de Londres avait établi un tableau comparatif du "risque-pays" entre la Hongrie et la Tunisie. Il en ressortait une forte indétermination en termes de distance, de climat des affaires, de coût des facteurs.

Après plus de dix années de transition à l'Est, l'effet d'éviction s'est en partie réalisé si l'on compare plusieurs facteurs tels que les flux d'investissement, le volume de la Formation Brute de Capital Fixe, le contenu en valeur ajoutée et en intensité capitalistique des exportations, la présence des grands groupes internationaux, la création de réseaux régionaux dans les pays qui ont accueilli le plus d'IDE (Hongrie, République tchèque, Pologne).

On se propose, dans cette contribution, d'étudier, de manière comparative, les facteurs de l'attractivité qui ont joué en Hongrie et en Tunisie au cours de la décennie écoulée et qui sous-tendent les flux d'investissement cumulés, la localisation, la remontée de filière et les effets d'essaimage dans le tissu industriel.

On part des motifs qui justifient l'implantation des IDE dans une économie émergente pour ensuite étudier la convergence possible entre les modes d'implantation des IDE dans les deux pays. L'hypothèse de départ est celle de l'attractivité des IDE en raison des faibles coûts des facteurs de production dans l'industrie manufacturière, quel que soit le contenu en valeur ajoutée de la production délocalisée dans chacun des deux pays. Il existe trois modèles stylisés de la présence des firmes étrangères dans une économie émergente : un modèle d'économie-atelier, un modèle de pénétration du marché domestique, un modèle d'intégration dans le cadre de la stratégie régionale-globale de l'entreprise multinationale[1]. Dans chaque modèle, les retombées locales sont importantes et la pérennité de l'investissement est déterminée par l'offre des facteurs, d'une part, et la demande (domestique, régionale, globale), de l'autre. La pérennité est déterminée aussi par la création d'externalités positives et la mobilisation de facteurs externes absents lors de la décision initiale d'investissement.

Les firmes étrangères cherchent à atteindre plusieurs objectifs, parfois simultanément, parfois séparément : l'accès au marché (pouvoir d'achat, taille), le coût des facteurs, notamment de la main-d'œuvre, l'accès aux ressources. Les pays hôtes, quant à eux, recherchent l'entrée du capital étranger qui fait défaut pour développer et moderniser leur industrie, accéder à des nouveaux marchés et s'intégrer davantage à l'économie mondiale.

Plusieurs comparaisons intéressantes sont à faire en ce qui concerne les IDE dans ces deux pays[2] :

- du côté des firmes, d'abord, la recherche du moindre coût est le premier aspect ; l'accès au marché (régional) un autre aspect. Il existe ensuite, en cas de succès de l'investissement initial, une seconde phase qui se traduit par un accroissement de l'investissement, d'une part, un essaimage en amont et en aval de l'autre. Dans le cas de la Hongrie, cela se produit dans les deux directions, avec le développement de PME, de la sous-traitance à grande échelle ; cela se traduit également par la mobilisation des ressources intellectuelles (délocalisation de la R&D). La dimension avantage coût se réduit pour faire appel à l'avantage compétitivité (hausse de la productivité, innovations, etc.). Dans une moindre mesure, la Tunisie connaît une évolution parallèle mais avec un engage-

---

[1] Ces modèles ne sont pas exclusifs ; ils peuvent être transitoires dans le temps.

[2] Pour une présentation des principaux indicateurs macroéconomiques, voir les tableaux n° 1 et n° 2 donnés en annexe.

ment différent de la part des investisseurs étrangers qui investissent localement dans la formation du capital humain nécessaire au fonctionnement des unités localisées dans le pays ;

- du côté de l'attractivité, les choses sont apparemment similaires du côté institutionnel mais il y a une forte divergence en ce qui concerne les phases du développement économique des deux pays. La Hongrie, sous le socialisme, a connu ce que certains appellent un "mal développement" : elle a connu un mode d'industrialisation particulier issu du modèle soviétique tourné vers l'autarcie en privilégiant l'industrie lourde tout en acquérant des spécialisations notables dans certains secteurs (agriculture, chimie, pharmacie, etc.) en s'appuyant sur un système de formation professionnelle de qualité. Il n'en demeure pas moins qu'avant guerre, selon l'ancien ambassadeur de Hongrie auprès de l'OCDE, M. B. Kadar, la Hongrie accusait un retard de 20 % de son PIB par tête par rapport à l'Autriche. En 1989, ce retard était de 80 %. La transformation post-socialiste a donc consisté à démanteler l'ancien système et de libérer les potentialités de croissance dans le nouvel environnement concurrentiel. La Tunisie, à l'opposé est une économie en développement avec tous les stigmates classiques de ce type d'économie : déstructuration, aliénation sous la période colonialiste ; choix d'industrialisation à l'indépendance, dans un contexte original par rapport aux expériences volontaristes suivies ailleurs (Algérie, par exemple). Si le choix de l'insertion dans l'économie mondiale, notamment vis-à-vis de l'Europe, a toujours été revendiqué, le taux d'accumulation au niveau national est toujours demeuré faible, limitant par là la recherche de spécialisation. Toutefois, le fait de ne pas avoir opté pour un modèle industrialiste dans quelques secteurs prioritaires a permis à la Tunisie d'offrir une plus grande gamme de possibilités aux investisseurs étrangers. Les faibles barrières à l'entrée et les politiques d'incitation ont favorisé le développement de l'entrepreneuriat et les possibilités de coopération avec des donneurs d'ordre étrangers.

Dans une première partie nous présenterons, après un rappel des objectifs de la restructuration des appareils productifs dans chacun des pays, un panorama des IDE, les motifs d'attractivité, pour souligner ensuite le rôle des stratégies d'insertion à l'économie mondiale menées par les deux économies.

La seconde partie essaie d'apprécier les externalités positives induites par la présence durable des investisseurs étrangers. Selon le mode d'entrée que les firmes multinationales (FMN) choisissent, leur présence a plus ou moins d'incidence sur la restructuration économique, sur le transfert de technologie et sur le commerce extérieur. L'on s'interroge ainsi sur les capacités d'endogénéisation des technologies, des "savoir-faire" par les agents et les institutions réceptrices.

1. RESTRUCTURATION, IDE ET STRATÉGIES D'INSERTION A L'ÉCONOMIE MONDIALE

Au début des années 90 le recours à l'investissement étranger a été un des éléments de la stratégie d'adaptation des anciennes économies socialistes. L'industrialisation socialiste avait privilégié le développement des secteurs de l'industrie lourde, des industries extractives et des biens d'équipement à la fois pour des questions de rattrapage, de prestige et de puissance. Les économies socialistes ont accusé d'importants retards dans les innovations tant de produits, de procédés qu'organisationnelles, en cloisonnant les fonctions de recherche-développement, de production et de vente.

Dans les pays du Sud, les politiques restrictives face à l'entrée des IDE ont progressivement fait place à des politiques d'attractivité de plus en plus accueillantes envers les FMN, dans un contexte de politiques économiques plus libérales. Depuis la fin des années 80, l'Afrique du Nord et le Moyen Orient ont mis en œuvre d'importantes réformes structurelles visant la stabilisation macro-économique et l'ouverture au commerce international. Le Partenariat euro méditerranéen, engagé par la déclaration de Barcelone de novembre 1995, marque la volonté des États qui y adhèrent d'instaurer la plus grande zone de libre-échange du monde intégrant 27 pays. Ce choix semble se justifier par le fait que l'approche régionale, lorsqu'elle ancre un pays en développement à une région industrialisée, peut faciliter la mise en œuvre des réformes intérieures nécessaires.

La perspective de l'élargissement de l'Union européenne a renforcé l'attractivité des Pays d'Europe Centrale et Orientale (PECO) au détriment des pays méditerranéens même si la zone est loin d'être la destination favorite des IDE puisque la plupart des IDE se réalisent entre pays développés ou d'autres nouvelles économies de marché (Chine, notamment). Les PECO, globalement, n'attirent que 3,7 % de l'IDE mondial en 2001.

1.1. Restructuration et IDE en Hongrie et en Tunisie

La restructuration industrielle constitue un élément central du processus de transition des Pays d'Europe Centrale et Orientale vers un système de marché. La transformation des entreprises n'a pas été aisée. Elle exigeait un changement radical dans le comportement des agents économiques. La réorganisation industrielle qui accompagne notamment les politiques de privatisation des actifs publics vise plusieurs objectifs :

- la spécialisation des entreprises sur une gamme de production plus étendue et de nouveaux produits ;
- l'externalisation d'une partie des activités, le développement de la sous-traitance, en fractionnant les grands ensembles, en favorisant l'entrée de nouveaux opérateurs ;

- la recapitalisation des entreprises pour financer les investissements nécessaires à leur modernisation et assurer leur expansion.

En Tunisie, "la mise à niveau" a constitué une des pièces maîtresses de la stratégie de développement et s'envisage comme un effort continu. Assainissement des entreprises publiques, privatisations, ouverture vers l'extérieur, et encouragement des investissements étrangers en sont les aspects prééminents (Ladeb, 2000).

L'objectif est de hisser le niveau de l'industrie tunisienne aux standards internationaux de qualité, de compétitivité et de productivité. Le programme de "mise à niveau" concerne aussi l'environnement de l'entreprise : développement et modernisation des infrastructures, aménagement des zones industrielles, restructuration et amélioration des prestations des centres techniques en sont les principaux axes.

L'accent est également mis sur la restructuration financière, l'allègement de l'endettement des entreprises, l'équilibrage de leur structure financière en intégrant de nouvelles sources de financement (fonds propres, ouverture du capital) ainsi que le développement de partenariats avec des entreprises étrangères.

Les défis auxquels doit faire face aujourd'hui la Tunisie sont principalement liés aux conséquences naturelles et attendues des accords signés tant avec l'UE qu'avec l'OMC qui visent à ouvrir l'économie tunisienne et à libérer les échanges.

Ainsi, s'agit-il d'un mouvement de reconversion du tissu industriel de grande ampleur dans le but d'accroître la compétitivité de l'économie tunisienne.

1.1.1. Flux d'IDE en Hongrie et en Tunisie

Depuis 1989, le montant total des IDE arrivés en Hongrie s'élève à 26,2 milliards d'euros (hors réinvestissements). Les flux et les stocks d'IDE par tête sont comparables à ceux des pays émergents d'Amérique Latine et d'Asie du Sud-Est et sont parmi les montants les plus élevés des PECO soit 2,576 euros par tête. Quarante des 50 multinationales les plus importantes sont présentes en Hongrie et 80 % du total des exportations sont réalisées par des firmes à participation étrangère. L'IDE se maintient, en 2002 à un niveau proche de celui des premières années de transition soit autour de 1 000 millions d'euros[3].

En Tunisie, les investissements directs étrangers ont enregistré, au cours des dix dernières années (1990-2001), une évolution importante passant de 60,21 millions d'euros à près de 543,9 millions d'euros et ceux hors énergie sont

---

[3] National Bank of Hungary, 2002.

passés de 19 millions d'euros à près de 251,20 millions d'euros. 2 318 entreprises étrangères ou mixtes sont opérationnelles avec un stock d'investissement étranger de près de 13,83 milliards d'euros en 2001[4].

Dans les deux pays cette évolution ne s'est pas faite de manière uniforme. En Hongrie, les flux se stabilisent vers 1999, moment où le mouvement de privatisation semble s'achever, et ont fortement augmenté en 2001 grâce aux investissements par création d'entreprises ex nihilo (investissement *greenfield*) ; en Tunisie l'évolution des flux reste commandée par le rythme des privatisations.

1.1.2. Ventilation sectorielle

Environ 50 % de l'IDE (valeur cumulée sur les dix dernières années) en Hongrie s'est réalisé dans le secteur manufacturier, en particulier dans l'industrie automobile et l'électronique, les secteurs de l'agroalimentaire, pharmaceutique, du pétrole, de la chimie et de l'équipement électrique. Les deux tiers de tous les investissements sur sites vierges (investissements de type *greenfield*) ont été réalisés dans le secteur de l'ingénierie. L'investissement *greenfield* plus facile à réaliser, même s'il pose le problème de la création ex nihilo de réseaux, est devenu le mode privilégié d'entrée depuis 1999.

Les entreprises étrangères se tournent de plus en plus vers les produits de haute technicité et à forte valeur ajoutée et choisissent dans certains cas d'établir des installations de recherche et de développement en Hongrie (Audi, Nokia, General Electric, ABB, Knorr-Bremse). Les capitaux étrangers jouent également un rôle important dans la vente au détail.

En Tunisie, l'IDE concentré par le passé sur les industries énergétiques (35,9 % du total en 2001) se déploie progressivement sur les industries manufacturières (46,8 %) et le secteur du tourisme (13,9 %). Les investissements en direction du secteur agricole (8,9 %) évoluent mais restent faibles.

Contrairement à ce que l'on constate en Hongrie les investissements *greenfield* ne sont pas privilégiés et ne dépassent pas le seuil des 2,5 % de l'ensemble des investissements étrangers[5].

1.1.3. Pays d'origine de l'IDE

Les principaux investisseurs en Hongrie sont venus d'Allemagne (25 % du total cumulé sur la période 1997-2001), des Pays Bas (23 %), d'Autriche (12 %), de France (7 %) et des États-Unis (8 %). Toutefois, pour diverses raisons les multinationales réalisent leurs investissements à travers leurs sociétés affiliées étrangères ou à travers les banques d'un pays tiers, les statistiques sous-estiment

[4] 1TND = 0,695 USD = 0,777 EUR (moyenne 2001).

[5] FIPA, 2001 et Banque Centrale de Tunisie, 2001.

probablement le rôle des États-Unis et dans une moindre mesure celui de l'Allemagne.

Pour la Tunisie, les principaux investisseurs en 2001 sont la France avec 19,49 % du total, les États-Unis avec 14,65 %, les pays arabes avec 14,22 % et l'Italie avec 12,05 %. Les autres investisseurs sont l'Allemagne, la Belgique, l'Espagne, la Grande Bretagne, les Pays-Bas, la Suède, La Suisse et le Japon.

1.2. Attractivité comparée

L'un des premiers déterminants de l'attractivité de la Hongrie est la proximité géographique des pays membres de l'UE, tels que l'Allemagne et l'Autriche qui sont d'importants investisseurs dans la région. Le retour rapide de la croissance et l'accès au marché local et régional ont aussi joué un rôle important. Certaines firmes ont utilisé le marché hongrois comme tête de pont pour entrer dans les pays voisins, notamment au début de la dislocation de l'ancienne URSS. Leur implantation est favorisée par la stabilité politique du pays, le climat favorable à l'investissement et la législation en vigueur.

Un autre facteur déterminant a été le mode de privatisation adopté (Hunya, 1997) qui a favorisé une "privatisation par le marché" en choisissant la vente des entreprises à des investisseurs stratégiques, de préférence étrangers.

La Hongrie dispose par ailleurs de certains avantages comparatifs susceptibles d'attirer les investisseurs (Lansbury et al., 1996 ; Lankes et Venables, 1996), tel qu'un capital humain de réputation élevée ou le faible coût de la main-d'œuvre. La hausse relative du coût de la main-d'œuvre non qualifiée, en raison de l'étroitesse des bassins d'emplois a déjà conduit certaines firmes comme IBM a quitté la Hongrie pour aller se relocaliser en Chine.

Par sa position centrale en Méditerranée, la Tunisie permet l'accès à de nombreux marchés et sa proximité géographique de l'UE reste le facteur déterminant de sa relative attractivité. Un important effort a été réalisé au cours de ces dix dernières années pour renforcer cette attractivité en améliorant la qualité de la main-d'œuvre, les infrastructures, en simplifiant les procédures administratives et en adoptant une législation en faveur des opérateurs privés.

La vigueur de sa croissance et l'élargissement d'une classe moyenne qui a vu son niveau de vie s'améliorer, sous l'effet conjugué de l'augmentation des revenus et de la maîtrise de la croissance démographique, ont aussi joué un rôle important. En moins d'une décennie, le PNB par habitant a doublé, et la consommation globale a augmenté à un taux de 5,1 %, à prix constants, au cours de la période 1997-2001.

Les exportations sur le marché de l'UE, partenaire privilégié, sont passées de 51 % en 1976 à 80 % en 2000. Près de 80 % des exportations sur l'UE sont des produits industriels. La Tunisie est aussi le quatrième exportateur en habillement vers l'UE.

Par ailleurs, depuis le début de l'année 1998, l'accord régional instituant une zone de libre-échange arabe sur une période de dix ans est entré en vigueur. Des accords bilatéraux ont été conclus au cours des quatre dernières années avec l'Égypte, la Jordanie, la Libye et le Maroc. Les importations des pays maghrébins et arabes ont connu une augmentation continue, passant de 123,3 milliards de dollars en 1993 à 157 milliards de dollars en 1998.

Des réductions tarifaires ont été consenties dans le cadre du système généralisé de préférence, pour les produits manufacturés, agricoles et d'artisanat par le Japon, les États-Unis, la Suisse et l'Australie, ainsi qu'un accès préférentiel à certains marchés de pays africains (Guinée, Sénégal, Burkina Faso, Niger).

Au niveau du système éducatif, un important effort a été accompli en vue d'améliorer l'assimilation des progrès technologiques et d'adapter les filières de formation aux besoins des entreprises (création de centres de recherches et centres techniques pour la quasi-totalité des secteurs, de technopôle dans le textile, les télécommunications l'agro-alimentaire, l'accroissement du nombre d'experts dans le domaine de la qualité et de la certification ; développement des capacités d'ingénierie, de conseil et d'études).

Une politique volontariste de généralisation de l'éducation a été mise en place. Le taux d'alphabétisation (dix ans et plus) a atteint 74,4 % en 2000 contre 32,1 % en 1966 et le nombre d'étudiants a été pratiquement multiplié par 6 passant de 37 000 en 1986 à 207 388 en 2001.

Ces atouts ont facilité le développement d'un secteur manufacturier traditionnel (textile, habillement, cuir et chaussure) qui s'est progressivement étendu aux industries mécaniques et électriques, aux composants automobiles et plus récemment aux nouvelles technologies. L'autre facteur déterminant a été le mode de privatisation adopté. Une "privatisation par le marché" a été favorisée en choisissant la vente des entreprises à des investisseurs nationaux et étrangers, ce processus a connu une nette accélération à partir de 1995.

La législation et la réglementation tunisiennes favorisent la transparence en soumettant les marchés publics et les privatisations dans le cadre d'appels d'offre ; la loi sur la concurrence et les prix, appliquée depuis 1991, consacre la règle de la transparence dans les transactions commerciales ; le système comptable normalisé est inspiré de celui en vigueur dans les pays de l'OCDE.

Le système fiscal tunisien a fait l'objet d'une importante refonte. Depuis 1996, un programme de démantèlement tarifaire est engagé. Les investisseurs étrangers bénéficient du libre transfert de leurs bénéfices et capitaux. Le code de l'arbitrage accorde des garanties au profit de l'investisseur pour le règlement des différends.

Ainsi, la Tunisie ayant pourtant largement favorisé l'entrée de l'IDE sur son territoire, n'a pas connu un afflux massif lui permettant d'accomplir une réelle transformation de son appareil productif.

Il semble, à la lumière de l'expérience hongroise, que les modalités d'insertion à l'économie mondiale ont fortement joué sur la présence des investisseurs étrangers. L'essor des IDE vers les PECO en général pendant ces dix dernières années a été dicté par le besoin de modernisation mais il a été accéléré par la perspective d'adhésion à l'UE. Dans une première phase les accords d'association ont contribué à une intégration croissante des économies de ces deux régions, ensuite la phase de pré adhésion avec l'adoption de l'acquis communautaire a amélioré la transparence des législations et réglementations fournissant ainsi un cadre plus sécurisant pour les investisseurs.

1.3. Mode d'insertion à l'économie mondiale et IDE

La présence des FMN dans les économies en transition s'intègre dans une stratégie de conquête de ces marchés et plus seulement dans des politiques de délocalisation partielle pour bénéficier d'avantages en termes de coûts de facteurs.

Les FMN se sont tournées, pour la plupart, vers des acquisitions majoritaires d'entreprises locales là où les droits de propriété le permettaient, par la suite elles ont réalisé des investissements vierges[6].

En Tunisie, l'accent a été mis sur une restructuration globale de l'appareil productif et sur un encouragement à la constitution de *joint-venture*. La privatisation totale par cession d'actifs via le marché à des investisseurs stratégiques étrangers ne constituait à la fin des années 80 et au début des années 90 qu'une des facettes possibles de ce processus. La Tunisie a cherché à intégrer la division internationale du travail en jouant le rôle d'une place privilégiée de délocalisation des activités industrielles intensives en travail pour les pays européens. Cette stratégie a connu un relatif succès, dans les années 70 et au début des années 80, avec un accroissement rapide des IDE et leur orientation dans les industries textiles. Ce mouvement s'interrompt à partir de 1983 avec une chute du flux des IDE au cours des années 80 en dépit des encouragements accordés. La stratégie d'insertion basée sur les faibles coûts de main-d'œuvre s'est essoufflée et la reprise des IDE au début des années 90 ne concerne que les secteurs

[6] Richet, 1997, 1998, 2002.

énergétiques (prospection pétrolière et le domaine gazier avec la construction du deuxième gazoduc transcontinental pour acheminer le gaz algérien vers l'Italie)[7].

Le mouvement d'innovation technologique et les gains de productivité qu'il procure aux activités intensives en travail annihilent les avantages comparatifs de faible coût de main-d'œuvre pour les pays en développement. L'économie tunisienne est également concurrencée par d'autres économies (marocaine, égyptienne, turque, voire même portugaise) pour ce qui est du coût de main-d'œuvre.

L'approfondissement des mécanismes de marché et l'accélération des opérations de privatisation à partir de 1995 ont permis à la Tunisie d'être mieux classée par les organisations spécialisées (Moody's, Coface, The Foundation). La Tunisie demeure le meilleur "risque" du Maghreb et l'un des meilleurs d'Afrique. L'économie tunisienne a connu une croissance continue, accompagnée d'une diversification de la production nationale. Le taux moyen de croissance a été de 5 % par an sur les 30 dernières années, permettant une augmentation annuelle de l'ordre de 3 % du revenu par tête sur la même période. L'investissement y est libre pour les nationaux et les étrangers dans la plupart des secteurs d'activité, 96 % de la production sont soumis à la concurrence internationale, 87 % des prix à la production sont libres. Le processus de privatisation enclenché depuis 1987 a concerné 159 unités générant un revenu de 1169 millions d'euros dont 74 % sous forme de vente d'actions, 21 % sous forme de cession d'éléments d'actifs et 5 % sous forme de concession. L'investissement étranger a contribué à près de 64,5 % des produits de cession. Les IDE représentent 10 % des investissements productifs, génèrent le tiers des exportations et 16 % du total des emplois.

Pour les firmes hongroises, l'absorption par des repreneurs étrangers a permis de recevoir du capital, du savoir-faire technologique et facilité l'accès au marché mondial. Les firmes domestiques possédant un fort avantage concurrentiel ou bénéficiant d'un soutien indirect de leurs gouvernements (fiscalité, prêts non remboursables ou non remboursés) ont su développer des stratégies d'internationalisation au niveau régional, en prenant le contrôle des firmes étrangères de la région. Des firmes comme *MOL* (produits pétroliers, raffinerie)

---

[7] Le mouvement d'IDE en Tunisie était relativement marginal dans les années 60. A partir des années 70, une profonde réorientation des choix en matière de développement a été effectuée, visant une intégration accrue à la division internationale du travail. Ce changement s'est concrétisé par la définition d'un nouveau cadre juridique et institutionnel plus favorable à l'implantation des FMN et à la sous-traitance internationale. Les flux annuels d'IDE ont connu une forte évolution passant de 23 millions de dollars en 1971 à 110 milliards de dollars en 1976 pour atteindre 339 millions de dollars en 1982. De 1972 à 1992, près de 85 % du total des IDE ont été effectués dans les industries textiles et pétrochimiques et près de 84 % des entreprises off shore ont été crées dans le secteur textile.

prennent aujourd'hui des participations majoritaires dans des firmes de la région (en Croatie, Roumanie, Slovaquie).

La présence des firmes étrangères a souvent précédé, dans la plupart des PECO, les transformations de ces économies en économies de marché. Entre 1988 et 1992, un grand nombre d'investissements en Hongrie ont été effectué par des entreprises qui étaient familières du pays. Certaines entreprises ont effectué des investissements stratégiques à la fin des années 80 et les perturbations macroéconomiques de l'époque n'ont pas altéré l'image du pays. Les investisseurs américains et asiatiques se sont rapidement positionnés sur le marché profitant à la fois des bas salaires et visant la création de bases exportatrices vers l'UE.

Les PECO, au cours des précédentes décennies, ont développé un niveau d'industrialisation parfois conséquent selon des logiques industrielles, des modes de contrôle et d'organisation particuliers. Ceux-ci constituent encore un important biais pour l'ajustement de leur appareil productif sur les standards occidentaux.

L'essentiel des restructurations peut être considéré comme quasiment achevé en Hongrie, économie avec peu d'industries lourdes et où la réorientation vers des secteurs dynamiques s'est faite sous l'impulsion de privatisations précoces.

La réaction des entreprises au choc de la transition a conditionné les possibilités qu'elles ont aujourd'hui pour faire face à l'intégration européenne. C'est pourquoi, dans le contexte de l'adhésion de la Hongrie à l'Union européenne, l'évaluation de l'intensité de la restructuration industrielle engagée depuis le début de la transition apparaît comme essentielle.

Les stratégies d'insertion dans l'économie mondiale suivies par la Tunisie et par la Hongrie ont favorisé l'implantation des IDE qui, à leur tour ont contribué à les intégrer davantage à l'économie européenne. La stratégie d'intégration des pays méditerranéens manque de cohérence globale, elle repose sur un cumul d'accords bilatéraux engendrant une superposition de régimes douaniers à géométrie variable. Il s'ensuit un accroissement des coûts d'information et de transaction pour les opérateurs privés ainsi qu'une source accrue de dysfonctionnements administratifs, en particulier au niveau des services douaniers (DREE, 2002).

2. MODES D'IMPLANTATION DES IDE ET RETOMBÉES LOCALES

Dans un environnement économique et institutionnel encore instable, nous partons de l'hypothèse que l'IDE joue un rôle de catalyseur même si sa distribution dans ces nouvelles destinations reste encore modeste.

En dépit de politiques d'attractivité mises en place pour attirer les investisseurs, les FMN, y compris dans les pays où des firmes conjointes opèrent depuis longtemps, supportent d'importants coûts de transaction, même si elles réalisent plus rapidement leurs objectifs de croissance, de profitabilité et d'intégration par rapport aux entreprises domestiques.

Le mode de pénétration retenu, par acquisition, par investissements vierges *(greenfield)* ou par création de *joint-venture,* ne conduit pas aux même résultats, tout du moins à court terme, tant en termes de réduction des coûts de transaction, de contrôle que de profitabilité.

La pénétration des FMN dans ces régions a aussi pour but d'intégrer les firmes dans leurs réseaux de production et de distribution (intégration horizontale et verticale). Elle implique une nouvelle relation hiérarchique entre les entreprises étrangères et réceptrices, ces dernières perdant progressivement leur contrôle sur une partie de leur *core business* au profit de l'entreprise acquéreur.

Ceci explique la réticence de certains gouvernements à accepter la prise de contrôle de leurs firmes par des repreneurs étrangers en cherchant à favoriser les stratégies de *joint-venture* ou plus simplement en limitant l'entrée du capital étranger dans le capital des entreprises locales qu'ils considèrent comme stratégiques, quitte à relâcher les contraintes ultérieurement (Pologne). Dans ce dernier cas, cette solution ne se révèle pas la plus efficace en termes de vitesse d'ajustement, de montée en puissance de l'investissement, de développement et de diversification de la gamme de production. De plus, des secteurs non stratégiques peuvent devenir très rapidement profitables pour les investisseurs étrangers (cf. le cas des industries agro-alimentaires, les boissons) et déstabiliser les productions locales en accroissant sensiblement les parts de marché.

Malgré l'existence d'un capital humain élevé, de politiques scientifiques et industrielles soutenues, les PECO sont devenus très tôt dépendants technologiquement des économies de marché développées pour s'approvisionner en brevets, pour développer des industries entières (l'automobile, par exemple) sans pouvoir endogénéiser la technologie et la diffuser dans le tissu industriel. En Tunisie les transferts de technologies restent faibles et certaines firmes investissent localement dans la formation du capital humain nécessaire au fonctionnement des unités localisées dans le pays.

2.1. Mode d'entrée de l'IDE et développement des firmes

Dans les pays où les droits de propriété et l'environnement juridique ont été profondément modifiés et qui ont clairement établi les droits de propriété, l'IDE, *grosso modo*, dans une première phase, se distribue équitablement entre trois formes de participation : l'acquisition d'entreprises existantes, des investissements nouveaux de type *greenfield* et la coopération entre firmes (*joint- venture*). Ultérieurement, il se concentre vers des investissements de type *greenfield* lorsque les entreprises potentiellement rentables ont été acquises par des repreneurs étrangers et que l'investissement initial a apporté ses premiers résultats (ex. Skoda, Audi, Schlumberger en Hongrie) ou encore, lorsque l'environnement économique et légal s'est modifié.

Ces différents modes de contrôle n'ont pas les mêmes effets sur la stratégie des firmes contrôlées, sur la vitesse de leur ajustement, sur l'orientation de leurs échanges, tout du moins dans un premier temps.

L'acquisition (achat majoritaire des actifs d'une firme) permet de réaliser un contrôle complet de la firme ; à l'opposé, la création de *greenfield* permet d'économiser sur ces coûts de transaction en transposant directement et rapidement la technologie, les lignes de production, le savoir-faire managérial. En termes d'emploi direct et indirect (sous-traitance), ce type d'investissement engendre rapidement la création d'emplois à l'opposé de l'acquisition qui se traduit par des licenciements rapides et massifs quitte, par la suite, à procéder à de nouvelles embauches quand le développement de l'activité induit de nouveaux investissements.

Les *greenfield*, notamment dans l'industrie manufacturière, sont aussi orientés vers le marché mondial en s'insérant dans la stratégie de groupe des entreprises étrangères mères. Ces investissements sont généralement a l'origine du développement de flux d'échanges à forte valeur ajoutée en direction des économies de marché développées.

La dimension intégration est par contre plus difficile à observer dans les pays où l'IDE prend la forme de *joint-venture*, souvent minoritaires. Ce mode de coopération peut conduire à accroître les exportations manufacturières en direction des économies développées, comme c'est le cas en Tunisie. Les entreprises hôtes maintiennent un contrôle sur la majeure partie du capital, sur la production et la commercialisation des produits. Ceci entraîne des retards notables dans l'ajustement des firmes réceptrices, rend l'accès plus difficile au marché mondial sur des segments à plus haute valeur ajoutée et a un impact plus limité sur l'essaimage local.

Le mode de contrôle est directement lié aux stratégies poursuivies par les firmes multinationales. Celles-ci peuvent être classées en trois catégories :

- pénétration du marché domestique avec croissance des parts de marché (intégration horizontale) ;
- pénétration du marché et stratégie de conquête des marchés voisins ;
- stratégie d'intégration du partenaire dans la stratégie globale de la firme (intégration verticale).

Dans les trois cas, la décision de s'implanter est une démarche stratégique qui constitue un avantage concurrentiel pour le premier entrant et une menace pour les firmes suiveuses. La stratégie de premier entrant permet de bénéficier d'avantages que le suivant ne peut pas acquérir ou acquiert plus difficilement (parts de marché, acquisition de la meilleure entreprise en position de monopole, contrôle de la sous-traitance). Ces avantages se trouvent renforcés lorsque les pays d'accueil accordent des avantages fiscaux et/ou tarifaires (augmentation des droits de douane) aux investisseurs. Les firmes suiveuses qui ne peuvent pas bénéficier des avantages du premier entrant pratiquent des stratégies de prix, en achetant des parts de marché, ou développent leurs services après-vente.

De manière générale, il existe une forte corrélation entre le mode de contrôle, la profitabilité et le flux d'exportations :

- les firmes à participation étrangère sont plus profitables que les firmes domestiques sans participation étrangère ;

- les entreprises contrôlées à 100 % et avec participation étrangère majoritaire sont plus profitables que celles à participation minoritaire ou orientées en direction du marché intérieur.

Dans le premier cas, qui traduit l'intégration dans la stratégie globale, le flux d'exportations est plus élevé. Lorsque la participation étrangère est partielle, la profitabilité est liée à la rapidité de la restructuration de l'entreprise acquise, mais aussi au niveau de la demande interne – qui peut stagner si les économies en question appliquent, dans un premier temps, des politiques de stabilisation macro-économiques qui freinent la demande.

En Hongrie, le contrôle des firmes acquises par les repreneurs occidentaux a des conséquences en amont et en aval avec la restructuration et le développement des réseaux d'approvisionnement et de la sous-traitance. Ceci concerne en général toutes les entreprises qui se retrouvent, au début de la transformation dans les PECO, dans un *no man's land* juridique, industriel et financier mais surtout les firmes qui sont fortement externalisées dépendant de l'extérieur pour leurs approvisionnements. C'est le cas notamment de l'industrie automobile, des industries agro-alimentaires, la grande distribution.

Pour d'autres entreprises, l'objectif a consisté à intégrer un concurrent qui affichait de faibles coûts de production et qui aurait pu entrer facilement sur le marché mondial. Dans d'autres cas, par exemple dans l'industrie papetière en Hongrie, le repreneur autrichien a fermé rapidement la firme locale pour éliminer un concurrent potentiel et accroître ses parts de marché en améliorant et en augmentant le taux d'utilisation de ses équipements.

La stratégie d'implantation sur un marché domestique pouvant servir de base pour la conquête des marchés voisins est poursuivie par plusieurs FMN opérant dans différents secteurs avec des succès divers. Enfin beaucoup de FMN ont une stratégie de spécialisation régionale en assignant des fonctions précises à leurs différentes implantations dans la région.

En Tunisie le mode d'implantation des firmes étrangères peut s'observer à la lumière de la distinction entre les entreprises exportatrices et celles qui sont orientées vers le marché local sur la base du partenariat. Les premières sont très peu diversifiées selon les secteurs et selon les pays d'origine. La présence des firmes européennes est largement dominante (françaises et allemandes) et les activités du textile et de la confection privilégiées. La plupart d'entre elles sont des ateliers délocalisés n'exigeant que l'intervention d'une main d'oeuvre peu qualifiée. Il s'agit d'une sous-traitance de "bout de chaîne", peu de fonctions en dehors de l'activité de production sont présentes. Un service d'entretien et un service administratif limité dont les dépenses sont budgétées par le siège complètent le dispositif.

Les secondes, les firmes orientées vers le marché local sont essentiellement des *joint-ventures* et ont une distribution sectorielle plus équilibrée. Il s'agit de PME dans la majorité des cas déployées dans le textile, les industries mécaniques, électriques et agroalimentaires. Le montant unitaire des investissements effectués par le partenaire étranger est resté faible, la taille des entreprises conjointes étant modeste et le contenu en technologie de la production aussi.

Ce mode d'implantation, découle de la stratégie d'insertion à l'économie mondiale plus ou moins explicite pour laquelle la Tunisie avait optée dès le début des années 70. Cette stratégie a conduit, comme le souligne Michalet (1999), à un dualisme, "d'une part des opérations de 'partenariat' entre des PME européennes et tunisiennes, tournées vers le marché intérieur et, d'autre part, des implantations off-shores, totalement tournées vers l'exportation et sans lien avec le tissu industriel local. Dans les deux cas, il s'agissait de firmes étrangères dont la compétitivité internationale était remise en cause par leur retard technologique (elles se trouvaient dans la phase de la maturité du cycle international du produit) et/ou par de nouveaux concurrents en Asie du Sud-Est."

Par ailleurs, le caractère extraverti des entreprises exportatrices, surtout lorsqu'elles relèvent du statut de non résident, est peu favorable au développement d'effets d'entraînement sur le reste de l'économie. Ces entreprises préfèrent le plus souvent les importations à l'achat de produits locaux du fait des difficultés liées à la qualité, aux délais ou à l'obtention de la détaxation sur les produits locaux. De plus, les relations techniques (prêts d'équipement, de matériaux et de personnels) sont exclues ou du moins difficiles entre une entreprise exportatrice et une entreprise travaillant pour le marché local[8].

Le tournant de 1995 et la moins value fiscale qui en découle, suite au démantèlement du tarif douanier, a amené la Tunisie à modifier sa stratégie d'insertion en améliorant son attractivité et en relativisant un de ses premiers facteurs, celui du coût de la main-d'œuvre. Le développement des infrastructures, la formation de la main-d'œuvre, le développement des conditions institutionnelles et administratives, l'application de la flexibilité de la main-d'œuvre accompagnent cette réorientation et l'on observe une nette diversification des IDE. Ainsi depuis 1998, l'essor des privatisations, et les acquisitions dans ce cadre, ont entraîné un changement du rang occupé par les pays partenaires sur la période 1997-2000. Le Portugal a concentré 20,7 % des flux d'IDE se situant devant l'Italie (14,4 %), les USA (11,7 %), la France (9,6 %), l'Espagne (6,6 %) et les pays arabes (6 %).

Bien que les PME soient la principale forme d'implantation, de grandes entreprises sont aussi présentes dans les secteurs de la banques, de l'assurance, de la distribution pétrolière, de l'agroalimentaire, des travaux publics, de l'industrie et de la distribution. L'année 2001 confirme la tendance d'un développement du secteur des services et du conseil : 38 % des sociétés, à participation française, nouvellement recensées se sont implantées dans ce domaine d'activité. La Tunisie doit une partie de son succès dans le secteur de la confection à la mise en place d'un dispositif dit de "continuité territoriale" qui permet aux marchandises d'être dédouanées à leur arrivée dans l'unité de transformation et non à la frontière. Le temps gagné a permis à l'industrie tunisienne de se positionner sur des marchés dits de "mode" plus rémunérateurs mais très exigeants en terme de réactivité. Certaines productions textiles asiatiques se sont d'ailleurs récemment re-localisées en Tunisie à cause des facilités mises en place pour fluidifier ses échanges avec l'Europe. La sous-traitance automobile commence également à bénéficier de ce type de dispositif avec la délocalisation vers le Maghreb d'activités à fort contenu de main d'oeuvre mais très exigeantes en matière logistique. Ces exemples prouvent qu'il est possible d'inclure les pays méditerranéens dans un espace de juste à temps qui les met à portée des grands donneurs d'ordre européens.

L'évolution des IDE vers de nouveaux secteurs, parallèlement au maintien du traditionnel secteur du textile, signale la tentative tunisienne de mobiliser de nouveaux facteurs d'attractivité tels que le capital humain. L'étroitesse de son marché peut être compensée par la présence d'une forte demande solvable dans les pays voisins (l'UE) mais aussi par le fort potentiel de développement de l'Algérie et de la Libye pouvant lui permettre de jouer sur les volumes, voire,

---

[8] Voir sur ce point Chkoundali (1998).

plus qualitativement, sur les productions à haute valeur ajoutée. La concurrence des PECO telle que la Roumanie par exemple relativise fortement l'attrait initial de bas coût de main-d'œuvre.

Ainsi l'amélioration continue des infrastructures et la focalisation des efforts sur l'acquisition des connaissances et des savoir-faire restent centraux dans le processus de mise à niveau de l'économie tunisienne.

Les régions attractives pour les grandes firmes à stratégie régionale-globale sont caractérisées par de fort taux de croissance, offrant de nombreuses opportunités d'investissement, une demande solvable non saturée et des coûts de production compétitifs sur le marché mondial. Toutefois, cette combinaison – forte demande de consommation et coûts bas – ne peut se concevoir que dans le contexte d'une forte croissance de la productivité accompagnée de celle des salaires et des profits. De fait la stratégie globale des FMN articulant stratégie verticale et stratégie horizontale joue simultanément sur plusieurs localisations en intégrant les implantations locales dans un pays en transition dans leur réseau mondial de filiales. Les secteurs les plus concernés par cette stratégie sont l'industrie automobile, la mécanique, l'électronique, les instruments de précision et les services.

2.2. Intensité de la concurrence et vitesse de transfert des connaissances

La présence des firmes multinationales est susceptible d'exercer deux effets contraires sur l'activité des entreprises locales.

Elle peut se traduire par une amélioration des performances des firmes locales lorsque ces dernières bénéficient des transferts de connaissances par l'observation des pratiques des multinationales, par les accords de sous-traitance et par la rotation de la main d'oeuvre formée. Mais, cette présence étrangère peut également conduire à une détérioration de leurs résultats dans la mesure où elle crée une pression concurrentielle supplémentaire à laquelle les entreprises locales ne sont pas nécessairement en mesure de répondre.

La nature des retombées des IDE sur les firmes locales dépend notamment de l'intensité de l'effet concurrence par rapport à celui des transferts de connaissances.

Les entreprises locales ont des difficultés à affronter la concurrence des multinationales. Certaines analyses vont jusqu'à établir le caractère globalement néfaste de leur présence sur les performances des firmes locales en raison de la concurrence que celles-ci subissent. Une étude récente[9] montre clairement que les retombées sont positives à partir du moment où les multinationales sont

---

[9] Sgard, 2001.

tournées vers l'exportation, c'est-à-dire lorsqu'elles ne concurrencent pas les entreprises locales sur le marché intérieur.

L'observation des faits et des études de cas entreprises dans plusieurs pays soulignent les difficultés inhérentes au transfert de technologie dans les économies en transition. L'organisation industrielle de ces économies (structure hiérarchique, monopolisation), les formes de contrôle qui en découlent, ont contribué à créer d'importantes barrières à l'innovation, à l'imitation et à la diffusion qui rendent particulièrement difficiles la mutation du système d'innovation.

Depuis le début de la transition, l'attente des retombées des IDE a montré ses limites pour favoriser la diffusion des connaissances au plus grand nombre d'entreprises locales. L'intensification de la concurrence, qui est attendue de l'adhésion ou de la zone de libre-échange, risque d'amplifier les problèmes de compétitivité des entreprises domestiques et risque de maintenir la dualité entre les entreprises rachetées par des investisseurs étrangers et celles totalement détenues par des actionnaires nationaux. Dans une situation extrême, ce dualisme pourrait aller jusqu'à la disparition des entreprises locales.

De l'ensemble des enquêtes effectuées sur des échantillons de quelques centaines d'entreprises, des PECO, trois types d'entreprises ont pu être identifiées en fonction de leur comportement au choc de la transition[10] :

- des entreprises se développent : celles qui ont procédé à une restructuration aussi bien défensive que stratégique ;
- d'autres survivent spontanément : celles qui ont entrepris une restructuration défensive mais qui butent sur la réalisation d'une restructuration stratégique ;
- les dernières se maintiennent à la faveur d'aides externes : les entreprises qui n'ont pas réussi à amorcer une restructuration défensive mais qui survivent parce que des agents économiques prennent en charge leurs pertes.

Seules les premières pourront absorber, sans véritable difficulté, le choc de l'intégration européenne.

Ainsi, en dépit des freins locaux identifiés et quelle que soit la raison qui conduit à s'implanter, les FMN qui investissent restructurent les entreprises locales plus rapidement et modifient profondément leurs comportements ; toutefois le transfert de technologie attendu n'a pas encore permis la restructuration en profondeur, celle qui permet l'émergence de savoirs technologiques

---

[10] Milan, 2002.

spécifiques, la modification de la dotation en ressources, la modification des avantages comparatifs sur les marchés d'exportation des pays en transition[11].

La "mise à niveau" des entreprises et plus généralement la restructuration[12] reste centrale pour la transformation des tissus productifs des systèmes considérés.

La restructuration stratégique, contrairement à la restructuration défensive, est apparue comme peu répandue en se limitant aux entreprises détenues par des investisseurs étrangers.

D'une part, les ressources financières, les transferts de technologie, les compétences managériales et l'intégration des entreprises aux réseaux internationaux de production font des investisseurs étrangers les acteurs les plus en mesure de procéder à une restructuration radicale des entreprises. D'autre part, les entreprises locales ont des difficultés à améliorer la qualité de leurs produits et plus généralement pour orienter une stratégie vers leur développement durable.

Une structure de marché davantage concurrentielle semble décourager les entreprises à s'engager dans des activités d'innovation. La faiblesse des parts de marché qu'elles peuvent obtenir ne suffit pas à compenser les dépenses d'innovation.

CONCLUSION

L'approche comparative que nous avons menée souligne l'importance des stratégies des FMN sur les questions de développement et de transition. Les politiques d'attractivité mises en place par les différents pays ne doivent pas occulter la nécessité de renforcer leur politique technologique et d'apprentissage, d'appropriation des savoirs. Sans revenir sur les différents facteurs d'attractivité, il est essentiel nous semble-t-il d'insister sur le maintien d'une distinction entre économie en développement et économie en transition. La présence initiale d'un stock de capital, d'un potentiel scientifique et d'une tradition industrielle sont des atouts clés. Dans le cas qui nous occupe l'effort entrepris par la Tunisie dans ce

---

[11] Dyker, 1998.

[12] La restructuration renvoie à deux concepts distincts : la restructuration défensive orientée vers la survie des entreprises et la restructuration stratégique axée sur le développement des firmes La première est garantie par une réduction des coûts de production, essentiellement salariaux avec des réductions d'effectifs, une austérité salariale et la fermeture des unités de production non rentables. La seconde exige un renouvellement des lignes de production des entreprises qui leur assure une amélioration durable de leurs performances, ce qui nécessite des investissements pour financer l'utilisation des technologies de production modernes. A l'exception de secteurs particuliers hérités de l'industrie lourde de l'ancien système, comme les mines et la sidérurgie, la majorité des entreprises des PECO les plus avancés, dont la Hongrie, semblent désormais avoir quasiment achevé leur restructuration défensive.

sens est notable : de PED, elle devient pays émergent et devra confirmer cette tendance dans les années à venir. La Hongrie quant à elle devient "une économie européenne développée ordinaire".

Toutefois, le caractère dual qu'induisent les stratégies des FMN dans les économies où elles s'implantent peut poser un problème et appelle à une grande vigilance de la part des responsables afin que des systèmes socio-techniques complexes puissent concrètement émerger dans les économies visant à s'intégrer dans la mondialisation.

Les effets d'entraînement si souvent cités au crédit des IDE ne sont pas toujours vérifiés. En effet des conditions particulières doivent être réunies pour que les bénéfices des IDE soient maximisés et leurs effets négatifs minimisés. Lorsque les écarts technologiques existent, ou qu'un décalage existe entre les compétences de la population domestique et celles amenées par les entreprises étrangères, les effets de diffusion sont faibles voire inexistants et à l'inverse les économies disposant d'une main-d'œuvre qualifiée facilitent les transferts de technologie.

Ainsi, maximiser les externalités positives des IDE passe par la mise en œuvre simultanée de politique d'éducation et de politiques favorisant le développement des secteurs à contenu technologique élevé. De telles politiques peuvent enclencher un cercle vertueux, dans la mesure où une main-d'œuvre qualifiée attire les IDE et que ces derniers à leur tour ont un effet sur la qualification. Minimiser les effets négatifs (chômage, concurrence accrue, faillites) des IDE passe par les mêmes remèdes puisqu'il s'agit là aussi d'améliorer les capacités d'appropriation des savoirs et savoir-faire des entreprises locales.

Enfin, il est important de souligner que les externalités positives des IDE entraînent un mouvement cumulatif qui expliquent leur concentration régionale : par conséquent, les retards pris dans l'amorce de cette dynamique deviendront de plus en plus difficiles à combler.

ANNEXE

Tableau n° 1 : Principaux indicateurs macroéconomiques de la Hongrie

	1990	1991	1992	1993	1994	1995	1996	1997	1998	1999	2000	2001
PIB variation en % (prix constant)	-3,5	-11,9	-3,1	-0,6	2,9	1 ;5	1,3	4,6	4,9	4,2	5,2	3,8
PIB/tête (en US$)	3613	3752	4062	4374	4052	4359	4425	4495	4641	4797	4740	5228
Production industrielle (%)	-9,3	- 18,4	-9,7	4	9,6	4,6	3,4	11,1	12,4	10,4	18,3	6,4
FBCF	-7,1	- 10,4	-2,6	2	12,5	-4,3	6,7	9,2	13,3	5,9	7,7	3,1
Solde budgétaire (%)	0,4	-2,2	-5,5	-6,8	-7,5	-6,7	-5	-4,8	-4,8	-3,4	-3,3	-4,7
Balance courante (mds US$)	0,3	-3,5	-3,9	-2,5	-3,9	-2,4	-1,6	-0,9	-2,2	-2	-1,3	-1,1
Balance commerciale (mds US$)	0	-3,2	-3,6	-2,4	-2,6	-1,7	-2,6	-1,9	-2,3	-2,1	-1,7	-2
Taux de change (Forint/US$)	63,2	74,8	79	91,9	105,2	125,7	152,6	186,8	214,5	237,3	282,3	286,5
Inflation (%)	28,9	35	23	22,5	18,8	28,2	23,6	18,3	14,3	10	9,8	9,2
Taux de chômage (%)	1,9	7,4	12,3	12,1	12,4	12,1	11,8	11,6	10,1	9 ,9	9,1	8,4
Service de la dette/Export (%)	-	29,7	28,1	34,6	43,1	35,8	33,2	25,9	16,5	16,3	12,8	11,1
IDE (mds US$)	1,5	1,5	1,5	2,3	1	4,4	2,2	1,7	1,5	1,7	1	2,1

Source : EBRD, Eurostat 2002 et Banque Nationale de Hongrie.

Tableau n° 2 : Principaux indicateurs macroéconomiques de la Tunisie

	1990	1991	1992	1993	1994	1995	1996	1997	1998	1999	2000	2001
PIB[1] (%)	-	3,9	7,8	2,2	3,2	2,4	7,1	5,4	4,8	6,1	4,7	4,9
PNB/tête[2]	1292,9	1395,4	1554,1	1608,5	1692,7	1814,8	1986,6	2159,1	2316 ,1	2501,4	2655,4	2840,8
FBCF (%)	2	18,5	3,8	1	-6,8	2 ,2	8,6	5,8	8,5	8,5	4,3	8,3
Solde. budgétaire (MD)[3]	-	-755,7	-440,5	-497,6	-477,2	-744,3	-817,2	-872,8	-288,2	-872,7	-651,7	-920,1
Balance courante[4]	-463,4	-469,4	-1103,5	-1323	-536,8	774	-477,7	-595	-675,3	-441,7	-821,5	-862,6
Balance commerciale[4]	-835,7	-630,5	-1223,4	-1379,8	-661,3	-832,1	-372,9	-523,5	-650,7	-455,2	-704,7	-904,3
Taux de change[5]	0,88	0,92	0,88	1	1,01	0,95	0,97	1,11	1,14	1,19	1,37	1,44
Taux d'inflation (base 1995)	75,49	81,68	86,43	89,87	94,12	100	103,73	107,51	110,87	113,86	117,19	119,44
Taux de chômage					15,6			15,7		15,8	15,6	15
Service de la dette/export (%)	24,46	24,08	20,19	21,45	19,14	16,86	16,37	15,81	15,39	15,91	20,21	-
IDE[4]	77,42	122,21	521,24	561,9	426,08	269,63	237,31	332,76	650,73	347,32	750,72	456,66

Source : INS, Banque Centrale de Tunisie et Eurostat.
[1] Taux de variation en % (au prix du marché), données semi-définitives pour 2000 et provisoires pour 2001, source : INS.
[2] en Dinars tunisiens, données semi- définitives pour 2000 et provisoires pour 2001, source : INS.
[3] en million de dinars, données semi- définitives pour 2000 et provisoires pour 2001, source : INS.
[4] en million de dollars US, source Eurostat.
[5] Dinars pour un dollar US, source : Eurostat.

RÉFÉRENCES

Chkoundali R., 1998, "Les zones franches" in *IDE et développement méditerranéen*, Economica, Paris.

DREE, 2002, Fiche de synthèse, "L'intégration économique Sud-Sud", *Information économique*, Janvier.

Dyker D., 1998, "The Role of FDI in Science and Technology Transformation", in Meske W., Mosoni-Fried J., Etzkowitz H., Nesvetailov G. (eds.), *Transforming Sciences and Technology Systems: The Endless Transition*?, NATO Science Series, IOS Press, Amsterdam.

Hunya G., 1997, "Large Privatization, Restructuring and Foreign Direct Investment", in Zecchini, S. (ed.), *Lessons from the Economics Transition: Central and Eastern Europe in the 1990s*, Kluwer Academic Publisher and OCDE, Paris.

Ladeb M.L., 2000, *Tunisie du 7 novembre : une nouvelle stratégie de développement à l'ère de la globalisation*, SAGEP, Tunis.

Lankes H.P., Venables A.J., 1996, "FDI in Economic Transition: the Changing Pattern of Investments", *Economics of Transition*, 4, pp. 331-347.

Lansbury M., Pain N., Smidkova K., 1996, *The Determinants of FDI In Central Europe by OECD Countries: an Transition: The case of the Visegrad Countries*, Institute for World Economics, Hungarian Academy of Sciences, Budapest.

Michalet Ch.A., 1999, *La séduction des Nations ou comment attirer les investissements*, Economica, Paris.

Milan C., 2002, "Restructurations : Après le choc de la transition, celui de l'adhésion ?" *Revue Élargissement*, Spécial Restructurations, n° 19, Mai.

Richet X., 2002, "Nouvelles économies de marché et stratégies des firmes multinationales", *Région et Développement*, n° 16, pp. 223-245.

Richet X., 1998, "L'IDE dans les PECO et leur impact sur le comportement des entreprises", in Guerraoui D. et Richet X. (sous la dir. de), *Les investissements directs étrangers : facteurs d'attractivité*, Les Éditions Toubkal, Casablanca et L'Harmattan, Paris.

Richet X., Hare P., 1997, "Firm Adjustment and Barriers to Restructuring in Transition Economies", *Cuadernos del Este*, n° 20, pp. 155-164.

Sgard J., 2001, "Direct Foreign Investments and Productivity Growth in Hungarian firms", *CEPII, Working Paper*, n° 01-19, Décembre.

COMPARATIVE ATTRACTIVENESS OF FDIs IN TUNISIA AND HUNGARY

Abstract - *In this contribution, we propose to make a comparative study of the factors of attractiveness at work in Hungary and Tunisia during the past decade, which underly cumulated flows of investment, localization, and effects of swarming in industrial fabric. After having recalled the objectives of the restructuring of productive machinery in each country, the first part presents an overview of FDI and the reasons for attraction, in order to further highlight the role of the strategies of insertion into the world economy used by the two economies. The second part tries to assess the positive externalities induced by the durable presence of foreign investors. According to the mode of entry chosen by multinationals, their presence more or less affects the economic restructuring, the technology transfer and foreign trade. Consequently one may question the capacity of both the agents and the recipient institutions to achieve the 'endogeneisation' of the technologies and know-how.*

LA ACTRACTIVIDAD COMPARADA DE LAS INVERSIONES DIRECTAS EXTRANJERAS DE TÚNES Y HUNGRÍA

Resumen - *Este artículo compara los factores de atracción que funcionaron en Hungría y en Túnes a lo largo del último decenio y que subtienden los flujos de inversión cumulados, la localización, la investigación hasta el orígen de la producción y los efectos de enjambrazón en el tijido industrial. La primera parte enumera las metas de la reestructuración de las herramientas de producción en cada país, vemos un panorama de las inversiones extranjeras directas (IED), lo que atrae para subrayar luego el papel de las estrategias de inserción a la economía mundial llevadas a cabo por cada una de las dos economías. La segunda parte intenta una evaluación de las externalidades positivas inducidas por la presencia duradera de inversiones extranjeras. Según el modo de implantación elegido por las multinacionales, su presencia tiene más o menos incidencia sobre la restructuración económica, sobre la transferencia de la tecnología y sobre el comercio exterior. Así nos interrogamos sobre la capacidad de "endogenización" de las tecnologías, de los conocimientos locales por los agentes y las instituciones receptoras.*

LES EFFETS DES TECHNOLOGIES DE L'INFORMATION ET DE LA COMMUNICATION SUR LA CROISSANCE ÉCONOMIQUE : LE CAS DE LA TUNISIE

Adel BEN YOUSSEF* **et Hatem M'HENNI****

Résumé - *Cet article examine l'impact des technologies de l'information et de la communication (TIC) sur la croissance des pays en développement en général et sur l'économie tunisienne en particulier. Dans une première partie, nous discutons du rapport de causalité entre TIC et croissance. Cinq types de canaux par lesquels les TIC peuvent agir sur la croissance sont identifiés : l'effet multiplicateur d'investissement en TIC, "l'effet déflateur" qui traduit la baisse des prix dans le secteur des TIC, "l'effet capital deepening" qui concerne la substitution capital/travail suite aux investissements en TIC, "l'effet productivité globale des facteurs" et "l'effet qualité" qui traduit l'amélioration de la qualité et la variété des produits. Dans une seconde partie, nous tentons d'estimer la contribution à la croissance de la diffusion des TIC en Tunisie. Dans une troisième partie, nous montrons qu'actuellement seul l'effet multiplicateur d'investissement en TIC semble jouer. Une accélération de la croissance et des performances de l'économie tunisienne fondée sur les TIC peut passer à court terme par une meilleure prise en compte de l'effet déflateur.*

Mots-clés : CROISSANCE ÉCONOMIQUE, TECHNOLOGIES DE L'INFORMATION ET DE LA COMMUNICATION, PRODUCTIVITÉ GLOBALE DES FACTEURS.

Classification du JEL : L15, L16, O31.

Nous tenons à remercier Bertrand Bellon, Maurice Catin, Patrick Musso, Ludovic Ragni, Alain Rallet et Fabrice Rochelandet pour leurs commentaires et suggestions. Toutes les erreurs ou omissions sont de la seule responsabilité des auteurs. Ce travail a bénéficié du soutien financier du programme CMCU (accord de coopération franco-tunisien) et de la Commission européenne à travers le programme FEMISE.

---

* ADIS, Faculté Jean Monnet, Université de Paris Sud, 54 bd Desgranges, 92331 Sceaux cedex et EDHEC Business School. adel.ben-youssef@jm.u-psud.fr.

** ADIS et École Supérieure des Sciences Économiques et Commerciales, 4 rue Abouzakaria el Hafsi, 1028 Montfleury, Tunis. hatem.mhenni@essec.rnu.tn.

INTRODUCTION

Les effets macro-économiques des Technologies de l'Information et de la Communication (TIC), notamment sur la productivité et le rythme de croissance, ont suscité un large débat en sciences économiques durant la dernière décennie, comme en témoignent les prises de position sur le paradoxe de la productivité[1]. Du point de vue de l'analyse économique on peut distinguer trois positions. La première consiste à affirmer, sur la base des constatations établies aux États-Unis et dans certains pays de l'OCDE (Australie, Nouvelle Zélande, Canada), que les TIC jouent un rôle majeur dans l'accélération du potentiel de croissance économique des pays (Boudchon, 2002 ; Jorgensen et Stiroh, 2001 ; Jorgensen, 2001 ; Colecchia et Schreyer, 2001 ; Cette, Mairesse et Kocuglu, 2000 a, b et 2003 ; Oliner et Sichel, 2000 ; Gordon, 2002 ; Petit, 2003). La seconde position, qualifiée de "réservée", attribue davantage l'explication d'un supplément de croissance constaté dans certains pays de l'OCDE à la conjonction de nombreux facteurs qui prennent leur origine au début des années 80 : déréglementation des marchés, politique de stabilisation macro-économique efficace, maîtrise de l'inflation par les interventions des banques centrales, existence d'un marché du travail et de marchés de capitaux dynamiques, internationalisation des stratégies des firmes et mondialisation de l'économie... Les TIC seraient surestimés du point de vue de leur apport à la croissance (Bailey, 2002 ; Boyer, 2002 ; Gilles et L'horty, 2003 ; Gordon, 2003). Enfin, la troisième position part du constat que les effets macro-économiques des TIC sont tributaires de l'adoption d'actifs complémentaires tels que les innovations organisationnelles (Brynjolfsson et

---

[1] Le paradoxe de la productivité concerne la non-manifestation de gains de productivité au sein des économies modernes, alors même que l'adoption des ordinateurs n'a cessé d'augmenter (Solow, 1987). Diverses interprétations ont été suggérées pour l'expliquer. Pour certains ce paradoxe est lié à l'incapacité du système statistique à le cerner (Mairesse, 2003). Dès lors que des efforts substantiels ont été faits, des gains de productivité ont pu être observés, notamment aux États-Unis. Pour d'autres auteurs, le paradoxe de la productivité est lié à la non-adoption d'innovations complémentaires (Askenazy et Gianella, 2000 ; Greenan, L'horty et Mairesse, 2002). Dès lors que les firmes américaines ont modifié leurs pratiques organisationnelles, on a observé des gains de productivité importants. D'autres, encore affirment l'existence d'effets de seuil : il est nécessaire d'accumuler du capital TIC jusqu'à un certain seuil avant que les effets macro-économiques ne se manifestent. Pour un auteur comme Boyer (2002), l'accélération de la productivité, après une phase longue de ralentissement, prend son origine dans les années 80. Ceci confirme la thèse de l'absence de lien direct et synchrone entre TIC et accroissement de la productivité. Pour un résumé des positions des économistes sur le paradoxe de la productivité, nous invitons le lecteur à se reporter au texte de Triplett (1998).

Hitt, 2000 ; Gollac, Greenan et Hamon-Cholet, 2002 ; Bellon, Ben Youssef et Rallet, 2003), la modification du cadre institutionnel et réglementaire (Noll, 2000 ; Nordhaus, 2001), la modification des schémas incitatifs (Feldstein, 2003) ou encore des modes de gouvernance (Von Tunzelman, 2003).

Certains pays en voie de développement (PVD) considèrent qu'une adoption massive des TIC peut permettre un rattrapage "accéléré" des pays industrialisés. Les TIC pourraient être à l'origine d'une modification de leur rythme de croissance et d'une meilleure insertion dans la division internationale du travail. L'irruption de nouvelles technologies peut en effet permettre l'ouverture de "fenêtres" de re-spécialisation pour les pays à faible niveau de développement. Des opportunités nouvelles peuvent être saisies comme en témoigne la percée de la Chine dans l'industrie des ordinateurs et de l'Inde en matière des logiciels. Ainsi, certains pays ont entrepris des réformes importantes afin de faciliter la diffusion des TIC dans leur économie. Les institutions multilatérales chargées du développement semblent appuyer fortement ces politiques. Cependant, il nous paraît nécessaire de se poser la question du bien-fondé de ces politiques. En d'autres termes, dans quelle mesure les gains de productivité et de croissance qui peuvent être obtenus dans certains pays de l'OCDE sont-ils généralisables aux PVD ?

Dans une première partie, nous discutons du lien de causalité entre TIC et croissance en général et pour le cas des PVD en particulier. Dans une seconde partie, nous tentons d'évaluer la contribution à la croissance de la diffusion des TIC en Tunisie sur la période 1995-1999. Dans une troisième partie, nous montrons qu'actuellement seul l'effet multiplicateur d'investissement en TIC semble jouer en la matière. Une élévation du rythme de croissance de l'économie tunisienne fondée sur les TIC passe surtout par une meilleure prise en compte de l'effet déflateur.

1. LES EFFETS DES TIC SUR LA CROISSANCE ÉCONOMIQUE

Au risque d'une simplification abusive, la littérature économique identifie cinq canaux de transmission complémentaires des TIC sur la croissance : l'effet multiplicateur dû à l'investissement en TIC, l'effet "déflateur" sur l'inflation suite à la baisse des prix dans le secteur des TIC et leur répercussion dans les autres secteurs, l'effet "capital deepening" traduisant une amélioration du rendement du travail suite à la substitution capital/travail, l'effet "qualité" traduisant l'amélioration des caractéristiques des TIC et, par effet ricochet, l'amélioration de la qualité de nombreux biens et services et enfin, l'effet "productivité globale des facteurs" : une accélération de la productivité suite à l'investissement en TIC.

1.1. Les effets multiplicateurs

Les outputs du secteur des TIC sont acquis par les entreprises comme des biens d'investissements et/ou comme des biens de consommation intermédiaire, mais également, comme biens de consommation finale. La forte croissance des équipements de la part des entreprises et des consommateurs en biens dérivés des TIC s'est traduite par une augmentation de la croissance économique globale. Le mécanisme principal sur lequel repose l'argument s'apparente à un multiplicateur d'investissement keynésien en ce qui concerne les TIC plus important que le multiplicateur d'investissement en matériel non TIC. Compte tenu de leur caractère générique (Helpman, 1998), les TIC semblent exercer des effets économiques plus importants sur le reste de l'économie. Pohjola (2002) définit un seuil critique du secteur TIC à partir duquel on constate l'apparition d'effets dynamiques et significatifs sur le reste de l'économie. Il pourrait se situer autour de 5 % du PIB. A titre d'exemple, aux États-Unis le secteur des TIC dépasse les 8 % du PIB alors qu'en France il atteint 5 %.

1.2. L'effet déflateur

Le second effet concerne l'impact de la baisse des prix propre aux TIC en général, et des prix des ordinateurs en particulier, sur le reste de l'économie. En effet, la baisse continue des prix dans le secteur des TIC et notamment celle liée à la baisse des prix des microprocesseurs a conduit les entreprises à accroître considérablement leur investissement en ce domaine. Derrière l'accélération du rythme de la productivité et de la croissance américaine, on trouve une accélération du rythme de la baisse des prix des ordinateurs et des équipements périphériques durant la période allant de 1996 à 1998. Alors que la baisse des prix s'effectuait à un rythme de 12 % par an entre 1987 et 1995 elle atteint 29 % par an sur la période 1996 à 1998. Cette baisse substantielle des prix des technologies de l'information a conduit les firmes américaines à sur-investir dans les TIC (Gordon, 2002, p. 22).

Les gains de productivité réalisés dans le secteur des TIC agissent sur le reste de l'économie comme un déflateur technologique, ils permettent de maîtriser l'inflation et/ou d'accroître les revenus réels et la croissance. A titre d'exemple, puisque le secteur des ordinateurs compte pour 1,4 % du PIB américain et que leurs prix ont chuté de 29 % sur la période 1996-1998 un simple calcul de règle de trois permet d'apprécier un effet déflateur de 0,37 %. Gordon estime que la contribution des ordinateurs à la croissance est essentiellement due à la maîtrise de l'inflation et qu'elle serait de l'ordre de 0,5 % par an en moyenne pour l'économie américaine. Dans une étude récente, Collecchia et Schreyer (2001) ont généralisé l'approche afin de calculer le déflateur technologique associé au TIC pour neuf pays de l'OCDE.

1.3. L'effet de substitution du capital au travail

Cet effet désigne l'augmentation relative de la part du capital comparativement au travail dans l'usage des inputs, où les TIC sont envisagées comme des technologies biaisées. Elles conduisent à favoriser le capital par rapport au travail et le travail qualifié par rapport au travail non qualifié (David, 2001 ; Jorgenson, 2001 ; Quah, 2001). En d'autres termes, le processus de croissance favorise l'accumulation du capital qui se traduit par une diminution du taux relatif d'emploi du facteur travail et par une augmentation de la part relative du facteur capital. L'intensité capitalistique (la part par salarié d'unités de capital) et la productivité augmentent. Gordon (2002) estime que deux tiers de l'accélération de la productivité américaine durant la période 1996-2001 est due à l'effet de substitution. Toutefois, il convient de signaler que le capital TIC est un capital à obsolescence rapide, contrairement aux autres formes de capitaux[2]. Cette propriété nécessite donc un amortissement rapide et exige des entreprises une plus grande rentabilité.

1.4. L'effet qualité

Les technologies de l'information peuvent être associées à des augmentations touchant les composantes intangibles des outputs comme leur variété, la convenance des consommateurs et les services qui leur sont associés. L'effet apparent concerne l'enrichissement du contenu informationnel des biens et services incorporant des TIC. Elles augmenteraient la qualité et favoriseraient la différenciation des produits. Ces bénéfices permettraient d'améliorer l'effet d'utilité pour les consommateurs sans pour autant modifier ni le prix ni la quantité de produits incorporant des TIC. L'effet utilité est difficile à prendre en compte mais conditionne les résultats des travaux portant sur la question. Des efforts récents engagés par l'OCDE, sur le plan méthodologique, ont été entrepris afin d'améliorer la prise en compte de ces effets qualitatifs mais ils restent encore difficiles à cerner.

Différentes sources seraient à l'origine de l'augmentation du taux de croissance due aux effets d'amélioration de la qualité des produits induits par les TIC. Quatre d'entre-elles méritent d'être signalées, elles concernent : les

---

2 Dans les estimations économétriques, le capital TIC est supposé se déprécier sur huit ans alors que le capital non TIC se déprécie sur douze ans. Pour Gordon (2002), l'accélération de la productivité calculée comme étant l'écart entre la productivité tendancielle et la productivité observée est de 0,86 %, l'effet "capital deepening" compte pour 0,60 %.

innovations portant sur les produits ou les effets de variété, la personnalisation des biens (versionning), les améliorations sensibles de la qualité des produits et des externalités positives générées par les TIC.

1.5. L'effet productivité globale des facteurs

De nature générique, les externalités liées aux TIC se sont largement diffusées dans l'ensemble de l'économie. Cette large diffusion permettrait d'accroître l'efficacité productive et le rythme du progrès technique. Ceci se traduit par un accroissement du résidu de Solow (la part de la croissance non expliquée par les facteurs de production séparément). L'accélération de la productivité globale des facteurs (PGF) aux États-Unis depuis 1996 est ainsi attribuée aux TIC. Ce constat traduit une meilleure complémentarité entre les facteurs travail et capital. Pour certains économistes comme Askenazy et Gianella (2000), Greenan et alii (2002), cette complémentarité passe par l'utilisation des innovations organisationnelles. Les TIC permettraient d'augmenter le progrès technique diffus. Par ailleurs, les PVD, contrairement aux pays industrialisés bénéficient d'un effet de structure positif. En effet, l'adoption des TIC par les PVD coïncide avec la transformation de leurs économies fondée au départ sur les ressources naturelles et sur l'agriculture à une économie plus fondée sur l'industrie. Ceci pourrait accentuer les gains de productivité.

Les cinq canaux principaux qui viennent d'être évoqués favorisent la transmission des performances des TIC au niveau macro-économique. La manifestation de ces effets dépend de la position du pays (producteur vs importateur de TIC) (Dirk et Lee, 2001), de sa taille (grand pays vs petit pays), de sa spécialisation internationale, de ses dotations factorielles initiales (Antonelli, 2003) et de la présence ou de l'absence d'actifs complémentaires (innovations organisationnelles, institutions, capital humain, incitations...). Chaque pays peut s'engager dans une trajectoire différenciée pour bénéficier des effets macro-économiques des TIC. Il serait illusoire d'effectuer des recommandations de politiques macroéconomiques pour les PVD en tentant de généraliser des recettes ayant porté leurs fruits ailleurs. Nous proposons à présent d'estimer économétriquement la contribution des TIC à la croissance tunisienne et de discuter de la manifestation des effets signalés.

2. CROISSANCE ET TIC : L'EXEMPLE DE LA TUNISIE

2.1. Les TIC dans l'économie tunisienne

Les études empiriques ayant pour objet d'évaluer l'impact des TIC sur la croissance économique se sont pour la plupart heurtées à des problèmes de définition et de mesure[3]. Deux raisons principales expliquent cette difficulté : d'une part, le secteur des TIC présente des frontières floues, spécialement en ce qui concerne le domaine des télécommunications où l'éventail des produits et des services est important ; d'autre part, les résultats obtenus par les économètres varient en fonction des statistiques disponibles et des techniques économétriques utilisées.

L'OCDE a proposé récemment une définition du secteur TIC comme la somme de trois secteurs : le secteur informatique, le secteur électronique et le secteur des télécommunications (voir tableau n° 1).

Tableau n° 1 : Délimitation du secteur TIC

La filière informatique	La filière des télécommunications	La filière électronique
Machines de bureau Ordinateurs personnels Grands ordinateurs Serveurs Matériels de réseaux Périphériques Cartes	Equipements professionnels de transmission Commutateurs Relais Terminaux destinés aux usagers Câbles Fibres optiques	Composantes électroniques Semi-conducteurs Circuits imprimés Equipements de l'électronique grand public (téléviseurs, récepteurs radio, lecteurs de disques, magnétoscopes) Instruments de mesure Instruments de navigation Computers, Productique

Source : OCDE, 1999.

Dans les travaux empiriques, la définition du secteur a été souvent limitée aux sous-secteurs de l'informatique et/ou des télécommunications. Cette restriction est essentiellement due au manque de statistiques fiables sur une longue période. Nous nous bornerons dans cette étude au seul secteur des communications. En effet, dans le cas de la Tunisie, la production de matériel informatique est quasi-insignifiante et s'apparente davantage à du commerce de

3 Didier et Martinez (2000) distinguent deux définitions du secteur des TIC : une définition stricte et une définition large. La définition stricte regroupe les secteurs suivants : fabrication de machines de bureau et de matériel informatique + la fabrication de composants électroniques + la fabrication d'appareils d'émission et de transmission + la fabrication d'appareils de réception, enregistrement, ou de reproduction du son et de l'image + le secteur des télécommunications + les locations de matériel de bureau, les conseils en systèmes informatiques, les activités de réalisation de logiciels, de traitement de données, d'entretien et de réparation de matériel de bureau. La définition large regroupe les éléments précédents auxquels sont ajoutées les activités dites "de contenu" qui se rapprochent davantage du champ de l'information qu'à celui de la communication. En l'occurrence, il s'agit des édition de livres, de journaux, de revues et périodiques et d'enregistrements sonores + les impressions de journaux + la publicité + la production de programmes de télévision, de films + les activités de radio + les agences de presse.

gros ou à des activités d'assemblage. Nous supposerons que la valeur ajoutée du secteur des TIC peut être considérée comme équivalente à la valeur ajoutée du secteur de la communication.

Tableau n° 2 : Part de la valeur ajoutée de l'agriculture, de l'industrie, des secteurs TIC et hors TIC dans le PIB (%)

Année	VAagr/PIB	VAind/PIB	VAhtic/PIB	VAtic/PIB
1980	13,9	31,3	29,7	0,9
1990	13,4	29,5	32	1,3
1999	12,7	29,3	32,9	2,9

On peut constater à l'aide du tableau n° 2 que le poids de l'économie de l'information est faible, mais croît au cours des 20 dernières années en Tunisie. La part de ce secteur (évalué aux prix de 1990) a plus que triplé pendant cette période, elle est en effet passée de 0,9 % à 3 % du PIB en 2000. Les gains enregistrés par le secteur TIC sont du même ordre que celui du secteur des services en général, ils ont été réalisés au détriment relatif des secteurs agricoles et industriels.

Tableau n° 3 : Part et croissance des investissements et de la valeur ajoutée du secteur TIC

Année	1991	1992	1993	1994	1995	1996	1997	1998	1999	2000
Itic/Itot	3,7	3,6	3,6	3,7	3,8	4,3	3,9	4,3	5,3	5,8
VAtic/PIB	1,4	1,5	1,7	1,8	1,9	2,2	2,4	2,6	2,9	3
CACE	-	3,85	5,61	6,91	4,6	7,33	3,95	7,1	7,4	5,28

Pendant la période 1991 à 2000, la part du produit TIC dans le PIB a plus que doublé, malgré une augmentation conséquente du PIB de 5 % en moyenne par an. Ceci a été rendu possible en raison d'une croissance rapide de 15 % de la valeur ajoutée du secteur des TIC. Durant la même période, l'évolution de la contribution du secteur des TIC à la variation du PIB (notée CACE dans le tableau n° 3), estimée par le rapport $\Delta VATIC / \Delta PIB$, a été très fluctuante bien que le trend général soit croissant, surtout entre 1995-2000. Pendant la période allant de 1991 à 1995 la croissance a été de 5,2 % en moyenne par an alors qu'elle atteint 6,2 % au cours de la seconde moitié de cette même décennie, soit une augmentation de la contribution des TIC de 18,5 %.

2.2. La contribution des TIC à la croissance économique tunisienne : une illustration économétrique

D'un point de vue méthodologique, nous avons choisi d'évaluer la contribution des TIC à la croissance en Tunisie à partir d'une fonction de production Cobb-Douglas standard du type $Y = AK^{\alpha}L^{\beta}$. Dans cette expression A représente la productivité globale des facteurs dont la variation relative (le progrès technique) représente la partie de la croissance de la production non expliquée par les montants de capital et de travail. Toutefois, afin d'évaluer la contribution du secteur des TIC, nous avons décomposé le stock de capital en deux parties selon qu'il s'agit du secteur des TIC ou non. Cette distinction est adoptée dans la littérature économique consacrée (Jorgenson et Stiroh, 2000 ; Jorgenson, 2001 ; Gilles et L'Horty, 2003)[4]. La variable KTIC peut faire apparaître une élasticité spécifique et se caractérise en général par des taux de dépréciation du capital différents et par des salaires qui sont, dans le domaine des TIC, plus élevés que dans les autres secteurs.

La fonction de production élargie se présente de la manière suivante :

(1) $\text{Log } Y_t = \text{Log } A + \alpha_1 \text{ LogKTIC}_t + \alpha_2 \text{ LogKHTIC}_t + \beta \text{ LogL}_t + \varepsilon_t$

La variable Y représente le PIB total calculé aux prix de 1990. Il est donné par les Comptes de la Nation publiés par l'INS (l'Institut National des Statistiques de Tunis). L'absence de données statistiques sur les investissements dans le secteur informatique pour la période 1975-1996 nous amène à limiter notre étude à l'examen du secteur de la communication comme indicateur de l'évolution du stock de capital dans le secteur des TIC. Ainsi, nous avons supposé que le stock de capital en communication pour l'année 1974 est égal à la formation brute de capital fixe (FBCF) dans ce secteur. Par conséquent, la détermination du stock de capital pour la période 1975-2001 a été évaluée en faisant l'hypothèse que : $K_{t+1} = (1\text{-}\delta)\ K_t + FBCF_{t+1}$ où δ représentant le taux de dépréciation du stock de capital. Dans le secteur des communications, il est généralement admis que ce taux est proche de 1/8, tandis que pour le reste des secteurs nous avons retenu le taux habituel de 8 %.

Pour l'emploi dans le secteur TIC, nous nous limitons, faute de données plus précises, au stock de travail engagé dans le secteur de la communication en nous référant aux enquêtes et aux recensements de la population des années

[4] Nous aurions pu également prendre comme cadre d'analyse "la frontière des possibilités de production" et décomposer également l'output en investissement TIC et hors TIC à l'instar de Jorgenson, Ho et Stiroh (2003) et Jorgenson (2001).

1975, 1980, 1984, 1989, 1994 et 1997 réalisées par l'INS. Pour les autres années, nous avons adopté pour certaines périodes un taux de croissance annuel arithmétique ou géométrique, selon l'importance du taux de croissance de la population occupée dans le secteur entre deux observations. Ce sont des séries de travail en effectifs et non en heures qui ont été retenues, ceci pour des raisons de disponibilités de données.

L'application de la méthode des MCO (moindres carrées ordinaires) à l'équation (1) nous donne une élasticité de la variable (KHTIC) théoriquement non significative et une valeur du test de Durbin-Watson qui ne nous permet pas de certifier l'inexistence d'auto-corrélation des erreurs. Pour cette raison nous introduisons, une variable dummy (notée D80) qui prend la valeur 0 entre 1981 et 1989 et 1 pour les années restantes. Il est, en effet, facile de remarquer pour cette période la non-stabilité des séries statistiques, que ce soit au niveau des investissements ou de la croissance économique.

Nous pouvons sur la base des remarques précédentes réécrire l'équation générique du modèle à estimer de la manière suivante :

(2) $\text{Log } Y_t = \text{LogA} + \alpha_1 \text{ Log KTIC}_t + \alpha_2 \text{ Log KHTIC}_t + \beta \text{ Log } L_t + \gamma \text{ D80} + \varepsilon_t$

L'application de la méthode des MCO à cette équation nous permet d'obtenir les résultats suivants :

$$\underset{(2,409)^{**}}{\text{LogY}=1,265} \; \underset{(7,203)^{*}}{+0,108 \text{ Log } K_{TIC}} \; \underset{(2,317)^{**}}{+0.150 \text{ Log } K_{HTIC}} \; \underset{(4,871)^{*}}{+0,756 \text{ LogL}} \; \underset{(4,084)^{*}}{+5,643E^{-02} D_{80}}$$

$R^2_{aju} = 0,997$; D.W.= 1,877 ; F = 2420,2 ; nombre d'observations = 27

Les chiffres entre parenthèses indiquent la valeur du t de student. (*) et (**) indiquent que le seuil de significativité est respectivement inférieur à 1 % et 5 %.

Si l'on compare les coefficients du modèle, nous remarquons qu'ils sont plus élevés pour la variable HTIC que pour la variable TIC. On peut interpréter ce résultat de la manière suivante : à un taux de croissance du facteur capital égal dans les deux secteurs, ce sont les investissements dans les secteurs traditionnels qui ont le plus contribué à la croissance économique malgré le fait, comme nous l'avons montré précédemment, que le secteur TIC soit devenu plus dynamique ces dernières années.

Pour déterminer la contribution des TIC à la croissance tunisienne, nous adoptons la démarche suivante ; soit (λ) la valeur de cette contribution, (μ)

l'élasticité du PIB par rapport au facteur TIC et (π) le taux de croissance de ce facteur. On vérifie alors que $\lambda = \mu\ \pi$.

L'application de cette relation fait apparaître que pour la période 1995-1999 la contribution du secteur communication à la croissance en Tunisie est de l'ordre de 8,56 %, et de 8,34 % pour la période 1995-2001. Le tableau n° 4 permet de voir le positionnement de l'économie tunisienne en matière de TIC.

Tableau n° 4 : Comparaison de la contribution à la croissance des TIC aux États-Unis, en France et en Tunisie (%)

	Itic/Itot en 1999	Part de la croissance due au secteur TIC (1995-1999)	VAtic/PIB en 1998
États-Unis	8	33	8,66
France	3,9	20	5,26
Tunisie	5,3	8,56	2,9

Source : BIPE (2000) pour la France et les États-Unis.

Le tableau précédent indique que la contribution des TIC à la croissance du PIB en Tunisie est deux fois moins importante que celle de la France et ne représente que le quart de celle des Etats Unis. Cet écart peut s'expliquer par trois arguments. Premièrement, nous avons réduit dans cette étude le secteur des TIC et celui de la communication ce qui peut induire une sous-estimation des résultats. Deuxièmement, il existe en Tunisie un marché non contrôlé mais important des équipements en télécommunications dont les statistiques officielles ne tiennent pas compte et qui contribue de manière indirecte à la croissance. Troisièmement, il apparaît surtout une corrélation importante entre l'effort déployé en termes d'investissements, la part dans le PIB et la contribution à la croissance des TIC qui classe les États-Unis et la France devant la Tunisie.

3. TIC ET CROISSANCE ÉCONOMIQUE EN TUNISIE : DES CANAUX DE TRANSMISSION FAIBLEMENT UTILISÉS

Si les conclusions relatives au lien entre croissance économique, utilisation et adoption des TIC ont été largement discutées dans le cadre des pays industrialisés, elles nous paraissent revêtir une grande importance pour le processus de développement des PVD. L'examen et l'estimation de la contribution des TIC à la croissance tunisienne nous offrent un cadre d'analyse pertinent pour discuter de la manifestation des effets macro-économiques soulignés dans la première section.

3.1. Les effets multiplicateurs : un investissement important et en forte progression

Bien que le secteur TIC ne représentait que 2,9 % dans l'économie tunisienne, sa contribution à la croissance est assez élevée (8,6 %), ceci témoigne de l'existence d'effets multiplicateurs importants. Cependant, ces effets multiplicateurs sont largement inférieurs à ceux constatés dans des pays avec des niveaux d'adoption et de développement différents (France et États-Unis).

La part des investissements en communication par rapport à l'investissement total ou au PIB connaît une évolution exponentielle au cours des dernières années de la décennie 90. En termes absolus, le volume des investissements a quadruplé, alors qu'en termes relatifs il a augmenté de 61,1 % par rapport aux investissements totaux et il a plus que doublé par rapport au PIB. Probablement, ce canal de transmission a été le plus important durant la période étudiée en Tunisie. Mais le seuil critique est loin d'être atteint. En 2001, le secteur TIC a représenté 4 % de l'économie tunisienne et on se rapproche de la barre des 5 % permettant l'enclenchement des effets dynamiques (Pohjola, 2002).

3.2. Un effet déflateur non encore pleinement utilisé

Les écarts de prix des biens TIC entre les pays industrialisés (OCDE essentiellement) et les pays en développement sont relativement importants. Deux facteurs essentiels peuvent expliquer un tel écart. D'une part, la majorité des PVD importent les biens TIC. Ceux-ci sont soumis à une forte protection commerciale, ce qui contribue à limiter leur diffusion. Par ailleurs, l'absence des réformes dans le secteur des télécommunications conduit à constater la présence de monopoles, souvent peu efficaces et avec des schémas de tarification excessive. La conjugaison d'une baisse de la protection commerciale sur les biens TIC et une plus grande déréglementation du secteur des communications pourrait conduire à un effet déflateur plus important en Tunisie.

En effet, dans le secteur des communications, seule la téléphonie mobile a vu ses prix chuter suite à l'introduction d'un second opérateur privé. La baisse des prix dans le secteur de la téléphonie fixe est restée modérée. Les technologies de l'information sont quant à elles importées. La chute de leur prix à l'échelle internationale n'a pas été totalement répercutée sur le marché domestique. La signature des accords de libre-échange entre la Tunisie et l'Union européenne et le démantèlement tarifaire qui devrait s'accomplir en 2007, de même que la signature de l'accord volontaire de l'OMC relatif aux biens TIC permettant de limiter la protection commerciale excessive des importations des

TIC, pourraient conduire en Tunisie à une diminution importante du prix des biens informatiques permettant d'accélérer l'équipement des entreprises et des particuliers.

3.3. Un effet de substitution du capital au travail limité

Le troisième effet possible concerne les effets de substitution entre capital et travail suite à un investissement en TIC. Le faible niveau des investissements en TIC réalisés dans les différents secteurs de l'économie ne permet pas la manifestation de tels effets de manière sensible, notamment en présence d'un chômage important. La pénétration des TIC semble encore à un stade relativement précoce pour permettre d'engendrer des effets de substitution importants. Cependant, le phénomène de substitution entre capital et travail semble particulièrement net dans le secteur des TIC même comme l'atteste le graphique n° 1.

Graphique n° 1 : Évolution comparée de la substitution travail-capital entre le secteur TIC et les autres secteurs

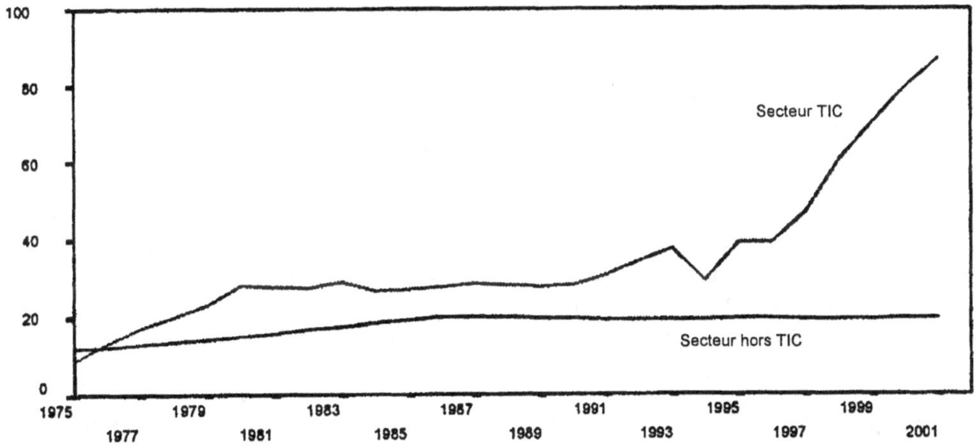

Ceci a conduit à une amélioration substantielle de la productivité apparente du travail dans le secteur TIC. L'accroissement de l'efficacité des travailleurs dans le reste de l'économie reste tributaire de l'adoption massive des TIC et des innovations organisationnelles associées. Ceci peut passer par une dynamique des acteurs plus prononcée en termes d'alliances industrielles (Bellon, Ben Youssef et Plunket, 2002 ; Bellon et Ben Youssef, 2003) et/ou d'investissement en R&D (M'henni, 2003).

3.4. Un effet qualité peu évident à apprécier

Les évolutions technologiques dans le domaine des TIC ont été assez rapides sur les deux dernières décennies. Si, dans un premier temps, "la guerre des standard" a retardé leur diffusion à l'échelle internationale, on constate de nos jours, une amélioration continue de la qualité et une augmentation de la convergence vers un standard unique. Cette dynamique profite aux pays qui ont adopté en dernier les nouvelles technologies. L'amélioration continue de la qualité et des performances des TIC profite à la Tunisie comme à l'ensemble des PVD. Toutefois, l'effet qualité reste dépendant de l'état de la diffusion et de l'équipement en TIC des secteurs. En investissant dans les technologies de l'information et de la communication cela peut conduire les entreprises ou les administrations à améliorer leur mode de transactions en termes de facilité, de disponibilité, de gain de temps... De manière simultanée, on constate que les TIC créent de nouveaux besoins et donc de nouvelles opportunités d'affaires. Cet effet est pour l'instant difficile à saisir et mériterait un examen précis en prolongement de cette étude.

3.5. Un effet productivité globale des facteurs non perceptible

Le dernier effet concerne les effets potentiels des TIC sur la productivité globale des facteurs. Les études récentes (Morrisson et Talbi, 1999 ; Ghali et Mohnen, 2003) tendent à montrer que celle-ci n'a pas connue une accélération particulière en Tunisie. Ceci peut témoigner, d'une part, de la nécessité d'atteindre certains seuils critiques avant la manifestation des effets positifs et, d'autre part, de l'absence de modifications organisationnelles substantielles permettant d'améliorer l'efficience des processus productifs. Le débat sur le paradoxe de la productivité a montré que les performances en termes de productivité n'ont été atteintes qu'après une longue période d'accumulation du capital TIC aux Etats-Unis. Or cette accumulation demeure encore faible en Tunisie !

Cependant, compte tenu des inefficiences initiales, les gains de productivité dus à l'utilisation des TIC peuvent s'avérer potientiellement supérieurs à ceux réalisés dans les pays du Nord. Les TIC pourraient permettre d'exploiter des gisements de productivité dans certains secteurs industriels peu performants. Toutefois, il faut garder à l'esprit que les effets des TIC dépendent de leur adoption par les agents économiques, de leurs capacités d'apprentissage, du capital humain et de l'organisation interne des firmes. Les TIC pourraient être l'occasion d'une remise à plat des conditions de travail et de l'organisation industrielle, d'une accélération des mécanismes de substitution capital/travail, favorisant la productivité.

CONCLUSION

Dans ce travail nous avons tenté de montrer en quoi les TIC peuvent permettre aux pays en développement d'accélérer leur croissance et de bénéficier d'effets externes positifs. Le retard initial en matière d'équipements, d'infrastructures et de capital humain peut s'avérer un handicap important de prime abord (Reiffers et Aubert, 2002). Les potentialités qu'offrent les TIC en tant que technologies génériques peuvent cependant aider à combler certains retards et favoriser la croissance. Les résultats empiriques obtenus dans le cas de la Tunisie sont assez illustratifs de ce point de vue : en dépit d'un faible niveau d'investissements en TIC (2,4 % du PIB en prix constant), ces dernières contribuent à la hauteur de 3 % à la production nationale et expliquent 9 % de sa croissance sur la fin de la dernière décennie.

Les effets multiplicateurs des TIC paraissent à cet égard dominants. Les effets "déflateur", à court terme, et de substitution capital/travail, à moyen terme) offrent des possibilités qui pourraient être saisis. Les effets PGF et qualité sont peu perceptibles dans l'économie tunisienne à l'heure actuelle et supposent pour agir certaines modifications organisationnelles.

L'économie tunisienne demeure fondamentalement consommatrice et encore très peu productrice de TIC. L'atteinte d'un stade de développement plus avancé permettrait de mieux tirer avantage de l'utilisation de ces technologies. Ceci passe par une meilleure articulation entre les secteurs producteurs et les secteurs consommateurs et une plus grande diffusion des TIC dans le tissu économique. Ce travail demeure en l'état très limité et nécessiterait d'être complété dans au moins deux directions : d'une part, en offrant une meilleure évaluation des effets déflateur, capital *deepening*, qualité et PGF dus aux TIC , en utilisant les nouvelles approches statistiques définies par l'OCDE ; d'autre part, en essayant de comprendre en quoi les effets de réseaux contribuent à expliquer une part de la croissance dans les PVD (la taille du réseau pourrait constituer une variable significative).

RÉFÉRENCES

Antonelli C., 2003, "The Digital Divide: Understanding the Economies of New Information and Communication Technology in the Global Economy", *Information Economics and Policy*, 15, 173-199.

Artus P., 2000, "Nouvelle Économie, nouveaux problèmes", in *Espérances et menaces de la Nouvelle Économie*, Le Cercle des Économistes, Édition Descartes et Cie.

Askenazy P., Gianella C., 2000, "Le paradoxe de la productivité : les changements organisationnels, facteur complémentaire à l'informatisation", *Économie et Statistique*, n° 339-340, 9/10.

Bailey M., Lawrence R.Z., 2001, "Do we Have a New E-conomy?", *American Economic Review*, Vol. 91, n° 2, 308-312.

Bailey M., 2000, "The New Economy: Post Mortem or Second Wind?", *Journal of Economic Perspectives*, Vol. 16, n° 2.

Bellon B., Ben Youssef A., 2003, "Le comportement des industriels face au libre-échange euro-méditerranéen", in Regnault H. (éd.), *Intégration euro-méditerranéenne et stratégies économiques*, L'Harmattan.

Bellon B., Ben Youssef A., Rallet A., 2003, *La nouvelle économie en perspective*, Economica, Paris.

Bellon B., Ben Youssef A., Plunket A., 2002, "Les facteurs déterminants des alliances industrielles stratégiques Nord-Sud : quelques enseignements de l'expérience euro-méditerranéenne", *L'Industria*, n° 3, Juillet-Septembre.

BIPE, 2000, "Les technologies de l'information et des communications et l'emploi en France", ministère de l'Industrie, Paris.

Boudchon H., 2002, "Le choc de la nouvelle économie : une étude de cas sur cinq pays de l'OCDE", *Revue de l'OFCE*, n° 83, 245-289.

Boyer R., 2002, *La croissance début de siècle. De l'octet au gène*, Albin Michel Économie.

Bresnahan T., Trajtenberg M., 1995, "General Purpose Technologies: Engines of Growth", *Journal of Econometrics*, 65, 83-108.

Bresnahan T., Brynjolfsson E., Hitt L.M., 2002, "Information Technology, Workplace Organization and the Demand for Skilled Labor: Firm Level Evidences", *Quarterly Journal of Economics*, Vol. 117, n° 1, 339-376.

Brynjolfsson E., Hitt L.M., 2000, "Beyond Computation: Information Technology, Organizational Transformation and Business Performance", *Journal of Economic Perspectives*, Vol. 14, n° 4, 23-48.

Cette G., Mairesse J., Kocoglu Y., 2000a, "Les technologies de l'information et de la communication en France : diffusion et contribution à la croissance", *Économie et Statistique*, n° 339-340, 2000-9/10.

Cette G., Mairesse J., Kocoglu Y., 2000b, "La diffusion des technologies de l'information et de la communication en France : mesure et contribution à la croissance", in *Nouvelle Économie*, Rapport du Conseil d'Analyse Économique coordonné par Debonneuil M. et Cohen D., La Documentation Française.

Cette G., Mairesse J., Kocuglu Y., 2003, "La contribution des TIC à la croissance potentielle", présenté au 53e Congrès de l'AFSE, Paris, Septembre.

Colecchia A., Schreyer P., 2001, "ICT Investment and Economic Growth in the 1990's: Is the United States a Unique Case?, A Comparative Study of Nine OECD Countries", Paris, http://www.oecd.org/dsti/sti/prod/sti wp.htm.

David P.A., 2001, "Understanding Digital Technology's Evolution and the Path of Measured Productivity Growth: Present and Future in the Mirror of the Past", in Brynjolfsson E., Kahin B. (eds.).

Didier M., Martinez M., 2000, "Le poids des technologies de l'information et de la communication dans le système productif", in *Nouvelle Économie*, Rapport du CAE, coordonné par Cohen D. et Debonneuil M., La Documentation Française.

Dirk P., Lee F.C., 2001, "Productivity Growth in ICT-Producing and ICT-Using Industries: A Source of Growth Differentials in the OECD?", Paris, DSTI/DOC, 4, http://www.oecd.org/dsti/sti/prod/sti wp.htm.

Feldstein M., 2003, "Why is Productivity Growing Faster?", *Journal of Policy Modeling*, 25, 445-451.

Ghali S., Mohnen P., 2003, "The Evolution and Determinants of Frontier Total Factor Productivity Growth in Tunisia", Conférence FEMISE 2003, Marseille, 4, 5, 6 décembre.

Gilles F., L'Horty Y., 2003, "La Nouvelle Économie et le paradoxe de la productivité : une comparaison France-États-Unis", in Bellon B., Ben Youssef A., Rallet A. (éds.), *La nouvelle économie en perspective*, Economica, Paris.

Gollac M., Greenan N., Hamon-Cholet S., 2000, "L'informatisation de l'ancienne économie : de nouvelles machines, de nouvelles organisations et de nouveaux travailleurs", *Économie et Statistique*, n° 339-340, 171-201.

Gordon R.J., 2000, "Does the 'New Economy' Measure Up to the Great Inventions of the Past?", *Journal of Economic Perspectives*, Vol. 14, n° 4, Fall, 49-74.

Gordon R.J., 2002, "Technology and Economic Performance in the American Economy", *NBER Working Paper Series*, n° 8771.

Gordon R.J., 2003, "Hi-Tech Innovation and Productivity Growth: does Supply Create its own Demand?", *NBER Working Paper Series*, n° 9437.

Greenan N., L'Horty Y., Mairesse J., 2002, "La responsabilité des TIC surestimée", *Le 4 pages du CEE*, n° 52, Juillet.

Helpman E., 1998, *General Purpuse Technologies and Economic Growth*, The MIT Press, Cambridge.

Jorgensen W.D., 2001 "Information Technology and the US Economy", *American Economic Review*, Vol 91, n° 1, 1-32.

Jorgensen W.D., Stiroh K.J., 1995, "Computers and Growth", *Economics of Innovation and New Technology*, 3-4, 295-316.

Jorgensen W.D, Stiroh K.J, 2001, "Raising the Speed Limit: US Economic Growth in the Information Age", *Brookings Papers on Economic Activity*, 1, 125-211.

Jorgenson W.S., Mun S. Ho, Stiroh K.J, 2003, "Lessons for Europe from the US Growth Resurgence", CESifo Economic Studies Issue1/2003.

Mairesse J., 2003, "Y-a-t-il un paradoxe de la productivité?", in Bellon B., Ben Youssef A., Rallet A. (éds.), *La Nouvelle Économie en Perspective*, Economica.

M'Henni H., 2003, "Mesure et déterminants de l'innovation : une analyse empirique sur un échantillon d'entreprises manufacturières tunisiennes", in Regnault H. (éd.), *Intégration euro-méditerranéenne et stratégies économiques*, L'Harmattan.

Morrisson C., Talbi B., 1999, *La croissance de l'économie tunisienne en longue période*, Série "Croissance à long terme", Études du Centre de Développement, OCDE.

Noll R. G., 2000, "Telecommunications Reform in Developing Countries", AEI-Brookings Joint Center for Regulatory Studies.

Nordhaus W.D., 2001, "Productivity Growth and the New Economy", *NBER Working Paper*, n° 8096, January.

OCDE, 1999, "Measuring the ICT Sector", http://www.oecd.org/dsti/sti/prod/sti wp.htm.

Oliner S., Sichel D., 1994, "Computers and Output Growth Revisited: How Big is the Puzzle?", *Brookings Papers on Economic Activity*, 2, 273-317.

Oliner S., Sichel D., 2000, "The Resurgence of Growth in the Late 1990's: Is Information Technology the Story?", *Journal of Economic Perspectives*, Vol. 14, n° 4, 3-22.

Petit P., 2003, "Les temps de la nouvelle économie", in Bellon B., Ben Youssef A., Rallet A. (éds.), *La Nouvelle Économie en Perspective*, Economica, Paris.

Pohjola M., 2002, "The New Economy: Facts, Impacts and Policies", *Information Economics and Policy*, 14, 133-144.

Quah D., 2001, "The Weightless Economy in Economic Development", in Pohjola M. (ed.), *Information Technology Productivity, and Economic Growth: International Evidence and Implications for Economic Development*, Oxford University Press, Oxford.

Reiffers J.L., Aubert J.E., 2002, "Le développement des économies fondées sur la connaissance dans la région Moyen-Orient et Afrique du Nord : facteurs clés", World Bank Institute, www.femise.org.

Triplett J.E., 1998, "The Solow Productivity Paradox: What do Computers Do to Productivity?", Working Paper of the Brookings Institution.

UNDP, 1999, "New Technologies and the Global Race for Knowledge", *Human Development Report*, New York, chap. 2.

UNDP, 2001, "Making New Technologies Work for Human Development", *Human Development Report*, New York.

Von Tunzelman N., 2003, "Historical Coevolution of Governance and Technology in the Industrial Revolutions", *Structural Change and Economic Dynamic*, 14, 365-384.

ICT CONTRIBUTIONS TO ECONOMIC GROWTH: THE TUNISIAN CASE

Abstract *- The aims of this paper are to examine the impact of Information and Communication Technologies (ICT) on the growth of developing countries and especially on the Tunisian economy. The first part of the article summarizes the relationship between growth, productivity and ICT. We show that under some necessary conditions, ICT may boost growth in (the) developing countries. In the second part of the article, we assess the contribution of ICT to the growth of Tunisia due to ICT diffusion and adoption. We compare our econometric estimation to the results obtained in France and in the United States.*

LOS EFECTOS DE LAS TECNOLOGÍAS DE LA INFORMACIÓN Y DE LA COMUNICACIÓN SOBRE EL CRECIMIENTO ECONÓMICO: EL CASO DE TÚNES

Resumen *- Este artículo trata del impacto de las Tecnologías de la Información y de la Comunicación (TIC) sobre el crecimiento de los países en vía de desarrollo en general y sobre la economía tunesina en particular. En la primera parte tratamos de la relación de causalidad entre las TIC y el crecimiento económico. Identificamos cinco tipos de canales por los cuales las TIC pueden influenciar el crecimiento : el efecto multiplicador de inversión en las TIC, "el efecto desfavorecedor" que traduce la caída de los precios en el sector de las TIC, "el efecto intensificador de capital" que se refiere a la substitución capital/trabajo después de las inversiones en las TIC, "el efecto productividad global de los factores" y "el efecto de calidad" que traduce la mejora de la calidad y la variedad de productos. En la segunda parte intentamos evaluar la contribución al crecimiento de la difusión de las TIC en Túnes. En la tercera parte mostramos que hoy en día sólo parece tener un verdadero papel el "efecto multiplicador de inversión" en las TIC. Una aceleración del crecimiento y de los resultados de la economía tunesina fundada en las TIC puede verse a corto plazo como una mejor toma en cuenta del efecto desfavorecedor.*

ÉCONOMIE POLITIQUE DU RÉGIONALISME : LE CAS EURO-MÉDITERRANÉEN

Gérard KEBABDJIAN*

Résumé - *La logique des accords de Barcelone (novembre 1995) vise à construire des bases nouvelles dans les relations entre les quinze pays européens et les douze pays du Sud et de l'Est méditerranéens non-membres de l'Union européenne dans un contexte de mondialisation et d'intégration régionale "profonde" au sein de l'espace européen. L'article cherche à évaluer la pertinence de ce projet et, pour cela, adopte une approche d'"économie politique internationale", une approche qui est en phase avec le type de problèmes rencontrés en Euro-méditerranée. L'article a donc un triple objectif : présenter un "survey" synthétique sur l'économie politique du régionalisme (et notamment de l'intégration Nord-Sud) ; évaluer la portée explicative des analyses sur le cas Euro-méditerranéen ; enfin, ouvrir quelques pistes nouvelles de recherches, décisives pour la soutenabilité du projet euro-méditerranéen, concernant l'économie politique* des formes du régionalisme.

Mots-clés - INTÉGRATION NORD-SUD, MONDIALISATION, RÉGIME INTERNATIONAL, GOUVERNANCE.

Classification JEL : F02, F13, F15, F17, F40, O19.

---

* Professeur à l'Université de Paris VIII et CEMAFI (Université de Nice-Sophia Antipolis).

1. INTRODUCTION

Les accords d'intégration régionale se sont multipliés durant les dernières années et l'importance des arrangements régionaux n'a fait que croître tant en matière commerciale que monétaire et institutionnelle. Bien que l'intégration régionale ne soit pas un phénomène nouveau, son développement récent ne peut être assimilé à la logique qui avait présidé aux types de regroupements régionaux observés dans le passé. Les économistes opposent volontiers l'"ancien régionalisme" au "nouveau régionalisme" à partir des formes et des domaines concernés.

L'opposition souvent reprise s'appuie sur deux faits stylisés soulignés par de Melo, Panagariya et Rodrik (1993) : 1) dans le passé, les régionalisations (notamment celle des années soixante) pouvaient être analysées comme une extension de la stratégie d'industrialisation par substitution d'importations (ISI) du niveau national au niveau régional, ce qui leur donnait un caractère autocentré, tandis que le "nouveau régionalisme" s'inscrit dans une stratégie de promotion d'exportations et un environnement de libéralisation extérieure ("régionalisme ouvert") ; 2) les régionalisations antérieures concernaient des pays de niveaux de développement similaires (pays développés ou pays en voie de développement) tandis que le phénomène actuel concerne des pays dont le niveau de développement est inégal. De façon complémentaire, on doit faire intervenir le critère du déplacement des motivations de l'intégration régionale, déplacement du champ commercial traditionnel à des terrains nouveaux (domaines financiers, monétaires, productifs et institutionnels) et sur la recherche de construction d'espaces régionaux beaucoup plus intégrés que par le passé ("intégration profonde").

A l'évidence, ce genre de typologie, qui ne prend en compte que des critères internes à la régionalisation, n'est pas suffisant. Il est essentiel de "contextualiser" la régionalisation à partir des conditions externes liées à l'économie mondiale. Les deux grandes formes de régionalisation précédemment distinguées prennent alors un autre sens puisqu'elles se rapportent, pour l'ancienne, à un contexte d'"internationalisation" et, pour la nouvelle, à un contexte de "mondialisation". Les intégrations régionales de la première génération s'inscrivaient, en effet, dans un contexte où la division en "économies nationales" constituait le principe organisateur fondamental de l'économie mondiale. L'économie nationale formait l'entité organisatrice des espaces économiques et la régionalisation devait s'analyser comme une forme d'internationalisation préférentielle pour des espaces économiques qui demeuraient fondamentalement territorialisés à base nationale et qui cherchaient à trouver par la voie de la régionalisation les moyens de s'aider mutuellement à préserver leur existence et leur autonomie par rapport à l'économie mondiale.

Dans le contexte actuel, le principe d'ordre national a perdu de sa prévalence et l'ordre "international" entre en conflit avec des principes d'organisation antagonistes (logique des "réseaux mondialisés" : voir Castells (1998) et 1999)). Le nouveau régionalisme peut alors être analysé comme un mouvement inverse de l'internationalisation dans la mesure où, loin de s'appuyer sur le socle bien constitué d'une économie nationale, il tend à le détruire.

Il s'agit d'un processus de "destruction créatrice" inachevé, donc d'une intégration partielle et inégalement développée selon les régions du monde et selon les dimensions constitutives de l'économie nationale (marché unifié, espace monétaire, système productif ou de mobilité du capital et du travail, homogénéité des normes institutionnelles, notamment de travail, etc.). L'issue générale de ce processus historique n'est ni prédéterminée car on voit encore très mal quel principe d'ordre pourrait se substituer, ou s'adjoindre, au principe national, ni irréversible car rien n'assure qu'un retour brutal au nationalisme économique ne puisse se produise. Ce qui paraît néanmoins clair, c'est l'ébranlement de l'ordre "international" sur lequel était fondée l'économie mondiale antérieure et la difficulté de construire un ordre alternatif.

La logique des accords de Barcelone (novembre 1995) s'inscrit dans ce contexte. Elle vise à construire des bases nouvelles dans les relations entre les quinze pays européens et les douze pays du Sud et de l'Est méditerranéens non-membres de l'Union européenne dans un contexte de mondialisation et d'intégration régionale "profonde" au sein de l'espace européen. La validité du projet de régionalisation à l'égard de la Méditerranée pose problème car la régionalisation actuelle est appelée à être une "intégration profonde" alors que les deux ensembles concernés ne semblent pas prêts à accepter les implications d'un tel choix. D'un côté, on se trouve en présence d'un espace économique développé de grande taille ayant sa propre cohérence ; de l'autre, on est en présence d'un ensemble fragmenté de petites économies hétérogènes qui n'entretiennent entre elles que peu de relations économiques (les échanges commerciaux Sud-Sud ne se montent qu'à 6 % du commerce extérieur de ces pays) et qui ont toutes leurs relations économiques extérieures polarisées vers l'Europe (et à moindre degré vers les États-Unis) selon une logique centre-périphérie généralement décrite par le modèle "moyeu-rayons". Hétérogènes (non seulement en termes de structures socio-économiques mais également sur le plan des formes d'organisation politique et des mentalités), animés chacun de dynamiques dont la convergence n'apparaît pas évidente, le Nord, le Sud (Maghreb) et le Moyen-Orient semblent s'être fixés un projet commun *a priori* irréaliste, tel est le premier constat.

Le projet repose sur deux paris qui restent aussi problématiques l'un que l'autre : le premier est que la région euro-méditerranéenne puisse devenir un espace économique, c'est-à-dire un espace régional pertinent pour promouvoir un processus intégré de co-développement Nord-Sud de nature à soutenir la croissance des pays les plus pauvres ; le second est que la constitution de cette "zone de prospérité partagée" puisse être accessible à partir de la mise en œuvre de deux moyens économiques fondamentaux : le libre-échange régional et un soutien financier, non négligeable mais limité[1], de l'Europe. Pour l'économiste, deux questions se trouvent posées :

- existe-t-il des possibilités de régionalisation euro-méditerranéenne crédibles et lesquelles ?

- ces possibilités, si elles existent, sont-elles porteuses de développement pour le Sud ?

Cet article ne vise pas à présenter une réponse définitive à ces deux questions : il cherche plus modestement à voir si la littérature théorique et, plus précisément, la littérature d'"économie politique internationale", qui est plus en phase avec le type de problèmes rencontrés en Euro-méditerranée, est en mesure de fournir des instruments ou des clés de réponse appropriées et, selon les résultats de l'enquête, à les utiliser ou à identifier les directions de recherches nouvelles à explorer. L'article a donc un triple objectif : présenter un "survey" synthétique sur l'économie politique du régionalisme ; évaluer la portée explicative des analyses sur le cas Euro-méditerranéen ; enfin, ouvrir quelques pistes nouvelles de recherches concernant *l'économie politique des formes* du régionalisme.

Le plan de l'article découle de ces attendus : on cherchera d'abord à interroger la littérature théorique existante (partie 2), puis on précisera la spécificité du processus euro-méditerranéen par rapport aux hypothèses de base de cette littérature (partie 3) ; on cherchera ensuite à présenter les spécificités de la logique de Barcelone par rapport aux autres régionalisations en cours (partie 4) ; enfin, dans une dernière partie (partie 5), on présentera un cadre théorique permettant de situer les différentes options qui s'offrent à la régionalisation euro-méditerranéenne.

2. APPORTS ET LIMITES DES THÉORIES DE L'INTÉGRATION RÉGIONALE

Après une évaluation des problématiques et objets habituels explorés par la littérature relative à l'intégration régionale, on présentera de façon plus précise les analyses standard qui se sont développés en termes d'économie politique internationale.

---

[1] Ainsi, de façon rétrospective, pour la *période 1995-99*, les protocoles financiers prévoyaient une aide approximative de 5 milliards d'ECU (en réalité, 25 % seulement de ces lignes de crédit ont été effectivement utilisés), soit pour cinq ans un montant qui représente, d'après les statistiques d'Eurostat, à peu près la moitié du surplus commercial *annuel* de l'Europe à l'égard de la zone (12,1 milliards en 1993 et 9,3 milliards en 1994).

2.1. Survol du domaine

Dans la littérature consacrée à l'intégration régionale, trois problématiques doivent être distinguées : celle des économistes ; celle des politistes ; celle qui relève de l'"économie politique internationale". Les deux premières se caractérisent par une dynamique de recherches qui leur est propre, voire par une propension à un certain enfermement dans des débats internes à la discipline de rattachement (économie ou science politique). Seule l'"économie politique internationale" ambitionne de dépasser ces clivages sans y parvenir entièrement. Un rapide tour d'horizon est utile pour recenser les outils disponibles.

Malgré l'unité de la problématique, les travaux des économistes forment un ensemble éclaté de travaux. On peut distinguer trois objets d'étude à peu près bien circonscrits : 1) la théorie des unions douanières (qui remonte à Viner, 1955 ; voir de Melo et Grether, 1997, pour les versions récentes), une théorie qui traite donc uniquement des *échanges commerciaux* ; 2) la théorie des zones monétaires optimales (qui remonte à Mundell, 1963 ; voir Bayoumi, 1997, pour un "survey" récent) et qui traite de l'*intégration monétaire* ; 3) la théorie du fédéralisme fiscal (Oates, 1972 ; King, 1984) et qui traite de problèmes relatifs à la taxation et à la coordination des *politiques fiscales* dans un ensemble d'États associés. Cette littérature envisage donc des aspects économiques importants mais limités de l'intégration régionale (par exemple le lien régionalisation-croissance reste peu étudié)[2] et ne traite que marginalement la question de l'intégration régionale comme processus d'ensemble. La littérature économique sur l'intégration régionale ne trouve en réalité son unité que par l'approche adoptée : elle s'intéresse exclusivement à des situations où les relations de marché sont déjà pleinement développées (voire, dans beaucoup de cas, en faisant tout simplement abstraction de l'existence de forces politiques et de données institutionnelles ou en supposant la concurrence parfaite) ; elle ne s'intéresse qu'aux *effets de bien-être* associés aux différents arrangements politiques (politique commerciale extérieure, politiques monétaire et fiscale)[3]. En d'autres termes, c'est une théorie normative portant sur certains aspects limités de l'intégration régionale et non une théorie positive du phénomène pris

---

2 La littérature identifie mal les gains dynamiques tels qu'ils se reflètent dans les taux de croissance. Par exemple, les effets de diffusion technologique sont à espérer lorsque l'intégration régionale concerne des pays à niveau de développement inégal (un aspect crucial pour la régionalisation en Euro-méditerranée), mais les processus économiques et sociaux par lesquels transitent ces effets restent obscurs. Un bénéfice potentiel de l'intégration régionale tout aussi important pour les pays en développement concerne les externalités et les biens publics (éducation, recherche, infrastructure, environnement). Là aussi, les recherches restent embryonnaires. Les tests économétriques de l'effet de l'intégration régionale sur la croissance sont, du reste, très difficiles à concevoir et, quand ils existent, présentent des résultats ambigus (voir par exemple de Melo, Panagariya et Rodrik, 1993).

3 On notera, au passage, le caractère très peu contraignant des résultats en termes de recommandations normatives. La littérature sur l'intégration régionale est, en termes de "welfare", pleine de résultats du type "n'importe quoi peut se produire" (de Melo, Panagariya et Rodrik, 1993, p. 160).

dans son unité, encore moins une théorie explicative des choix politiques qui sont à l'origine des regroupements régionaux.

La faiblesse de cette approche est évidente. En restreignant l'objet d'étude aux marchés constitués, ces analyses négligent de prendre en compte un aspect essentiel de l'intégration régionale, à savoir la production de normes, de règles, de procédures de prise de décision et de mécanismes de régulation communs à une région. C'est pourquoi, ces analyses sont particulièrement mal armées pour traiter de l'"intégration profonde". En fait, l'intégration régionale par les marchés, et plus particulièrement le "nouveau régionalisme", ne peuvent être réellement compris sans référence aux institutions qui permettent aux marchés de se restructurer et de fonctionner sur une nouvelle base tant sur le plan territorial que sur le plan socio-politique.

Ce genre d'interrogations forme précisément la matière d'étude de la seconde branche de la littérature théorique, les recherches en termes de "science politique". Les explications de l'intégration économique et politique produites par la "science politique" se divisent en deux courants. Le premier se rattache à ce qu'il est convenu d'appeler le néo-fonctionnalisme (voir l'ouvrage fondateur de Haas, 1958). Ce courant part de l'idée que la supranationalité est la seule méthode à la disposition des États pour s'associer en vue de la production d'un bien-être collectif : les analyses cherchent alors à montrer comment l'intégration par des effets de *spillover* (effets d'engrenage) est en mesure d'évoluer fonctionnellement d'une subnationalité initiale vers une supranationalité régionale. Beaucoup de questions restent néanmoins en suspens : pourquoi l'intégration régionale améliore-t-elle le bien-être collectif ? comment les demandes et les intérêts d'intégration régionale au plan infra-national trouvent-elles à être acceptées au plan national ? On notera que ces questions sont de caractère économique et que la faiblesse du néo-fonctionnalisme est symétrique de la faiblesse des analyses en termes strictement économiques : l'absence d'articulation des dimensions économique et politique. L'intergouvernementalisme est l'approche alternative en science politique internationale (voir notamment Moravcsik, 1991 ; Moravcsik, 1998, pour une version intergouvernementaliste sophistiquée). A la différence du néo-fonctionnalisme, il assigne un rôle central aux États et cherche à montrer que l'intégration régionale peut être mieux comprise comme une série de compromis ("bargains") entre les leaders politiques des États dominants d'une région que comme une dynamique portée par la recherche d'un bien-être collectif. Toutefois, en focalisant l'attention sur les aspects inter-étatiques, la théorie néglige les processus économiques, sociaux et institutionnels par lesquels se créent des formes de gouvernement qui dépassent les États-nations ou qui conduisent à redéfinir les conditions d'exercice des politiques nationales.

Une même question traverse les approches économiques et politiques de la régionalisation : quels sont les intérêts en présence, quelle est la logique politique et sociale qui sous-tend une dynamique régionale ? Une analyse d'"économie politique internationale" (ÉPI) qui cherche à combiner les enseignements des économistes et des politistes est ici indispensable (voir Kébabdjian, 1999).

Une analyse complète d'ÉPI de la régionalisation n'existe pas pour le moment. La littérature est lacunaire (absence d'une ÉPI de l'intégration monétaire ou productive par exemple) et il manque surtout une ÉPI des formes de la régionalisation. Les lignes de recherche s'avèrent néanmoins prometteuses. La cinquième partie esquissera quelques pistes en ce sens. Des tentatives d'ÉPI abouties n'existent véritablement que pour la question de l'intégration commerciale. Ces analyses sont intéressantes à connaître, même si elles restent partielles, notamment en vue de mieux comprendre le libre-échange euro-méditerranéen en termes d'ÉPI.

2.2. Économie politique du libre-échange régional : les analyses standard

Il est bien connu que les raisons préférentielles à l'intégration régionale plutôt qu'au libre-échange multilatéral sont, en termes d'ÉPI, rattachées au "détournement de trafic" inhérent à la constitution d'un bloc commercial (voir par exemple Siroën, 2000). On a rappelé précédemment l'analyse de Viner (1950). Le "détournement de trafic" est un facteur qui peut, s'il est relativement plus important que la "création de trafic", rendre sous-optimale une intégration commerciale régionale et constituer un obstacle à la régionalisation si on raisonne en termes purement normatifs. Mais le "détournement de trafic" est toujours favorable aux agents économiques dont l'activité économique se trouve concernée par ce détournement. Par conséquent, du point de vue de l'économie positive, un libre-échange régional peut trouver à se créer même s'il est sous-optimal au point de vue normatif. C'est sur l'idée de "détournement de trafic" (donc par le "mauvais côté" plutôt que par le "bon côté" du libre-échange) que s'est construite dans les années quatre-vingt-dix une "économie politique de l'intégration régionale" cherchant à rendre compte des accords régionaux commerciaux préférentiels par les gains escomptés pour les agents bénéficiaires du détournement de trafic. L'analyse présente un intérêt évident dans le cas euro-méditerranéen, notamment pour rendre compte des raisons du ralliement au libre-échange régional de la part des pays du Sud et l'Est méditerranéens (PSEM) qui ne paraissent pas devoir en tirer un profit substantiel au plan collectif (la plupart des études de simulation quantitatives effectuées sur l'impact du libre-échange dans les PSEM font apparaître un *bilan négatif* ou *très faiblement positif* en termes de bien-être collectif : voir plus loin).

A cette approche devenue classique, il faut ajouter le courant, plus nouveau, cherchant à analyser les arrangements régionaux comme des "clubs" au sens de l'économie publique. On appelle "club" une organisation collective destinée à produire et à consommer un "bien public avec exclusion" (pour les non-membres)[4] : la théorie des "clubs" est une théorie extrêmement utile non seulement en économie publique mais aussi en économie politique (par exemple Drazen, 2000). Son application en ÉPI met l'accent sur l'existence de biens publics *internationaux* "excludables". Les recherches récentes visent à construire sur cette base un fondement général du "nouveau régionalisme" (Padoa, 2001). Cette approche insiste sur le fait que les biens publics internationaux peuvent difficilement être produits à l'échelle globale de la planète (surtout dans un contexte de défaillance de la puissance américaine en matière de production de biens collectifs internationaux) alors que les conditions sont beaucoup plus favorables au plan régional en raison de la proximité géographique et culturelle. L'approche permet de prendre en compte non seulement les aspects commerciaux mais également d'autres aspects, généralement négligés ou pris en compte indépendamment des aspects commerciaux (comme la participation à une zone monétaire).

La littérature comporte deux volets, l'un est centré sur l'analyse par pays ("country perspective"), l'autre sur les effets de contagion au plan régional. Concernant la première perspective, et la dimension commerciale, le facteur central est, comme on l'a dit, le détournement de trafic. Ce dernier peut être plus important que la création de trafic, de sorte que l'accord régional peut dégager des gains globaux négatifs pour le pays (c'est ce qu'admet en général l'ensemble du courant favorable au "libre-échangisme multilatéral" auquel se rattache cette littérature). Cette possibilité n'interdit toutefois pas la conclusion d'un accord régional préférentiel parce que les agents bénéficiaires du détournement ont la capacité d'imposer le choix qui leur est favorable à l'ensemble de la collectivité. Les modèles habituels d'économie internationale doivent évidemment être complétés par un modèle de choix au plan politique. Ce dernier est en général trouvé dans le modèle de l'électeur médian : Grossman et Helpman (1995). Même si techniquement le modèle comporte plusieurs facettes, l'idée de base est assez simple : dans les pays démocratiques, les dirigeants politiques visent leur réélection et cette réélection dépend du soutien des lobbies les plus puissants. Or l'intégration régionale crée un détournement de trafic bénéficiant à des groupes de pression organisés (comme les producteurs) tandis que les gains associés à la création de trafic sont plus diffus et ne sont pas canalisés vers des groupes de pression susceptibles d'action politique (comme les consommateurs). Les dirigeants politiques sont donc plus sensibles aux groupes de pression favorables à l'intégration régionale.

Concernant la seconde perspective, c'est-à-dire les effets de contagion à l'intérieur d'une région géographique, l'analyse est moins complète. On cite

---

[4] Les biens publics avec exclusion, appelés également biens publics "excludables", ou biens-clubs, présentent trois caractéristiques : l'adhésion au club est volontaire (alors que la consommation d'un bien public pur ne l'est généralement pas) ; le club a une dimension finie ; les non-adhérents sont exclus de la consommation du bien ; il existe un phénomène de congestion.

généralement le modèle de Baldwin (1993a) et (1997) pour rendre compte de la dynamique de l'élargissement commercial. L'analyse de Baldwin se situe dans le droit fil de la logique du "détournement de trafic" (approche-pays). La "théorie des dominos" proposée par Baldwin cherche à expliquer pourquoi un accord régional a tendance à faire tâche d'huile. La prime que confère l'intégration régionale aux pays participants en termes de détournement de trafic est nécessairement payée par ceux qui restent en dehors de la coalition, pays qui voient leurs débouchés se restreindre en proportion du détournement de trafic. Par conséquent, les "outsiders" sont incités à entrer dans l'intégration régionale et à se transformer en "insiders" de façon à bénéficier d'un effet de détournement inversé. Un accord régional a donc tendance à faire boule de neige et à s'étendre sur une base régionale en faisant tomber un à un les dominos. Gruber (2001) met, de son côté, l'accent sur un effet complémentaire lié au fait que, une fois créée, une régionalisation modifie les conditions initiales et donc le système initial de motivations. Même les pays qui ne souscrivaient pas aux principes présidant à un regroupement régional sont, une fois ce dernier constitué, poussés à s'y rallier car les coûts de la défection deviennent beaucoup plus élevés après qu'avant (le cas de la Grande-Bretagne vis-à-vis de l'Europe a été emblématique de ce changement de comportement). Les raisons de l'augmentation du coût de la non-participation sont de divers ordres et ne tiennent pas seulement au commerce (Keohane, 2001, p. 8). On peut ici utilement mobiliser la théorie des "clubs" et traiter le cas envisagé par Baldwin comme un aspect particulier de la volonté d'"admission dans le club" ou, plus précisément, de la volonté de ne pas rester en dehors du club, un club destiné à produire un bien collectif ayant des effets d'exclusion pour les pays restés en dehors. Une voie de recherches parallèle est celle du nombre des accords régionaux au plan mondial. Sur la base du modèle canonique de Krugman (1991), Frankel, Stein et Wei (1998) ont construit un modèle expliquant pourquoi les blocs existants (les trois grands blocs commerciaux) ont tendance à s'élargir, donc pourquoi les pays émergents ou en développement sont condamnés à se rattacher à des blocs existants.

Les analyses standard sont mal adaptées au cas euro-méditerranéen pour plusieurs raisons. La première raison tient à l'accent mis sur la dimension commerciale, une dimension qui est très secondaire dans les stratégies des agents en Méditerranée[5]. Une deuxième raison tient aux spécificités de la forme d'intégration, une intégration de "second niveau" et non d'accès au "noyau dur" d'un des pôles de la triade, spécificités qui font des accords euro-méditerranéens

[5] Cela ne supprime pas l'intérêt de certains aspects des analyses présentées. Pour les pays petits et politiquement fragiles comme les PSEM, l'objectif de sécurité, dont l'objectif de sécurité économique, donc la motivation d'admission dans le "club" européen, sont primordiaux. Ainsi la course entre le Maroc et la Tunisie pour signer, en premier, un accord de libre-échange avec l'Union européenne dans la première moitié des années quatre-vingt-dix a été motrice et a sans doute joué un rôle déclencheur pour les autres pays qui ont craint d'être laissés en dehors du processus.

un cas à part et nécessitent la construction d'une analyse d'économie politique propre. Que peut-on dire sur les intérêts au libre-échange régional à partir de la connaissance de terrain ? Aucune des raisons invoquées par les analyses standard ne se révèle éclairante.

3. LES MOTIVATIONS AU LIBRE-ÉCHANGE EURO-MÉDITERRANÉEN

Après avoir montré que les motivations au régionalisme sont en réalité multiples et qu'elles ne peuvent se limiter aux aspects commerciaux voire économiques, on cherchera à expliciter dans le cas euro-méditerranéen la nature de la motivation liée au processus de réformes structurelles internes aux PSEM, une motivation importante dans le cas étudié mais négligée par les analyses.

3.1. Motivations et nouveau régionalisme

La grille d'analyse multicritère construite par Whalley (1998) est ici utile pour situer sur le plan empirique la spécificité des objectifs visés par les accords de Barcelone. Le premier objectif du régionalisme identifié par Whalley concerne les gains commerciaux traditionnels (il s'agit de l'objectif traditionnel visé par les accords commerciaux). Le deuxième objectif est le soutien et le renforcement des politiques de réformes intérieures (comme cela a été, par exemple, le cas pour la Grèce, l'Espagne et le Portugal, qui ont pu effectuer leur transition démocratique interne grâce à la perspective puis au rattachement effectif à l'Europe). Le troisième objectif identifié est l'augmentation du pouvoir de négociation multilatéral (ainsi, la construction de l'Europe a permis de négocier dans de meilleures conditions face aux États-Unis durant la période du GATT ; il en va de même aujourd'hui dans le cadre de l'OMC). Le quatrième objectif identifié est la construction d'un système de garanties réduisant l'incertitude pour les opérateurs étrangers (notamment les investisseurs) : la conclusion d'un traité international de libre-échange (même limité à la seule dimension commerciale) est en effet interprétée par les investisseurs comme le signe d'un ralliement crédible à une logique libérale et permet donc de sécuriser la mise en valeur des capitaux, une croyance favorable aux investissements tant directs que de portefeuille. Le cinquième objectif de Whalley concerne la possibilité de renforcer les articulations entre les dimensions économiques et non économiques, paix et sécurité collective notamment (comme on le sait, c'était, au lendemain de la seconde guerre mondiale, le but premier de la création de la CEE dans l'esprit de ses fondateurs). Le sixième objectif est l'augmentation du champ de manœuvre stratégique entre les niveaux régionaux et multilatéraux.

En appliquant ces critères au cas euro-méditerranéen, on s'aperçoit que quatre des critères de Whalley ne peuvent être pertinents pour rendre compte des accords de Barcelone. Le premier objectif identifié (les gains commerciaux), s'il peut être explicatif pour la partie européenne[6], ne l'est pas pour les pays du Sud. Du fait des accords discriminatoires préférentiels dont bénéficient déjà les pays du Sud sur le marché européen, le libre-échange régional avec l'Europe ne peut, pour eux, créer des gains d'exportations automatiques (on met ici de côté les produits agricoles qui appelleraient une discussion à part)[7]. Les accords de coopération des années soixante-dix, qui deviennent maintenant caducs, mettaient en œuvre une logique commerciale d'asymétrie éducative : ouverture de l'Europe à l'égard des exportations des PSEM mais protection de ces derniers à l'égard des exportations européennes[8]. C'est cette logique qui se trouve mise en cause avec le libre-échange régional puisque le système est appelé à évoluer vers la symétrie. Les marchés européens étant pratiquement libres d'accès pour les exportations de produits manufacturés des PSEM, les exportateurs de ces pays ne peuvent espérer bénéficier d'un détournement de trafic significatif à la suite du libre-échange régional. En revanche, leur système de protection étant appelé à disparaître, il se produit une augmentation quasi-mécanique des importations. Le seul effet positif à attendre est un effet indirect : la baisse des droits de douane a pour conséquence de diminuer le prix des intrants importés (dont les prix des biens d'équipement), ce qui diminue les coûts de production et améliore la compétitivité. Mais l'effet n'est pas suffisant pour contrebalancer les effets négatifs (l'importance relative de cet effet reste faible au point de vue macroéconomique pour la plupart des pays du Sud méditerranéens en raison des mesures d'exonération fiscale dont bénéficient d'ores et déjà les exportateurs ; de plus, au regard de la compétitivité-qualité, la compétitivité-prix est devenue un élément secondaire de la concurrence sur les marchés européens). Ce constat a donc la signification suivante : le libre-échange n'a aucune raison d'enclencher spontanément un cercle vertueux de croissance et de développement dans les pays du Sud méditerranéens, ni être une source de création ou de détournement de trafic significative pour les exportateurs des PSEM.

Le critère cinq est lui aussi peu explicatif : la possibilité de renforcer les articulations avec les dimensions non économiques (paix et sécurité collective) est illusoire car, en Méditerranée, les problèmes de paix et de sécurité appellent une réponse politique frontale (le règlement du conflit palestinien est avant tout politique) : l'économique ne produira jamais en Méditerranée spontanément la

---

6 Le libre-échange commercial signifie la déprotection des pays du Sud, donc, compte tenu de la compétitivité relative des produits européens par rapport à l'offre locale, la perspective de gagner des parts de marché importantes pour les exportateurs européens.

7 Les produits agricoles ont été, avec raison, exclus provisoirement du processus de Barcelone car ils posent des problèmes spécifiques (les PSEM sont des gros importateurs de céréales et conservent des secteurs agricoles importants à faible rendement qui seraient durement compromis par le libre-échange agricole).

8 On rappellera cependant que les préférences accordées n'ont pas produit de résultats tangibles puisque, malgré les distorsions de concurrence, les pays du Sud méditerranéens n'ont pu réaliser des surplus commerciaux à l'égard de l'Europe.

paix (le processus serait même plutôt inverse : c'est la croissance économique soutenue qui aurait pour condition la paix et la sécurité).

Les critères trois et six sont également à écarter. Quelques précisions sont ici nécessaires. L'augmentation du pouvoir de négociation multilatéral ou du champ de manœuvre stratégique entre les niveaux régionaux et multilatéraux n'a guère de sens dans le cas des PSEM car ces pays constituent un groupe non institutionnalisé et à la remorque de l'Union européenne, donc un ensemble qui ne participe pas, en tant qu'entité régionale, aux négociations multilatérales. De façon symétrique pour la partie européenne, le rattachement de douze petits pays ne renforce pas significativement le pouvoir de négociation multilatérale de l'Europe et est donc sans conséquence notable sur le processus européen lui-même.

Il reste donc deux raisons explicatives : offrir un cadre de stabilité pour stimuler l'investissement direct extérieur ; accélérer le processus de réformes économiques à l'intérieur des PSEM. La mise en place d'un système de garanties pour les opérateurs étrangers (investisseurs notamment) constitue sans conteste un élément explicatif fondamental (les anticipations qui déterminent les mouvements de capitaux sont difficilement saisissables et l'"attractivité" relève de conditions extra économiques, comme la sécurité, non susceptibles d'une mesure simple). De même, le soutien des politiques de réforme internes est clairement un élément-clé d'explication tant pour l'Union européenne que pour les pays du Sud.

Le tableau n° 1 regroupe les éléments précédents et fait ressortir le fait que les + ne forment pas un réseau dense : les motivations restent donc très ciblées et peu nombreuses.

Tableau n° 1 : Intérêts en présence dans le projet de régionalisation euro-méditerranéen

	EUROPE	PSEM
Gains commerciaux	+	-
Soutien et renforcement des politiques de réforme interne aux PSEM	+	+
Augmentation du pouvoir de négociation multilatérale	-	-
Construction d'un système de garanties visant la sécurité économique dans les PSEM	+	+
Possibilité de renforcer la paix et la sécurité collectives	-	-
Augmentation du champ de manœuvre stratégique entre les niveaux régionaux et multilatéraux	-	-

Il est clair que le système de motivations sous-jacent aux accords de Barcelone n'a que très peu à voir avec le système de motivations pris en compte dans l'ÉPI habituelle de la régionalisation puisque ces motivations se concentrent en pratique sur les critères 2 et 4. Le critère 4 (Construction d'un système de garanties visant la sécurité économique dans les PSEM, principalement en vue d'attirer les investissements extérieurs) est un facteur d'explication bien connu et n'appelle pas de précisions particulières car beaucoup d'études ont déjà souligné ce facteur dans le cas euro-méditerranéen (Michalet, 1997 ; Bellon et Gouia, 1998). Le critère 2 (Soutien et renforcement des politiques de réforme interne aux PSEM) mérite, en revanche, quelques développements.

3.2. Libre-échange et problématique des réformes en Méditerranée

Une thèse récente (Martinez et Hibou, 1998) a soutenu de façon iconoclaste que les raisons explicatives de la signature d'accords de libre-échange régionaux par les PSEM seraient à rechercher non dans des facteurs économiques mais dans les facteurs politiques : la volonté des régimes autoritaires, et des équipes dirigeantes minoritaires de ces pays, de se tailler les habits d'une légitimité internationale sans réformes politiques internes majeures. La thèse exprime des doutes sur la possibilité pour ces régimes de se réformer d'eux-mêmes et de mettre en place une démocratie réelle. Elle considère que le libre-échange va contribuer à pérenniser, voire renforcer, les régimes autoritaires en place et bloquer les possibilités d'évolution démocratique. On doit toutefois faire remarquer que le libre-échange et la "transition à l'économie de marché", s'ils devaient aboutir (ce qui est loin d'être certain), auraient des effets transformateurs considérables (négatifs et positifs) et ne permettraient pas aux anciennes formes de domination de perdurer. A moyen terme, la logique de libéralisation est incompatible avec un régime politique opaque et autoritaire car elle renforce le pouvoir de nouveaux agents en leur donnant accès non seulement à de nouvelles ressources économiques mais également à de nouvelles ressources politiques qui sont incompatibles avec la logique des États rentiers constitutifs des régimes autoritaires de la région. Ces nouveaux groupes sociaux sont d'ailleurs déjà présents et constituent des acteurs importants du projet libre-échangiste.

A côté des élites patrimoniales rentières, une bourgeoisie d'entrepreneurs s'est en effet constituée à la faveur de l'ouverture extérieure durant la dernière vingtaine d'années. Cette classe d'entrepreneurs est tournée vers l'exportation mais également vers le marché intérieur. Du point de vue du commerce extérieur, elle a plutôt à craindre du libre-échange et l'argument du "détournement de trafic" est, comme on l'a vu, peu explicatif. Mais d'autres éléments entrent en ligne de compte. On a déjà signalé l'effet de l'instauration du libre-échange sur les entrées de capitaux et donc sur les opportunités qui peuvent en résulter pour les entrepreneurs des PSEM. L'autre élément concerne les programmes de réformes. Les nouvelles couches sociales voient dans le libre-échange un moyen de s'attaquer aux relations clientélaires (redistribution de la rente) sur lesquelles s'appuient les anciennes élites dirigeantes. Tout en accomplissant l'acte symbolique jugé nécessaire pour attirer les capitaux extérieurs, le libre-échange peut contribuer à faire disparaître les secteurs jugés archaïques qui freinent la compétitivité du secteur internationalisé. Il est donc possible d'interpréter le libre-échange euro-méditerranéen comme une poursuite des programmes d'ajustement structurel (PAS) qui ont été adoptés par les PSEM. Ces derniers avaient principalement revêtu un caractère macroéconomique et portaient sur l'assainissement budgétaire ou monétaire. Les PAS n'ont pas eu d'impact microéconomique massif dans les structures de l'activité économique nationale. Les PAS n'ont pas fait disparaître beaucoup d'entreprises non compétitives. Ces entreprises vivent plus ou moins directement des aides publiques et arrivent à se maintenir à l'abri de la protection de la concurrence étrangère. Pour le secteur ouvert sur l'extérieur et qui vise à conquérir des marchés en Europe (ou à soutenir la concurrence des PECO), l'existence de ce secteur est considéré comme un handicap, comme une source de surcoût qui grève la compétitivité nationale (surcoût en termes de coût du travail via le prix des biens de consommation importés ou des intrants en matériels). L'idée stratégique est de se débarrasser de ce secteur par le jeu aveugle et mécanique de la concurrence extérieure. Les aspects négatifs du libre-échange ne sont pas redoutés ; ils sont désirés.

Toutefois ce pari est risqué. Si on tient compte des caractéristiques socio-économiques et des dotations factorielles des PSEM, on peut dire que les pays concernés occupent une place intermédiaire dans l'échelle internationale des avantages comparatifs et se trouvent enfermés dans un dilemme très difficile à desserrer.

Les structures économiques des PSEM reposent traditionnellement sur deux piliers : l'"économie rentière" (hydrocarbures et phosphate, tourisme, entrées de devises liées à l'émigration, voire "rente politique" liée aux aides internationales) et l'"économie du bazar" (plus ou moins informelle). Entre ces deux secteurs, une production manufacturière a trouvé à se constituer durant les vingt dernières années (essentiellement autour du textile). Les PSEM se trouvent donc spécialisés dans des activités manufacturières intensives en main d'oeuvre non-qualifiée faiblement rémunérée. Cet avantage comparatif devient de moins en moins déterminant dans une mondialisation qui élargit le cercle de la compétition internationale et qui fait jouer un rôle crucial à l'existence d'une main d'oeuvre qualifiée (et bon marché).

Vers le haut, sur les barreaux supérieurs de l'échelle de la spécialisation internationale, sont apparus des pays plus avancés à bas coût de la main d'oeuvre (comme les pays du sud-est asiatiques) qui ont su progresser du point de vue de la structure de leur production en développant les activités intensives en capital et en travail qualifié. Vers le bas, sur les barreaux inférieurs, sont apparus des pays de grande taille disposant d'une abondance de travail non qualifié dont le coût est inférieur à celui des PSEM (Chine, Inde principalement). Dans le cadre d'une logique d'ouverture généralisée, ces pays exerceront une concurrence difficile à soutenir (comme on peut le craindre dès maintenant avec le démantèlement de l'accord multi-fibres, un accord qui, jusqu'à présent, du fait des contingentements préférentiels octroyés aux PSEM, protégeait les exportations textiles de ces derniers en direction de l'Europe par rapport à la concurrence du reste du monde). Les PSEM doivent donc monter dans l'échelle des avantages comparatifs. Et c'est là qu'ils auront à rencontrer la concurrence des pays déjà installés aux échelons supérieurs. De ce point de vue, les pays ex-socialistes, qui sont proches des PSEM du point de vue de la proximité géographique par rapport aux marchés européens et des dotations factorielles, mais auxquels s'ouvre la voie de l'adhésion à l'Europe, occupent déjà des positions bloquant certaines trajectoires susceptibles d'être empruntées. L'accès à une nouvelle spécialisation sous l'aiguillon du libre-échange est donc un projet non seulement risqué, mais qui se révélera coûteux en termes de transition et de mutation.

Les accords de libre-échange régional présentent donc un intérêt en Euro-méditerranée pour des raisons contradictoires : certains groupes sociaux et certaines élites gouvernementales voient dans la libéralisation du commerce extérieur le moyen d'accélérer un processus de réformes et de transition intérieurs, notamment dans la structure productive par l'élimination d'entreprises non performantes et de secteurs considérés comme retardataires et coûteux en aide publique ; pour d'autres, au contraire, c'est un moyen de maintenir le *statu quo* dans les régimes politiques en place et donc, derrière un ralliement de façade au libéralisme économique, de continuer à bénéficier de l'aide et du soutien de l'Europe. Deux stratégies se croisent donc : une stratégie de réformes pour changer les conditions socio-économiques ; une stratégie conservatrice pour maintenir les structures de pouvoir. L'absence de cohérence des motivations se double en réalité d'une absence de projet collectif associée au libre-échange et au partenariat euro-méditerranéen dans les PSEM. Ni en termes économiques ni en termes socio-politiques les contours d'une nouvelle voie de développement ne sont perceptibles car l'intégration au marché mondial et le libre-échange ne peuvent tenir lieu ni de projet réformateur ni de projet d'industrialisation. C'est ce que nous allons maintenant chercher à démontrer dans le cas euro-méditerranéen.

4. CADRAGE ET MISE EN PERSPECTIVE DES ACCORDS DE BARCELONE

Comme on l'a dit, le libre-échange commercial est la principale proposition contenue dans les accords de Barcelone pour promouvoir la régionalisation. Nous commencerons donc par rappeler les résultats des analyses quantitatives sur l'impact du libre-échange régional pour les PSEM, résultats qui permettent de préciser les enjeux auxquels se trouvent confrontés ces pays car ils font apparaître un bilan prévisionnel très ouvert, donc différent de celui que livrent habituellement les exercices de simulations similaires menées dans le cadre d'autres régionalisations, notamment nord-américaines. Cette indétermination établit que le libre-échange régional ne peut être conçu comme un projet de développement autosuffisant en Méditerranée. La spécificité du projet euro-méditerranéen sera ensuite affinée plus qualitativement en le replaçant dans la perspective du "nouveau régionalisme".

4.1. Enseignements des exercices de simulation économique

Avec la voie libre-échangiste choisie, les PSEM se trouvent en réalité confrontés à un spectre très large de scénarios possibles sans qu'il soit possible de poser à l'avance lequel sera le plus probable. En effet, les implications à attendre du libre-échange régional ne sont pas mécaniquement déterminées par l'ouverture commerciale mais sont dépendantes de données complémentaires, des données qui sont largement indépendantes du libre-échange. Il existe, en effet, aucun lien univoque, ni sur le plan logique ni sur le plan économétrique, entre l'ouverture commerciale (régionale ou non) et le développement : l'ouverture peut être favorable à la croissance tout comme le contraire. Le degré d'indétermination est particulièrement élevé dans le cas méditerranéen.

L'intérêt principal des *exercices de simulation* est alors d'expliciter la possibilité de scénarios divergents et d'éclairer les conditions susceptibles de rendre positif le bilan du libre-échange pour les pays du Sud. Trois séries de conditions apparaissent nécessaires : la reconversion compétitive de l'appareil productif des pays du Sud ; la mise en place de politiques économiques appropriées ; une augmentation significative des entrées de capitaux extérieurs.

Le choc du libre-échange est un choc de structures pour les PSEM, un choc qui doit, de toutes manières, provoquer des ajustements sur les trois plans de la production, de la politique économique et des comptes extérieurs, mais rien n'assure que les ajustements se feront dans le bon sens. Les résultats des simulations doivent donc être très contrastés selon les types d'ajustement qui vont prévaloir, allant d'un bilan positif à un bilan négatif en termes de croissance et d'équilibre financier, un bilan qui peut ou bien compromettre définitivement les chances de voir se constituer une région économique euro-méditerranéenne en fragmentant encore plus les positions économiques respectives des pays ou bien un bilan qui peut favoriser cette création en stimulant la convergence des revenus par tête. Les travaux effectués invitent de façon plus précise à deux séries de conclusions.

Un bilan maigre si tout devait rester à l'identique

Si rien ne devait changer dans les structures socio-économiques des PSEM, le libre-échange avec l'Europe serait au mieux une opération non seulement blanche en termes de croissance mais coûteuse et risquée en termes socio-économiques, telle est la principale conclusion qui ressort des études de simulation effectuées (des études qui reposent sur des hypothèses de stabilité structurelle : voir Rutherford, Ruström et Tarr, 1994 ; Kébabdjian, 1995 ; Cogneau et Tapinos, 1995 ; Dessus, Devlin et Safadi, 2001).

De nombreuses variantes sont envisageables, mais la simulation de base a le mérite de mettre clairement en évidence les ajustements macroéconomiques qui sont à craindre, à savoir : une dégradation du solde des opérations courantes (déficit commercial) ; une dépréciation du taux de change (si le change devait être flexible) ; un effet déflationniste sur les prix ; une augmentation des déficits publics ; une baisse des investissements. Ces résultats sont très différents de ceux qui se dégagent des évaluations concernant par exemple le Mexique (voir par exemple Hufbauer et Schott, 1993).

Les gains en croissance médiocres pour les pays en développement dans le cas euro-méditerranéen se comprennent assez bien. Comme on l'a rappelé, les accords des années soixante-dix institutionnalisaient un système de préférence discriminatoire en faveur des pays du Sud : ouverture tarifaire de l'Europe à l'égard de leurs exportations manufacturées sans réciprocité pour les exportations européennes (protectionnisme éducateur pour le Sud). Par conséquent les PSEM sont appelés à opérer une déprotection de leur économie sans réciprocité possible du côté européen en raison de l'accès quasi-libre déjà acquis pour les exportations du Sud.

Un bilan positif si des transformations se produisaient

Trois changements, en partie interdépendants, sont décisifs pour que l'ouverture commerciale ait un impact positif : une reconversion compétitive des économies concernées (ce qui, dans le cadre actuel de la concurrence internationale, suppose la mise en oeuvre de programmes publics en matière d'infrastructures et de formation) ; la conduite de politiques de régulation macroéconomique appropriées de la part des pouvoirs publics des pays du Sud ; une augmentation des investissements extérieurs, notamment directs.

Des gains macroéconomiques significatifs apparaissent, en effet, à partir du moment où la mise en place du libre-échange se couple avec un scénario de croissance. Le taux de croissance moyen du revenu par tête de 7 % paraît constituer le seuil à partir duquel une dynamique vertueuse est susceptible de se mettre en place (ce taux est à comparer aux prévisions de la Banque mondiale qui fixent à 3,4 % le taux de croissance moyen par an du PIB sur la période 1999-2008 et à 1,4 % le taux de croissance annuel du revenu par tête pour la même période pour les pays de la zone : Banque mondiale (1999), p. 1444). Le seuil à franchir est, pour le moment, hors de portée pour les PSEM. La stratégie choisie d'un commun accord par les parties prenantes de l'accord de Barcelone implique donc une inflexion des tendances spontanées et soulève par conséquent le problème de la politique de développement.

Une classe importante de trajectoires concerne les scénarios dans lesquels la création d'une zone de libre-échange suscite un accroissement de capitaux extérieurs important[9]. Les entrées de capitaux, notamment les investissements directs, provoquent alors une croissance qui permet d'assurer un bouclage macroéconomique susceptible de rendre globalement positif le bilan de la création d'une zone de libre-échange. Les hypothèses faites sur les variations exogènes nécessaires des entrées de capitaux représentent des montants importants mais qui restent réalistes compte tenu des niveaux très faibles des entrées de capitaux dans les pays du Sud de l'Euro-méditerranée. Le facteur inhibant de la montée en puissance des investissements extérieurs est l'étroitesse des marchés des PSEM en termes de pouvoir d'achat comme en termes de taille. La relaxation de cette contrainte passe par une convergence des revenus par tête avec l'Europe et par le développement du commerce intra-régional Sud-Sud, car c'est le développement de relations commerciales denses qui crée les conditions pour une consolidation des flux de capitaux. Cette évolution est, pour le moment, peu crédible si on en juge par les barrières tarifaires qui existent encore entre les PSEM.

4.2. Spécificités du projet euro-méditerranéen actuel

D'emblée, les spécificités du projet euro-méditerranéen, tel qu'il se présente actuellement, méritent d'être soulignées :

- les accords de Barcelone concernent une intégration que l'on pourrait appeler de "second niveau", c'est-à-dire non pas, comme avec le Mexique, un accord d'intégration direct au "coeur" d'un des grands pôles de l'économie mondiale (Europe, Amérique du Nord, Asie), mais un accord périphérique à l'un de ces pôles ;

- aucune dynamique infra régionale n'est perceptible ; les pays du sud méditerranéens restent en quelque sorte doublement à la remorque de l'Union européenne : satellites du bloc européen, ils forment une micro constellation sans consistance économique ni pouvoir de négociation internationale. Il n'existe pas de répondant à l'Union européenne (l'Union du Maghreb Arabe, par exemple, n'a eu, jusqu'à présent, qu'une existence formelle) ;

- les accords de Barcelone n'ont pas vocation à s'élargir à de nouveaux pays : la liste est bouclée et exclut des pays appartenant à la zone de proximité et d'influence naturelles de l'Europe et de la Méditerranée au sens strict ; en d'autres termes, aucune conception intégrée à l'égard des *pays arabes* ne préside

[9] Les trajectoires de croissance forte (sur des trends supérieurs à 5 %) supposent des taux d'épargne et des taux d'investissement beaucoup plus élevés que ceux actuellement observés (sauf pour l'Algérie qui connaît un taux d'épargne exceptionnellement élevé). C'est pourquoi, en l'absence d'une augmentation peu probable des taux d'épargne interne, les systèmes de financement externe peuvent apporter une contribution importante au bouclage épargne-investissement-croissance compatible avec les objectifs de Barcelone.

à la logique de Barcelone (à l'opposé, l'ALENA est en principe ouvert aux pays d'Amérique désirant y adhérer et s'inscrit dans le processus plus large de "L'initiative pour les Amériques", qui est un projet à visée géostratégique sur l'ensemble de continent).

Par rapport au cas américain avec lequel on le compare souvent[10], le projet euro-méditerranéen doit donc s'analyser comme une tentative de réorganisation très différente des rapports "Nord-Sud". En utilisant la vieille terminologie centre/périphérie, on opposera ici à la régionalisation continentale américaine la forme de "régionalisation périphérique" concernant la Méditerranée. A la différence de l'ALENA, le projet euro-méditerranéen ne recherche pas une "intégration profonde" du Sud à son Nord de rattachement géographique. Ni la dimension productive, ni la dimension monétaire et financière, encore moins la dimension économico-institutionnelle ne font partie, de façon explicite ou implicite, du processus affiché. La seule dimension prise en compte est la dimension commerciale. Or, cette limitation fait exception.

Le "nouveau régionalisme" n'est pas seulement fondé, comme par le passé, sur une logique commerciale (création de zones commerciales et ouverture de marchés dépassant le cadre national), mais également sur les autres dimensions constitutives de l'économie nationale : le champ productif (constitution d'un espace de délocalisation de la production, de circulation du capital physique et du savoir) ; le champ monétaire et financier (création d'espaces monétaires intégrés rattachés aux grandes monnaies et circulation du capital financier) ; le champ économico-institutionnel (les réglementations, la formulation des politiques publiques, etc.). Ces dimensions sont affectées à des titres divers par les différentes formes de "régionalisation" observables dans le monde aujourd'hui, notamment celles qui font intervenir un "Nord" et un "Sud", et c'est le profil particulier pris à chaque fois par le développement inégal de ces dimensions qui en éclaire la spécificité. Aucune des dimensions de la régionalisation autres que la dimension commerciale ne fait sérieusement partie du processus euro-méditerranéen : qu'on le déplore ou non, la délocalisation au Sud n'est, tout au moins à l'heure actuelle, pas d'actualité en Euro-méditerranée (on signalera que les maquiladoras, les entreprises américaines délocalisées au Mexique, sont aujourd'hui déjà responsables de près de 35 % du PIB mexicain) ; il en va de même du champ monétaire et financier, complètement absent des accords de Barcelone (alors que, en Amérique, à l'opposé, se pose le problème d'une dollarisation, officielle ou officieuse, des économies du Sud).

Du point de vue de l'Europe, la logique ayant présidé à l'initiative de Barcelone concernant la Méditerranée exprime une volonté de "*containment*"

---

[10] Le Mexique représente un poids comparable à l'ensemble des pays méditerranéens et donc un poids relatif lui-même comparable par rapport à son "Nord" de rattachement puisque l'économie européenne et l'ensemble États-Unis/Canada sont de poids à peu près similaires.

(endiguement) : éviter que les problèmes de pauvreté et les conflits religieux ou culturels des pays du Sud ne débordent au Nord. La fin de la Guerre froide a réduit l'importance géopolitique de la Méditerranée et a fait disparaître les raisons politiques d'une intégration des pays du Sud dans l'Union européenne. Elle a également ouvert soudainement une nouvelle semi-périphérie à l'Est en concurrence directe avec la Méditerranée, comme l'a montré la prolifération d'initiatives en direction du Centre et de l'Est de l'Europe.

Comme dans le cas de l'ALENA, le processus de communication avec la puissance hégémonique régionale est à sens unique. C'est la puissance hégémonique régionale (États-Unis dans un cas, Union européenne dans l'autre) qui fixe le calendrier, les paramètres des délibérations et impulse la dynamique. Mais les buts visés sont différents. Le but central de l'Union européenne n'est ni la création d'une région économique ni la volonté de consolider une zone d'influence : il est d'organiser une zone d'indifférence. A l'opposé, la logique de l'ALENA est une logique d'"intégration profonde" dont l'aboutissement est de faire du Mexique une simple excroissance de l'économie américaine, une "intégration profonde" qui tend en réalité à faire disparaître l'économie mexicaine comme entité économique autonome. La logique du projet de Barcelone présente des risques de nature strictement opposée. On touche ici au problème général que pose le "nouveau régionalisme" pour les pays situés aux marges des formations régionales. Deux types de danger opposés sont à craindre : le danger de *submersion* associé à une participation complète à la régionalisation ; le danger du déclin et d'un désavantage fonctionnel associé à *l'exclusion* et à la non-participation. En forçant un peu le trait, on peut dire qu'à la forme "domination-intégration" dont pourrait être porteuse la régionalisation nord-américaine s'oppose une forme de "domination-exclusion" dans le cas euro-méditerranéen. D'où la nécessité d'encadrer la régionalisation par des constructions institutionnelles permettant de préserver un certain équilibre entre les parties prenantes et de tracer une voie acceptable entre les deux écueils de la marginalisation et de la massification.

5. "RÉGIME RÉGIONAL", "GOUVERNANCE RÉGIONALE" OU "MODÈLE EUROPÉEN" ?

Aussi instructive que puisse se révéler l'ÉPI du régionalisme envisagée sous l'angle du commerce, on ne peut s'en contenter car d'autres aspects que le commerce sont explicitement ou implicitement impliqués par le "nouveau régionalisme". Or, comme on l'a dit, aucun cadre d'analyse général n'existe pour le moment. Cette dernière partie sera consacrée à l'explicitation des grandes formes envisageables pour la régionalisation dans le contexte mondial actuel. Nous commencerons par poser quelques définitions, avant de présenter un cadre d'analyse général et l'appliquer au cas euro-méditerranéen.

5.1. Définitions

Trois cadres théoriques peuvent être mobilisés pour analyser les processus régionaux du point de vue des structures d'organisation : celui, classique en ÉPI, des "régimes internationaux" ; celui, plus récent, en termes de "gouvernance globale" ; enfin celui correspondant à ce que l'on pourrait appeler le "modèle européen". Nous voulons soutenir ici la thèse que la région euro-méditerranéenne n'a le choix qu'entre ces trois formes de régionalisation et que les arbitrages à effectuer soulèvent un certain nombre de dilemmes tant économiques que politiques et institutionnels de première importance.

"Régime régional", "gouvernance globale" et "modèle européen" sont interprétés dans le cadre de cet article non comme des problématiques antagonistes, mais comme trois configurations distinctes de la régionalisation envisagée sous l'angle des rapports entre *autonomie des marchés*, *souveraineté des États* et *coopération internationale institutionnalisée*. Commençons par rappeler comment sont habituellement définies les trois formes d'organisation précédentes.

Les théoriciens de l'ÉPI appellent *régime international* des constructions institutionnelles dont les États sont les principaux agents et qui ont pour finalité d'introduire une logique autre que celle du marché dans un domaine international où les acteurs économiques prennent leurs décisions en économie de marché[11]. Un régime international est une combinatoire États-Marchés où les États sont une composante structurelle forte parce que la mise en œuvre des engagements internationaux dans la réalité économique trouve à s'imposer au travers du vecteur du pouvoir politique *à l'intérieur des économies nationales* (par exemple, un régime commercial comme celui de l'OMC impose des normes et des disciplines portant sur le fonctionnement interne des économies nationales). Un régime international ne concerne donc pas seulement, ni principalement, les relations "internationales" : il concerne les relations intra-nationales et c'est précisément cette internalisation qui assure l'efficacité institutionnelle des engagements internationaux (les principes, normes et règles internationaux sont à effet principalement indirect car ils transitent par les relais nationaux). La coopération internationale est alors obtenue non en niant la réalité des États-nations mais, tout au contraire, en s'appuyant sur elle et en cherchant à construire un cadre collectif fixant des limites mutuellement acceptables pour tous les gouvernements (engagements de ne pas faire : coordination négative) et, dans la mesure du possible, des procédures de coordination positive.

[11] On doit citer ici la définition classique de Krasner (1983) : les régimes internationaux sont "des ensembles explicites ou implicites de principes, de normes, de règles et de procédures de prise de décision autour desquelles les anticipations des acteurs convergent dans un domaine donné des relations internationales". Pour une discussion approfondie, on peut se reporter à Kébabdjian (1999).

La théorie des régimes internationaux (ou régionaux)[12] ne prétend pas fonder une théorie générale de l'action collective au plan international, mais cherche à théoriser des réalités institutionnelles spécifiques, des réalités qui sont "stato-centrées". Il se trouve que les institutions de l'économie internationale instaurées dans l'après-guerre tendaient toutes à s'organiser en régimes parce qu'elles avaient été créées en accord avec les caractéristiques structurelles des capitalismes nationaux avancés de l'époque, c'est-à-dire centrées sur l'État et sur des secteurs[13]. La forme de coopération internationale qui y correspond passe donc par une limitation (un "enchâssement" pour employer la terminologie de Polanyi) de l'économie de marché.

Le "modèle européen" est, de ce point de vue, très différent car il cherche à préserver l'autonomie des marchés ("marché commun" et respect de la concurrence) : la philosophie de l'Europe communautaire est de donner aux marchés les moyens de fonctionner de façon libérale, c'est-à-dire d'instaurer un minimum de limitation (un minimum d'enchâssement) de l'économie de marché. La coopération s'institutionnalise au plan communautaire non en sacrifiant les marchés mais au prix d'une perte de souveraineté des États (perte qui peut aller très loin comme avec la perte de la souveraineté monétaire). Toutefois, malgré les nombreuses analyses de science politique (notamment celles précédentes mentionnées : néo-fonctionnalisme et intergouvernementalisme), le modèle européen reste une entité mal cernée quant à la nature du pouvoir politique supranational qui s'y exerce ("un objet théorique non identifié" selon la formule de Jacques Delors).

Venons-en maintenant à la troisième configuration possible, celle de la "global governance" ou plus précisément ici de la "regional governance". Qu'entend-t-on habituellement par "global gouvernance" ? Plusieurs définitions coexistent et il est difficile de fixer sous la forme d'un concept un ensemble d'idées en cours de formation[14].

Malgré cette difficulté, la notion de "global gouvernance" (ou bonne gouvernance) apparaît clairement comme une réflexion normative pour expliquer comment il est devenu aujourd'hui à la fois possible et nécessaire de gouverner, à l'intérieur des nations et au plan mondial, en associant directement les acteurs de la "société civile" à la gestion collective. La "global gouvernance"

---

[12] Korany (1997), qui défend la thèse que les pays arabes doivent s'organiser sous le modèle d'un régime régional, n'établit aucune différence conceptuelle entre "régime international" et "régime régional". On reviendrait plus loin sur cette thèse et sur l'absence de différenciation entre les deux notions.

[13] L'OMC héritière du GATT conserve encore ces caractéristiques même si l'instauration d'organes supranationaux de règlement des conflits tend à introduire une logique nouvelle (organes juridictionnels à effet direct court-circuitant la souveraineté des États).

[14] Le théoricien le plus connu est sans aucun doute Rosenau (voir notamment Rosenau et Czempiel (1992), ouvrage collectif au titre significatif "*Governance without Government*").

est donc d'abord un courant de pensée cherchant à promouvoir une régulation intentionnelle des relations sociales fondée sur des compromis entre acteurs plutôt que sur l'utilisation directe de la violence et du pouvoir [voir Jachtenfuchs (1998)]. Autrement dit, la "gouvernance" cherche à rompre avec les conceptions marxienne ou weberienne de l'État et du pouvoir, c'est-à-dire à explorer des formes de gouvernement *ne reposant pas sur la coercition* mais sur une logique contractuelle du règlement des conflits (à travers notamment l'utilisation de ces nouveaux instruments du "droit mou", *soft law*, non contraignants juridiquement mais constitutifs d'engagements). Le versant économique de cette entreprise est de chercher à construire une relation institutions-marché "favorable au marché" (*pro-market*) visant une meilleure autorégulation des marchés fondée sur la logique du contrat et de l'autodiscipline des acteurs (une "rerégulation" marchande faisant suite à la "dérégulation" néo-libérale qui a laissé les marchés sans repères).

5.2. Les trois régionalisations possibles

Le modèle proposé par Deblock, Brunelle et Rioux (2001) fournit un cadre d'analyse séduisant permettant de regrouper les trois configurations précédentes. Il s'inspire du fameux "triangle de Mundell" et exprime un triangle de compatibilité que les auteurs considèrent comme ayant une valeur générale en ÉPI. Ce triangle impose un arbitrage entre les trois termes suivants : "autonomie des marchés", "coopération internationale institutionnalisée" et "souveraineté des États". Les auteurs envisagent deux options aujourd'hui praticables : soit 1) une régulation internationale institutionnalisée fondée sur la coopération et qui préserve l'autonomie des marchés, mais qui se fait au détriment de la souveraineté des États (option européenne) ; soit 2) une autonomie des marchés couplée au respect de la souveraineté des États mais qui se fait aux dépens de la régulation internationale institutionnalisée et de la coopération, option correspondant à la situation prévalant aujourd'hui au plan international. La "rerégulation" marchande, si rerégulation il devrait y avoir au plan international, passerait alors par l'autodiscipline des acteurs et l'adhésion à des codes (ce que nous rattachons pour notre part au modèle de la "global gouvernance").

La représentation est éclairante pour illustrer l'argument de cet article puisque l'on peut interpréter aisément dans ce cadre les formes possibles d'organisation régionale. Nous prenons ici la liberté d'utiliser à notre manière le schéma de Deblock, Brunelle et Rioux. Les régimes régionaux (purs) peuvent se concevoir comme des structures situées sur le côté du triangle rejoignant les sommets "régulation internationale institutionnalisée" et "souveraineté des États" (donc sacrifiant l'autonomie des marchés) ; ce côté définit par conséquent les régulations fondées sur des *règles à effet indirect*, c'est-à-dire des règles dont l'efficace transite par les souverainetés nationales (condition d'internalisation dans les économies nationales). La "regional governance" (pure), quant à elle, peut être traitée comme une structure située sur le côté rejoignant les sommets "autonomie des marchés" et "souveraineté des États" (donc sacrifiant la régulation internationale institutionnalisée) ; le côté correspondant se rapporte par conséquent au côté des "bonnes pratiques" et du *règlement contractuel* des différends, donc à l'"autorégulation" des marchés. Les trois cas sont représentés dans la figure n° 1.

Figure n° 1

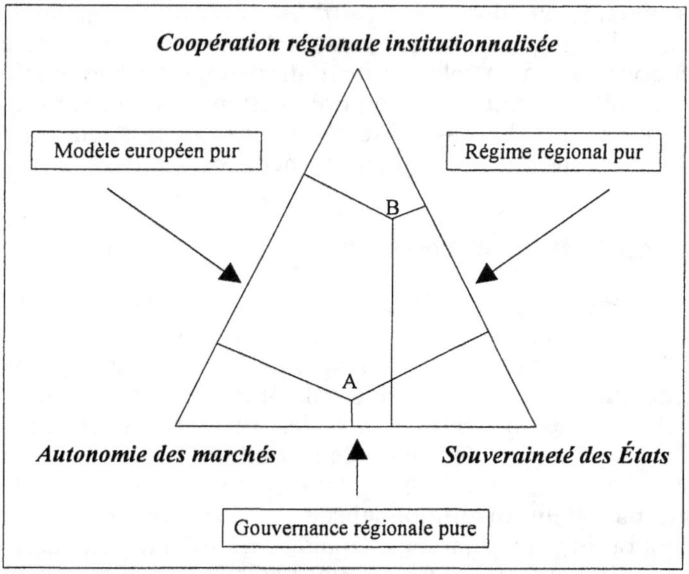

Dans la réalité, les régionalisations existantes ou possibles sont toujours des formes hybrides, et doivent être représentées par des points situés à l'intérieur du triangle (modèles impurs). Cela ne change rien au fait que des arbitrages doivent être effectués. Les structures régionales réelles doivent se constituer sur des arbitrages entre "règles à effet direct" ; "règles à effet indirect" ; "codes de bonne conduite". En d'autres termes, plus le point intérieur au triangle est éloigné du côté ouest, moins il y a de règles à effet direct ; plus le point intérieur au triangle est éloigné du côté est, moins il y de règles à effet indirect ; plus le point intérieur au triangle est éloigné du côté sud, moins il y de "codes de bonne conduite". Ainsi, le point A correspond à une forme d'organisation régionale plus proche du modèle de la "gouvernance globale" et le point B à une forme d'organisation plus proche du "régime régional".

Il alors possible d'interpréter les régionalisations existantes ou possibles dans le cadre de ce schéma. La régionalisation correspondant au modèle européen (pur) se situe, comme il a été indiqué, sur le troisième coté, la ligne définissant la régulation internationale fondée sur un droit et une législation communautaires, sur des *règles à effet direct*, c'est-à-dire des règles dont l'efficacité s'impose aux souverainetés nationales (hiérarchie des normes). Le modèle européen trouve évidemment son application majeure en Europe et a peu de chances de connaître un développement international important car il suppose non seulement une convergence élevée des conditions initiales tant en matière économique que socio-politique, mais également une très forte volonté d'intégration politique, volonté que l'on ne retrouve nulle part ailleurs dans le monde. Le modèle du régime régional a inspiré beaucoup de projets régionaux : par exemple, le Mercosur ou l'Union du Maghreb Arabe. Le type de régionalisation qui correspond à la "regional governance" est équivalent à la "régionalisation libérale". Le modèle de la "regional governance" ou "régionalisation libérale" a fait son apparition avec la seconde vague de régionalisation. La "régionalisation libérale" s'appuie sur les marchés en donnant des normes pour la coordination qui partent du bas plutôt que du haut de l'édifice économico-institutionnel. Le cas de la régionalisation asiatique est typique de cette logique.

On oppose habituellement la régionalisation *de jure* (qui correspond par exemple au cas européen) à la régionalisation *de facto* (dont relève le cas asiatique). Cette opposition n'est pas inutile mais exprime quelque chose de plus essentiel. Qu'il s'agisse du cas européen ou asiatique, la régionalisation implique la mise en œuvre d'un système de règles : il serait totalement erroné de penser qu'une régionalisation puisse se mettre en place sans institutions et sans règles : mais évidemment les institutions correspondantes peuvent être de caractère privé ou public et s'organiser selon des logiques très différentes. Dans le cas européen, les règles proviennent du haut (des instances supra-étatiques ou étatiques) et sont à effet direct dans les espaces nationaux sous la forme de règles coercitives tandis que dans l'autre cas (cas asiatique) ces règles proviennent du bas, sont produites par le marché et sont mises en œuvre de façon volontaire. L'opposition *de jure/de facto* cache donc une opposition plus profonde relative aux rapports États/marchés et aux formes de régulation associées à ces rapports.

Ainsi, la "régionalisation *de facto*" asiatique est inséparable à la fois d'une régionalisation par le marché et d'un "régionalisme ouvert". Le concept de "régionalisme ouvert" a été développé à l'occasion de la régionalisation en Asie pour l'opposer au processus de régionalisation en Amérique latine et aux formes de "régionalisme discriminatoire" envisagées par la plupart des pays en développement comportant des schémas de libéralisation intra-régionale avec des discriminations à l'égard des "outsiders". Ces formes de régionalisation sont inséparables de leur caractère "étatiste", c'est-à-dire de la préservation de la souveraineté des États concernés par cette régionalisation. Celle-ci vise à limiter l'autonomie du marché pour institutionnaliser la coopération internationale sur une base inter-étatique et s'articule avec des stratégies protectionnistes (une sorte d'"internationalisation du protectionnisme"), formes que nous rattachons pour notre part à la logique des "régimes régionaux". La régionalisation asiatique ne comporte aucune instance de régulation inter-étatique à une échelle régionale mais ce sont les forces et les institutions façonnées par le marché qui sont laissées maîtres d'organiser une régulation (autorégulation par le marché). Cette forme de régionalisme s'explique en partie par les spécificités économiques de la région[15] et conduit à accorder dans les spécialisations un rôle directeur aux incitations provenant du marché mondial.

La distinction *de jure/de facto* s'articule, de plus, avec l'existence ou l'absence d'un "club" visant ou non à produire un bien public *excludable*. On peut dire que seules les régionalisations du type européen ou du type "régime régional" visent à constituer des "clubs" au sens précédemment défini, c'est-à-dire à produire des biens collectifs *excludables*. Les régionalisations *de facto* (régionalisme ouvert et libéral du type asiatique) peuvent avoir une forme non contraignante juridiquement et très ouverte internationalement parce qu'elles ne visent pas à produire des biens publics *excludables*. La production de "biens publics internationaux avec exclusion" sur une base régionale implique une organisation formelle très serrée pour fixer les contributions et interdire l'accès aux non-membres. Elle ne peut donc s'organiser que de façon *de jure* comme c'est le cas en Europe ou comme c'est, semble-t-il, l'ambition en Euro-méditerranée.

On peut utilement résumer la logique des trois régionalisations en termes d'objectifs et de moyens. Le modèle européen suppose une convergence à la fois des objectifs et des moyens ; le modèle de la gouvernance régionale n'impose qu'une convergence des moyens (laissant les États libres de poursuivre les objectifs de leur choix) ; le régime régional, quant à lui, n'impose pas une convergence des moyens mais seulement une *convergence sur certains objectifs*.

Les justifications normatives d'un arbitrage du type B plutôt que du type A sont à rechercher dans l'importance que l'on veut donner à l'autonomie et à l'autorégulation des marchés. Nous devons donc considérer que, concernant l'Euro-méditerranée, il existe aujourd'hui, outre le modèle européen, deux grandes structures susceptibles d'assurer la fonction de régulation à l'échelle internationale (les structures de la "regional governance", ou "régionalisation libérale" et l'option des "régimes régionaux"). La première voie, celle du "régionalisme ouvert", du "régionalisme de marché", préserve l'autonomie des États mais conduit à accorder à la logique marchande (et donc au "marché

---

15 *Complémentarités et hétérogénéités* entre le Japon, les nouveaux pays industrialisés et les pays de l'ASEAN (auquel il faudra ajouter la Chine) en termes de capacités technologiques, de dotations factorielles, d'étapes de développement et de niveaux de revenu et de salaires. Cette donnée a favorisé le développement d'une division internationale poussée du travail et d'un commerce principalement axé sur l'inter-branche [Park et Park (1991)], ce qui militait contre une intégration conforme au modèle européen qui suppose une convergence des situations (commerce principalement intra-branche) et contre une intégration conforme au modèle du "régime régional" qui suppose une convergence des objectifs.

mondial") un rôle primordial. L'autre option, celle du "régime régional", nous paraît plus réaliste compte tenu des caractéristiques socio-politiques actuelles de la région.

5.3. Plaidoyer pour un régime régional en Euro-méditerranée

Pour le moment, la notion de région euro-méditerranéenne n'est rien d'autre qu'une utopie. Mais les utopies peuvent être de puissants attracteurs. Évidemment, l'état des lieux ne laisse aucun doute : la zone est segmentée, les échanges Sud-Sud y sont faibles, les pays n'ont pas des vues convergentes ou des priorités qui peuvent laisser espérer une intégration possible dans le futur proche. Le travail de Calleya (1997) inventorie toutes les excellentes raisons qui font que l'Euro-méditerranée n'est pas, pour le moment, une région économique. Il conclut son enquête en posant, peut-être hâtivement, que la Méditerranée est destinée à servir de frontière, non de région.

Nous chercherons dans cette partie à évaluer, du point de vue prospectif, les options régionales qui pourraient s'offrir à l'ensemble euro-méditerranéen si on écartait l'option de fragmentation et de périphérisation, une option qui reste évidemment la plus probable mais qui n'est pas une totale fatalité. Pour des raisons déjà indiquées, le choix du bon type de régionalisation pour l'Euro-méditerranée doit procéder des besoins de la zone et non d'un modèle de régionalisation posée *a priori*. Les PSEM, qui forment un ensemble de pays fortement hétérogènes tant en matière économique que sociale, s'ils veulent s'engager dans des dynamiques de transformation interne se situant dans une perspective de développement, doivent viser deux objectifs : l'affirmation d'un État moderne et la consolidation des institutions de l'économie de marché. Ces transformations ont des rythmes différents selon les pays : la régionalisation doit aider ces processus à se développer, non les freiner. C'est pourquoi l'autonomie des souverainetés nationales doit être préservée.

La modernisation de l'État constitue une des conditions essentielles pour enclencher une dynamique de développement, ne serait-ce que parce qu'il est l'instrument indispensable de l'éducation et de la formation de la population, de la création des infrastructures et des institutions d'une économie capitaliste de marché, et donc indirectement de l'"attractivité" du territoire pour les investissements étrangers. La "modernisation" de l'État apparaît comme une exigence de l'ouverture extérieure car le moteur d'une nouvelle dynamique de l'accumulation ne pourra se mettre en marche uniquement à partir d'une logique d'entreprises et de stratégies d'agents privés. Il serait, en effet, erroné de penser que la simple logique de marché, laissée à elle-même, serait suffisante pour impulser une dynamique de croissance dans les PSEM, des pays en développement qui ne disposent ni des institutions ni d'une culture de marché.

Comme on le sait, une des clés du développement est la découverte d'un "bon mélange" entre le privé et le public. D'un côté, sans un engagement public et une capacité à mettre en œuvre des politiques économiques "développementalistes" et des arrangements institutionnels favorables à la croissance, le secteur privé n'arrivera pas à tirer la croissance. D'un autre côté, sans investissement privé, les politiques publiques ne peuvent créer durablement des nouveaux emplois et impulser la dynamique d'accumulation nécessaire à une croissance auto-entretenue. Toute la difficulté est celle du dosage, car il n'existe aucune formule magique ni aucune équation indiquant quelle est la bonne combinatoire. Un mélange vertueux a été trouvé dans certains pays du sud-est asiatique. Les pays du Sud méditerranéens sont encore à la recherche de leur modèle. Quelle forme de régionalisme est-elle en mesure d'accompagner le mieux cette recherche ?

L'option régionale conforme au modèle européen est à écarter pour deux raisons principales : (i) ce modèle suppose des pertes de souveraineté importantes des États et une convergence très forte des situations et des aspirations ; ces deux conditions ne peuvent être réunies pour le moment en Méditerranée ; (ii) le modèle suppose des institutions de marché développées dans les pays respectifs, une condition qui est, elle-même, très loin d'être remplie dans les PSEM. L'option asiatique est, de son côté, à écarter car, bien qu'elle préserve la souveraineté des États et donc la possibilité de coexistence de processus de transformation interne hétérogènes, elle présuppose, elle aussi, des marchés internes constitués et des États affirmés. La réalité euro-méditerranéenne conduit donc à privilégier l'option "régime régional" qui fixe des orientations indirectes aux processus de transformation interne via la modernisation des systèmes juridico-politiques nationaux.

La "forme régime régional" a l'intérêt de recréer les conditions correspondant au "compromis de Bretton Woods", c'est-à-dire une organisation internationale compatible avec la poursuite de politiques économiques actives potentiellement hétérogènes à partir du moment où les pays partagent les mêmes objectifs généraux (comme l'objectif de parités monétaires fixes mais révisables, la nécessité d'une aide au développement, etc.). Il ne peut évidemment être question dans cet article d'entrer dans les détails de l'ordre régional à préconiser ni des mesures de sauvegarde ("clauses de sortie") qui doivent l'accompagner. L'idée est simplement ici de souligner, sur le plan de la logique générale, le besoin de souplesse pour une régionalisation euro-méditerranéenne qui doit tracer sa voie dans un univers d'hétérogénéité et la nécessité de conduire le changement à partir d'un couplage État-Marché inévitablement différencié selon les pays.

L'hétérogénéité est très forte en raison du nombre de pays concernés (les douze PSEM et les quinze pays européens, eux-mêmes appelés très bientôt à s'élargir aux PECO) et des disparités politico-économiques. Cette donnée est souvent utilisée pour justifier une régionalisation Sud-Sud qui devrait se construire indépendamment de toute référence à une régionalisation Nord-Sud comme le soutiennent Abdel-Fadil (1997) et Korany (1997). Cette stratégie que l'on pourrait désigner, selon l'expression d'Abdel-Fadil, l'"intégration arabe d'abord" ("Arab integration first") ou, selon l'expression de Korany, "régime régional arabe" s'apparente à la logique du Mercosur, c'est-à-dire à un "régime régional" (donc une régionalisation différente des modèles européen et asiatique) regroupant uniquement des pays en développement ou émergents. Cette régionalisation de type Sud-Sud relève de ce que nous avons appelé précédemment une "régionalisation périphérique", mais elle en accuse les caractéristiques.

Comme le souligne Baldwin (1993b), un fait stylisé d'une grande importance est que les arrangements Sud-Sud ne marchent pas. Baldwin explique le fait par l'argument mercantiliste habituellement utilisé en ÉPI : les exportateurs du Sud, qui constituent les lobbies susceptibles de pousser à des arrangements régionaux, ne sont pas très intéressés à vendre sur des marchés étroits d'autres pays du Sud : la régionalisation Sud-Sud est donc sans objet si elle se trouve coupée d'une régionalisation Nord-Sud. Cette explication prend d'autant plus valeur qu'elle s'applique aux PSEM qui commercent très faiblement entre eux et beaucoup avec les centres hégémoniques (régional comme l'Europe ou mondial comme les États-Unis). En Méditerranée, il n'y a pas de bases sérieuses pour une régionalisation Sud-Sud exclusive d'une régionalisation Nord-Sud. La raison en est simple : les PSEM doivent trouver leurs partenaires économiques principalement *au Nord* (pas seulement, du reste, pour des raisons commerciales). Les régionalisations Sud-Sud et Nord-Sud doivent donc se développer conjointement. L'hétérogénéité régionale ne pourra donc être que très forte et cette hétérogénéité sera renforcée par le rythme de développement inégal des institutions de marché selon les PSEM : dans un tel contexte, on sait que l'autorégulation par le marché joue dans le sens d'un accroissement des disparités et peut avoir des effets pervers. Un régime régional a le mérite de se limiter à imposer une convergence sur un nombre restreint d'objectifs non une convergence sur les moyens. A partir du moment où les pays s'accordent sur des objectifs communs, l'autonomie nationale des politiques économiques peut être mutuellement bénéfique.

CONCLUSION

Le processus de Barcelone va immanquablement déstabiliser certaines constantes des sociétés méditerranéennes, mais cette déstabilisation n'a aucune raison de produire mécaniquement un progrès et impulser une dynamique de régionalisation. Il importe donc, pour les pays du Sud méditerranéens, de traiter la libéralisation extérieure et la transition interne vers l'économie de marché comme des opportunités de changement progressif appelant l'élaboration d'un projet réformateur pour l'ensemble de la région.

Après plusieurs décennies de doctrines protectionnistes et de politiques fondées sur les stratégies de substitution d'importations, les dirigeants des PSEM se tournent vers la libéralisation commerciale et la promotion des exportations pour impulser une dynamique d'accumulation. C'est ce retournement que symbolise Barcelone. Ce retournement n'a de chances de porter ses fruits que s'il s'articule avec un projet réformateur et la mise en place de politiques de développement actives au plan régional. Cet article a cherché à montrer qu'une réflexion analytique était nécessaire sur les *formes de la régionalisation* et a proposé sur le plan prescriptif d'explorer, dans le prolongement des travaux en termes d'ÉPI, la voie d'une coopération institutionnalisée sous la forme d'un régime régional.

RÉFÉRENCES

Abdel-Fadil M., 1997, "Macroeconomic Tendencies and Policy Options in the Arab Region", in Guazzone L. (ed.), *The Middle East in Global Change, the Politics and Economics of Interdependance versus Fragmentation*, St. Martin's Press, New York, pp. 119-134.

Baldwin R., 1993a, "A Domino Theory of Regionalism", Center for Economic Policy Research, *Discussion Paper*, n° 857.

Baldwin R., 1993b, "Discussion", in de Melo J., Panagariya A. (eds.), *New Dimensions in Regional Integration*, Center for Economic Policy Research, Cambridge University Press, pp. 448-449.

Baldwin R.G., 1997, "The Causes of Regionalism", *The World Economy*, 24, 7, pp. 865-887.

Banque mondiale, 1999, *Global Economic Prospects 2000*, Banque mondiale.

Bayoumi T., 1997, *Financial Integration and Real Activity*, Manchester University Press.

Bellon B., Gouia R., 1998 (coord.), *Les investissements directs étrangers et les politiques de développement industriel*, Économica.

Bensidoun I., Chevalier A., 1996, *Europe-Méditerranée : Le pari de l'ouverture*, CEPII, Economica.

Bistolfi R., 1995 (sous la dir. de), *L'Euro-méditerranée, une région à construire*, Publisud.

Calleya C.S., 1997, *Navigating Regional Dynamics in the Post-Cold War World, Patterns of Relations in the Mediterranean Area*, Darmouth.

Casella A., Weingast B., 1995 "Elements of a Theory of Jurisdictional Change", in Eichengreen B., Frieden J. (eds.), *Politics and Institutions in an Integrated Europe*, Springer.

Castells M., 1998 et 1999, *La société en réseaux,* 3 volumes, Fayard.

Cogneau D, Tapinos G., 1995, "Libre-échange, répartition du revenu et migrations au Maroc", *Revue d'économie du développement*, 1, Mars.

Deblock C., Brunelle D., Rioux M., 2001, "Globalisation, investissements et concurrence : le projet des Amériques", CEIM, *Cahier de recherche 01-09*, Université du Québec à Montréal.

Dessus S., Devlin J., Safadi R., 2001, *Vers une intégration régionale arabe et euro-méditerranéenne*, OCDE, Centre de Développement.

Drazen A., 2000, *Political Economy in Macroeconomics*, Princeton University Press.

Fawzy S., Galal A. (eds.), 1999, *Partners for Development*, Mediterranean Development Forum, World Bank Institute.

Frankel J.A., Stein E., Wei S.J., 1993, "Continental Trading Blocs: Are They Natural or Supernatural?", in Frankel J.A. (ed.), *The Regionalization of the World Economy*, The University of Chicago Press.

Gala A., Hoekman B. (sous la dir. de), 1997, *Regional Partners in Global Markets: Limits and Possibilities of the Euro-Med Agreements*, CEPR-ECES.

Grossman G., Helpman E., 1995, "The Politics of Free Trade Agreements", *American Economic Review*, 85, pp. 667-690, Septembre.

Gruber L., 2001, "Power Polititics and the Free Trade Banwagon", *Comparative Political Studies*, 34, 7, pp. 703-741.

Haas E., 1958, *The Uniting of Europe*, Stanford University Press.

Hoekman B., Kheir-El-Din (eds.), 2000, *Trade Policy Developments in the Middle East and North Africa*, Mediterranean Development Forum, World Bank Institute.

Hufbauer G.C., Schott J., 1993, *NAFTA: An Assessment*, Institute for International Economics, Washington.

Jachtenfuchs M., 1998, "The Governance Approach to European Integration", *Journal of Common Market Studies*, 39, 2, pp. 245-264.

Kattab M., 1999, "Privatization in Egypt: Constraints and Resolutions", in Fawzy S., Galal A. (eds.), *Partners for Development*, Mediterranean Development Forum, World Bank Institute.

Kébabdjian G., 1995a, "Éléments d'une prospective euro-méditerranéenne", in Bistolfi R. (sous la dir. de), *Euro-Méditerranée, une région à construire,* Publisud.

Kébabdjian G., 1995b, "Le libre-échange euro-maghrebin : une évaluation macroéconomique", *Revue Tiers-Monde*, 36, 144, pp. 747-770.

Kébabdjian G., 1999, *Les théories de l'économie politique internationale,* Seuil, Collection Points.

Keohane R.O., 2001, "Governance in a Partially Globalized World", *American Political Science Review*, 95, 1, pp. 1-13.

King D., 1984, *Fiscal Tiers-The Economics of Multi-Level Government,* Allen and Unwin, Londres.

Korany B., 1997, "The Old/New Middle East", in Guazzone L. (ed.), *The Middle East in Global Change, The Politics and Economics of Interdependance versus Fragmentation*, St. Martin's Press, New York, pp. 135-150.

Krasner S. (ed.), 1983, *International Regimes*, Ithaca, Cornell University Press.

Krugman P.R., 1991, *Geography and Trade*, MIT Press.

Krugman P.R., 1991, "The Move Toward Free Trade Zones", in Federal Reserve Bank of Kansas City, *Policy Implications of Trade and Currency Zones*, Federal Reserve Bank, p.7-42.

Lucciani G., 1994, "Rente pétrolière, crise fiscale de l'État et démocratisation", in Salamé G. (éd.), *Démocraties sans démocrates,* Fayard.

Martinez L., Hibou B., 1998, "Le Partenariat euro-maghrébin : un mariage blanc ?", *Études du CERI*, n° 47, Novembre.

Melo de J., Panagaryiya A. (eds.), 1993, *New Dimensions in Regional Integration*, Cambridge University Press.

Melo de J., Panagariya A., Rodrik D., 1993, "The New Regionalism: a Country Perpective", in de Melo J., Panagariya A. (eds.), *New Dimensions in Regional Integration*, Center for Economic Policy Research, Cambridge University Press.

Melo de J., Grether J.M., 1997, *Commerce international. Théories et application*, Bruxelles, De Boeck Université.

Michalet C.A., 1997, "Investissements étrangers : les économies du Sud de la Méditerranée sont-elles attractives ?", *Maghreb-Machrek*, Documentation française, numéro hors série, Décembre.

Moravcsik A., 1991, "Negociating the Single European Act: National Interests and Conventional Statecraft in the European Community", *International Organization*, 45, pp. 19-56, Hiver.

Moravcsik A., 1998, *The Choice for Europe*, Cornell University Press.

Mundell R.A., 1961, "A Theory of Optimum Currency Areas", *American Economic Review*, 51, pp. 657-667.

Oates W., 1972, *Fiscal Federalism*, Harcourt Brace, New York.

Padoa P.C., 2001, "Political Economy of New Regionalism and World Governance", in Telo M. (ed.), *European Union and New Regionalism*, Asghate.

Park Y.C., Park W.A., 1991, "Changing Japonese Trade and the East Asian NIC's", in Krugman P. (ed.), *Trade with Japan: Has the Door Opened Wider?*, University of Chicago Press., pp. 85-115.

Rosenau J.N., Czempiel E.O. (eds.), 1992, *Governance without Government: Order and Change in World Politics*, Cambridge University Press.

Rutheford T.F., Ruström E.E., Tarr D., 1994, "L'accord de libre-échange entre le Maroc et la CEE : une évaluation quantitative", *Revue d'économie du développement*, 2, Juin.

Siroën J.M., 2000, *La régionalisation de l'économie mondiale*, Repères, La Découverte.

Viner J., 1950, *The Customs Union Issue*, Carnegie Foundation for International Peace.

Whalley J., 1998, "Why Do Countries Seek Regional Trade Agreeements?", in Frankel J.A. (ed.), *The Regionalization of the World Economy*, The University of Chicago Press.

POLITICAL ECONOMY OF REGIONALISM: THE EURO-MEDITERRANEAN CASE

Abstract - *The logic of the Barcelona agreement (November 1995) aims to build new bases for the relations among the fifteen European countries and the twelve southern and eastern countries non-members of the European Union in the context of globalization and of a "deep integration" into the European area. The article seeks to assess the relevance of this project and, to do so, utilizes an "international political economy" approach which is appropriate to the type of issues raised in the Euro-Mediterranean region. The article has three targets: firstly, setting out a survey of the political economy of regionalism (in particular concerning the north-south integration); secondly, assessing the explanatory scope of these analyses in the Euro-Mediterranean case; and finally, opening up some new fields of investigation about political economy in the institutional patterns of regionalism in general and in the Euro-Mediterranean case.*

ECONOMÍA POLÍTICA DEL REGIONALISMO: EL CASO EURO-MEDITERRÁNEO

Resumen - *La lógica de los acuerdos de Barcelona (noviembre 1995) tiene como meta la construcción de nuevas bases en las relaciones entre los 15 países europeos y los 12 países del sur y del este mediterráneos no miembros de la Unión Europea en un contexto de globalización y de integración regional "profunda" dentro del espacio europeo. Este artículo intenta evaluar la pertinencia de este proyecto y, por eso utilisa una aproximación de "economía política internacional". Esta aproximación concuerda con el tipo de problemas encontrados en Euro-Mediterráneo. Este artículo tiene una triple meta : presenta una encuesta sintética sobre la economía política del regionalismo (y principalmente la integración Norte-Sur), evalua el interés explicativo de los análisis sobre el caso Euro-mediterráneo, y en fin abre algunas nuevas pistas de investigación, decisivas para la sostenabilidad del proyecto euro-mediterráneo, en lo que se refiere a la economía política de las formas del regionalismo.*

STAGES OF REGIONAL DEVELOPMENT AND SPATIAL CONCENTRATION

Maurice CATIN* **and Stéphane GHIO***

Abstract - *We develop an economic geography model which examines the spatial concentration of different kinds of activities during four stages of regional development. First, the localization of a "standardized" industry can be based on the exploitation of external and pecuniary scale economies within a monopolistic competitive environment (this is similar to the industry Krugman (1991a, b) refers to in his model). Secondly, an autonomous technological progress will influence the location of a technological industry, operating in a competitive environment; this technological progress will spread to other regions due to technological externalities. During the next stage of regional development, the industrial activity will lead to the development of an intermediate sector for services to production that might be a "metropolization" force.*

Keywords - SPATIAL CONCENTRATION, STAGES OF DEVELOPMENT, CONGESTION.

JEL Classification: E32, R12.

We wish to thank Philippe Martin for his comments on this work. Common disclaimers apply.

---

* CRERI, Université du Sud Toulon-Var, France.

1. INTRODUCTION

Regional development analysis cannot be isolated from an analysis of the relationships between localization, concentration and specialization. Historically speaking, the new economic geography approach suggests that various sources of agglomeration and dispersion exist –their importance depends on the economic development of related territories (Duranton, 1997). In this respect, Paul Krugman's core/periphery model (1991a, 1991b, 1995) provides a stylized approach to the so-called "industrial belt" in the second half of the XIXth century and at the beginning of the XXth century –scale economies and transportation costs were considered and so was their impact on the localization of industrial activities. This paper aims at widening this model to a broader frame; we will analyze regions with a heterogeneous development and productive specialization and analyze the resulting concentration and dispersion forces.

We identify four major stages of regional development and openness. Productivity and competitiveness effects (on which regional development is based) will change, from stage to stage –i.e. their forms and intensities are not constant. Hence, different kinds of activities can be distinguished; the initial agriculture-industry diptych can be extended. First, the localization of a "standardized" industry can be based on the exploitation of external and pecuniary scale economies within a monopolistic competitive environment (this is similar to the industry Krugman refers to in his model). Secondly, autonomous technological progress will influence the localization of a technological industry, operating in a competitive environment; this technological progress will spread to other regions due to technological externalities. During the next stage of regional development, the industrial activity will lead to the development of an intermediate sector for services to production that might be a "metropolization" force.

From a theoretical point of view, the present analysis is at the crossroads of two families of models from which the economic geography approach stems[1]: urban economic models used in the context of theories endogenizing the emergence of towns (Rivera-Batiz, 1988; Abdel-Rahman and Fujita, 1990) and new economic geography models that consider both imperfect competition environments and pecuniary externalities.

In a broad sense, four major stages in the opening and economic development of regions can be identified (Catin, 1993):

---

[1] For an overview on the three streams of economic geography, see Fujita and Thisse (1997).

i. Preindustrial regions;
ii. Regions with standardized industries;
iii. Regions with technological industries;
iv. Metropolitan regions (with superior services).

Such a taxonomy can be set up with a conjunction of two indicators for export performance: the export rate and the growth rate of industrial export for a given region.

During each stage, the export pattern changes, due to the evolution of regional specializations. During the first stage as well as during the transition to the second one, regional specialization is based on factor proportions and their relative prices. In the second stage, the regional industry becomes specialized in the production and export of standardized but low technological content goods – this specialization stems from the exploitation of scale economies and low-paid jobs. Economic development and geographic concentration have combined effects, which go through: i) supply and demand multiplier effects –this leads to a development of complementary and induced activities; ii) capacity investments and scale economies –which foster exports. In the third stage, the regional industry is oriented towards high-tech activities, based both on the exploitation of autonomous productivity gains and on a significantly skilled labor force. With a significant export basis, the usual internal multipliers will lag far behind foreign trade multipliers and non-price competitiveness effects. Technological interactions will boost innovating activities and investments through networks, whether organized or not. Cross-sectoral spillovers will give way to "backward and forward linkages", due to trade. In the fourth stage, the high-tech and rich region will experience worse performances for its exports of industrial commodities, as compared to regions in the second and third stage –mainly because its services exports increase. The technological potential and the metropolitan dimension of the region, together with the concentration of research and development, decision and commercial activities, lead to the production of superior services.

Briefly sketched, this analysis reveals that industrial specialization (during the first two periods) is rooted in scale economies and low-paid jobs, while specialization (in the third and fourth stages) rests on the exploitation of autonomous productivity gains as well as the existence of a skilled labor force. Therefore, with respect to the concentration of productive activities, Krugman's model can be related to stages 1 and 2 of regional development.

The present paper will provide an economic-geography-based model that could be applied to each development stage. As such, we will consider new productive activities (e.g. high-tech industries, superior services), new agglomeration and dispersion forces (e.g. autonomous productivity gains, pecuniary and technological agglomeration economies) and a dual approach to worker qualifications (skilled and non-skilled workers).

Agglomeration economies can be broken down into localization economies (scale economies external to the firm but internal to the sector), urbanization economies, economies of scale both external to firms and to sectors. The present model will consider that scale economies benefiting to industrial firms when regions reach a certain level of development are related to the presence of a specific and skilled labor force (localization economies) and to the presence of a sector providing superior services to production (urbanization economies). In addition to this, services for firms exhibit localization economies within the metropolitan region: due to the expansion of complementary activities, productivity gains will result in scale economies featured as external to firms but internal to service activities.

Section 2 will analyze the first stage of development (during which two regions have poor industrialization levels) as well as the second one, for which we will study the various processes that lead to the concentration of industries in one of these two regions –then giving way to a core/periphery scheme. Section 3 will shed light on the evolution of regional specializations, the development of a technological industry and on relocation processes. Finally, section 4 will examine factors leading to the development of a sector providing superior services to production and in turn, to a metropolization phenomenon within the central region.

According to Krugman, any increase in production results in an increase in the number of available variety; inter-sectoral spillovers within a given industry (i.e. supply multiplier effects) entail scale economies –these are external to firms but internal to the standardized industry. In addition to this, some urbanization economies are considered, at least implicitly. These external pecuniary economies are related to the size of the domestic market (an induction effect related to the size of the local market in Krugman's analysis); they can also be related to regional infrastructures whenever their influence on transport costs is examined (this point will be analyzed during subsequent sections).

In this perspective, we have the following regional industrial growth pattern: a region with a superior productivity will experience an increase in the number of industrial business set-ups (i.e. in the number of differentiated goods, given our monopolistic competition assumption) and, then, in the production volume. This increase in production and its resulting increase in regional incomes both promote new business set-ups because agents express a preference for product diversity. The creation of new plants, because of external pecuniary economies, impacts on productivity. The economic literature is abundant in labels for this growth process –Myrdal labeled it "the circular and cumulative causation", Hirschman labeled it "the backward and forward linkages", Arthur used the term of "positive feedback" and Matsuyama referred to "complementarities"...

In addition to this, the productivity effect (both taking over and expanding the multiplier effect, while depending upon it) impacts on competitiveness. A region with a high productivity will benefit from price-competitiveness, increase its volume of exports and production and, thus, raise business set-ups and its regional income.

Catin (1995a, 1995b) provided a comprehensive approach to productivity/multiplier/competitiveness linkages; the productivity linkage affects regional multipliers and increases the regional income, while the number of available varieties and price-competitiveness goes up (due to a decrease in the average production cost); multiplier and competitiveness effects give rise to feedback effects on the regional productivity.

2. INITIAL STAGES OF REGIONAL DEVELOPMENT – INDUSTRIALIZATION AND CONCENTRATION

Krugman's formal model (1991a, b) is presented in annex 1. We start from this framework to develop our analysis of the spatial concentration of activities through the stages of regional development in the subsequent sections.

2.1. Pre-industrial regions – stage 1 of development

According to Krugman, the following three parameters have an influence on the localization of the standardized industry (see annex 1):

(i) μ is the share of the standardized industry in the economy;
(ii) τ is the inverse index for transport costs for manufactured goods;
(iii) σ is the elasticity of substitution between manufactured goods and is used to estimate scale economies.

Depending on the value given to these parameters, we can have either a convergence (with respect to the interregional industry distributions) or a regional divergence (i.e. an industrial concentration).

When the zero-profit equilibrium situation is reached, $v=\sigma/(\sigma-1)$ gives the ratio of the marginal product of labor to its average product –i.e. a degree of scale economies. During the first stage of development (regions are in the pre-industrial period), the share granted to industry in the economy of each region is weak while the agricultural sector has a significant one. Then, $\mu<(1-\mu)$ and $0<\mu<.5$ will hold.

Furthermore, transport costs for manufactured goods decrease with region development (when regions are developing, so are infrastructures, especially those concerning transportation). Both pre-industrial regions experience infrastructure weaknesses and, consequently, transport costs for manufactured goods can be high. As a result, $0<\tau<.5$ (τ is the inverse index for transportation costs) will hold; the lower τ, the higher the transportation costs.

The standardized industry benefits from scale economies; these scale economies increase with the share of non-skilled workers allocated to the industry $-\frac{\sigma}{\sigma - 1} = f\left(\frac{L_l}{L_l + (1-\mu)/2}\right), f' > 0$.

Such conditions for parameters (i.e. $0<\mu<.5$, $0<\tau<.5$ together with $1.25<v<1.5$ and $3<\sigma<5$) lead to a particular interregional distribution of manufacturing industries; firms are not interested in concentrating in one of these 2 regions due to high transport costs and low scale economies; in fact, they will just provide their domestic market. The figure attached to annex (2a) illustrates the relative wage decline when f increases. In other words, workers will leave the region with the larger share of non-skilled labor and the geographic proportions of non-skilled workers will be balanced among regions. During stage 1, regions are equally endowed with non-skilled workers (i.e. $f = 1/2$) –a distribution which is a stable equilibrium.

2.2. Industrial concentration – stage 2 of development

During stage 2, the interregional distribution of workers allocated to the "standardized" industry is no longer a stable equilibrium. This can be explained with the following arguments. First, regions have developed and the standardized industry has a prevalent share in the economy ($.5<\mu<1$).Secondly, regions experience an economic development which induces the expansion of infrastructures; transportation costs will decline as a result ($.5<\tau<1$) and inter-regional trade for standardized goods will increase. Thirdly, induced-productivity gains are amplified due to a rural exodus and to workers moving from the agricultural to the manufacturing sector.

As mentioned above, w_1/w_2 variations (with respect to f) will determine whether the standardized industry will concentrate (in one region) or spread to the other. An increase both in f and w_1/w_2 induces workers to migrate from region 2 to region 1 (where the number of workers is more important); the standardized industry will, consequently, experience a spatial concentration.

Thus, the geographic concentration process of the standardized industry will result in a development differential between regions and the peripheral region will only produce agricultural goods. Finally, low transportation costs and the relative importance of scale economies (depending on the share granted to the industry in the economy) will lead to the emergence of a core/periphery scheme. The figure listed in annex (2b) illustrates how a relative wage, increasing with *f*, will affect worker migrations; workers will leave the region having the lower proportion of non-skilled labor and go to the higher proportion of non-skilled labor region; a concentration of the standardized industry will result.

Now, the stability of such an equilibrium, with non-skilled workers concentrated in one region, is at stake. In other words, we have to determine the necessary conditions enabling a concentration in the standardized industry sector.

Suppose that all non-skilled workers are concentrated in one region, say region 1. We know that a fraction of the total income, μ, is allocated to purchasing manufactured goods, which are produced by the standardized industry. We also know that the total income is spent in region 1. Then, we have the following equations

$$Y_2 = \frac{1-\mu}{2} \tag{1}$$

$$Y_1 = \mu + \frac{1-\mu}{2} = \frac{1+\mu}{2} \tag{1'}$$

Rearrangement of eq. (17) and (17') leads to

$$\frac{Y_2}{Y_1} = \frac{1-\mu}{1+\mu} \tag{2}$$

The maximum amount sold by each firm and leading to a zero-profit can, now, be determined (in accordance with monopolistic competition assumptions). Let n be the number of firms operating in the standardized industry. Then, we obtain

$$v_1 = \left(\frac{\mu}{n}\right)(Y_1 + Y_2) \tag{3}$$

Given the complete concentration of the standardized industry in region 1, will a firm be interested in moving to region 2? Concentration in region 1 will be a stable equilibrium if a location in region 2 is unprofitable.

A firm can operate in region 2 if it attracts (in this region) the quantity of non-skilled workers required for its production; it will, consequently, provide workers with a competitive real wage; this wage is just a compensation for the increase in the cost of living, because any standardized goods are to be imported from region 1 and bear a transportation cost. So,

$$\frac{w_2}{w_1} = \left(\frac{1}{\tau}\right)^{\mu} \tag{4}$$

Thus, the profit-maximizing firm has to set a higher price for its goods compared to its competitors, given the higher wage deriving from eq. (20). The quantity sold in region 2 is, subsequently, equal to the representative firm sales multiplied by $(w_2\tau/w_1)^{-(\sigma-1)}$; the region-2"relocated"firm sales worth, in region 1, is equal to the representative firm sales worth weighted by $(w_2/w_1\tau)^{-(\sigma-1)}$. Thus, the relocated firm sales are worth

$$v_2 = \left(\frac{\mu}{n}\right)\left[\left(\frac{w_2}{w_1}\right)^{-(\sigma-1)} Y_1 + \left(\frac{w_2\tau}{w_1}\right)^{-(\sigma-1)} Y_2\right] \tag{5}$$

Combining equations (1), (1'), (3), (4) and (5) lead to the ratio of "relocated" standardized firm sales value to that of region-1 firms

$$\frac{v_2}{v_1} = 1/2\,\tau^{\mu(\sigma-1)}\left[(1+\mu)\tau^{\sigma-1} + (1-\mu)\tau^{-(\sigma-1)}\right] \tag{6}$$

Fixed costs in region 2 are higher because wages are higher (see eq. (20)). Henceforth, the production is profitable in region 2 if $V = v_2/v_1 > w_2/w_1 = \tau^{-\mu}$ holds. Once $\tau^{-\mu}$ is inserted in equation (6), V = v_2/v_1 is obtained

$$V = 1/2\,\tau^{\mu\sigma}\left[(1+\mu)\tau^{\sigma-1} + (1-\mu)\tau^{-(\sigma-1)}\right] \tag{7}$$

A relocation in region 2 is unprofitable if the industrial production is concentrated in region 1 and V>1; hence a concentration in region 1 is a stable equilibrium.

Now, the (positive or negative) impact on V of each parameter variation can be determined

$\frac{\partial V}{\partial \mu} < 0$: the value of the relocated firm sales is a decreasing function of μ, the fraction of income spent for the standardized industry goods;

$\frac{\partial V}{\partial \tau} < 0$: the value of the relocated firm sales decreases when transport costs diminish (i.e. when $\tau \to 1$), which strengthens the concentration process in region 1;

$\frac{\partial V}{\partial \sigma} > 0$: a rise in σ (i.e. a decrease in the value of scale economies) increases the value of the relocated firm sales.

Thus, regional specializations will be changed during the transition from stage 1 to stage 2 and, consequently, a regional development divergence will occur. The core region will become the concentration-based region (we arbitrarily assumed this was region 1) and will develop during stage 2, while the peripheral region will lag behind and be stuck at the preindustrial level of development. Due to the growth of manufactured goods exports to the peripheral region, the core region (the only region exporting manufactured goods) will undergo a developing process, both leading to and through stage 3. In the core region, an industrialized and urbanized one, the industry will be redeployed into more technology-intensive activities, i.e. into activities not only based on the exploitation of scale economies and low-paid jobs.

***Proposition** 1: During the second stage of development, a decrease in trade costs leads to a concentration process in the core region.*

3. REGIONAL SPECIALIZATION DEVELOPMENT AND EVOLUTION – STAGE 3

3.1. Concentration of technology-intensive industries

The core-region industry will, step by step, turn to technological activities and reach stage 3. Before we turn to the analysis of such an evolution, an assumption must be changed. We previously stated that each input was sector-specific. We assume, now, that inputs are only sector specific during a particular stage, but can move to other sectors during the transition to another development stage. In other words, a share of the labor force working for the standardized industry can, in the long run, move to the technological industry. Intra-period specificity and inter-period evolution are realistic assumptions when the training and learning process is supposed to be time-consuming. We also assume that: (i) there is a sufficient share of workers upgrading their qualification level to meet the technological industry needs (i.e. a situation free from structural unemployment); (ii) labor force movements between sectors result in zero adjustment costs; (iii) the incentive to implement those sectoral changes is due to a wage differential benefiting skilled workers employed in the technological industry.

Finally, firms belonging to the technological industry sector will operate in a competitive environment, on the opposite of the standardized industry, and face constant returns to scale and produce homogeneous goods (in the long run, technology-related knowledge and diffusion are complete). However, an autonomous technological progress differential between regions can lead to localization differentiations. Regions can trade technological goods; however, strategic interactions are not considered.

Since stage 3, individuals include the consumption of technological goods into their utility function; and we have

$$U = C_B^{\mu} C_T^{\lambda} C_A^{(1-\mu-\lambda)} \tag{8}$$

C_T is the consumption of the homogeneous technological product. In each region, the agricultural supply is equal to $(1-\mu-\lambda)/2$. Let L_{T1} be the number of skilled workers located in region 1; and suppose $L_{T1} = \lambda$. The production of technological goods, called T, is

$$x_T = \left(e^{mt}\right) L_T^{\theta} K_T^{\zeta} \tag{9}$$

θ and ζ are technology-dependent and $\theta + \zeta = 1$ (i.e. this production function exhibits constant returns to scale).On the other hand, this production function allows the exploitation of an autonomous technological progress rate; e is the natural logarithm basis and mt stands for the rate of autonomous technological progress.

The rate of autonomous technological progress, *mt*, impacts on skilled workers and is supposed to respect the Harrod neutrality condition[2]. We further suppose that *mt* increases with the share of skilled workers in the total regional population

---

[2] According to Harrod, a neutral technological progress implies Y = f(K,A(T)L) (i.e. the technological progress is labor-augmenting and, hence, increases production if the quantity of labor is raised).

$$m_{1T} = v[L_{T1}/(L_1 + L_{T1})], \quad v' > 0$$

K_T, the capital required for the production of technological goods, is exogenous and just sufficient to reach x_T, the output level. Transport costs for technological goods, as well as for standardized goods, are assumed to take Samuelson's "iceberg" form. ψ is the inverse index for transport costs of technological goods.

We also assume, in this model, that the technological progress differential between regions is related to the distribution of skilled workers located in each region[3]. Returns on human capital are a source of agglomeration economies and raise the labor productivity.

In region 1, the technological industry representative firm will get the following profit

$$\Pi_{T1} = P_{T1}(e^{m1t})(L_{T1})^{\theta}(K_{T1})^{\varsigma} - W_{T1}(L_{T1}/Q) - g_1 K_{T1} \tag{10}$$

Skilled workers, employed in the technological industry located in region 1, are paid W_{T1}; the price of technological goods in region 1 is P_{T1}. This price is exogenous (according to perfect competition assumptions, firms are price-takers). g_1 is the operation cost for K_{T1}, the amount of capital used in region 1.

First-order conditions for a profit-maximizing behavior imply

$$W_{T1} = P_{T1}\left(\theta \frac{x_{T1}}{L_{T1}}\right) \tag{11}$$

Equation (11) reveals that price and marginal cost of technological goods are equalized –a result relevant to our perfect competition assumption. Here, the first-order condition for capital is not considered because g_1 results from the equalization of the aggregate demand for capital, K_T, to the supply of available capital in region 1, $\hat{K}$.

Wages paid to skilled workers, working in the technological sector located in region 1, derive from the substitution of x_T, resulting from equation (9), into equation (11)

---

3 This paper does not explicitly consider the various theoretical insights for which the technological progress is an endogenous process; this model could be fruitfully extended to product variety enlargement models (see Spence, 1976; Ethier, 1982; Romer, 1987 and 1990; Grossman and Helpman, 1991, chap. 3) or to quality improvement models (see, especially, Aghion and Howitt, 1992; Grossman and Helpman, 1991, chap. 4).

$$W_{T1} = P_{T1}\theta\,(e^{m1t})(L_{T1})^{\theta-1}(K_{T1})^{\varsigma} \quad (12)$$

Thus, wages paid to skilled workers employed in the technological sector located in region 1 depend on P_{T1} (the price of technological goods produced in region 1), m_1t (the autonomous technological rate) and on θ and ζ (parameters respectively associated to labor and capital productivity).

The technological industry is assumed to be concentrated in the core region (due to its development level); we will, now, determine whether or not this concentration is a stable equilibrium, and whether or not a technological firm could profitably operate in the peripheral region, despite the region development lag.

Provided that λ is the share of total income spent for buying technological goods and that this whole income is spent in region 1, we obtain:

$$Y_2 = \frac{1-\mu-\lambda}{2} \quad (13)$$

$$Y_1 = \frac{1-\mu-\lambda}{2} + \mu + \lambda = \frac{1+\mu+\lambda}{2} \quad (14)$$

and, $$\frac{Y_2}{Y_1} = \frac{1-\mu-\lambda}{1+\mu+\lambda} \quad (15)$$

Provided that Q is the number of technological-industry-based firms, the individual production is worth

$$v_1^* = \left(\frac{\lambda}{Q}\right)(Y_1 + Y_2) \quad (16)$$

Any technological firm can be relocated in the peripheral region if it attracts skilled workers. Thus compensation must be paid because all standardized and virtually all technological goods are imported from the core region. Then, it follows

$$\frac{W_{T2}}{W_{T1}} = \left(\frac{1}{\tau}\right)^{\mu}\left(\frac{1}{\psi}\right)^{\lambda} \quad (17)$$

Proposition 2*: When the model is extended to a 2-goods one, interactions over localization decisions are considered with respect to transport costs associated to each product. In other words, every firm that makes a decision about its localization, takes 2 elements into account: (1) agents consume both* *industrial goods; (2) the transportation of goods from a region to another one is not costless.*

Due to higher wages, the output of the representative firm located in region 2 is worth the region-1 representative firm production, weighted by ($W_{T2}\tau\psi / W_{T1}$). (Conversely, in region 1, the relocated technological firm output is worth the representative firm output multiplied by $W_{T2}/W_{T1}\tau\psi$). Thus, the total output of the relocated firm is worth

$$v_1^* = \left(\frac{\lambda}{Q}\right)\left[\left(\frac{W_{T2}}{W_{T1}\tau\psi}\right)Y_1 + \left(\frac{W_{T2}\tau\psi}{W_{T1}}\right)Y_2\right] \tag{18}$$

With equations (16) to (18) and given (13) and (14), the ratio of relocated technological firm sales value to that of region-1 firms is

$$\frac{v_2^*}{v_1^*} = 1/2\left[(1+\mu+\lambda)\Phi + (1-\mu-\lambda)\Omega\right] \tag{19}$$

where, $\Phi = \psi^{\lambda-1}\tau^{\mu-1}$ and $\Omega = \psi^{-(\lambda-l)}\tau^{-(\mu-l)}$.

***Proposition 3**: The production costs of technological goods are higher in the peripheral region for two related reasons:*

(i) there is an autonomous technological progress differential between regions; this differential benefits the core region since it has a larger proportion of skilled workers;

(ii) workers are paid a higher wage in region 2 due to a wage compensation (see eq. (17)) and labor productivity is lower.

Furthermore, provided a perfect homogeneity for technological goods, homogenous localization decisions made by technological firms do not depend on the elasticity of substitution between goods, while standardized firms do. Production in region 2 is profitable when

$$V^* = v_2^*/v_1^* > (W_{T2}/W_{T1})\left(e^{m_2 t}/e^{m_1 t}\right) = \tau^{(-\mu)}\psi^{(-\lambda)}\left(e^{m_2 t}/e^{m_1 t}\right)$$

Let $e^{mt} = \left(e^{m_2 t}/e^{m_1 t}\right)$ and insert $\tau^{(-\mu)}\psi^{(-\lambda)}e^{mt}$ in eq. (19); the following result is obtained

$$V^* = 1/2\left(e^{mt}\right)\tau^{(-\mu)}\psi^{(-\lambda)}\left[(1+\mu+\lambda)\Phi + (1-\mu-\lambda)\Omega\right] \quad (20)$$

where, $\Phi = \psi^{\lambda-1}\tau^{\mu-1}$ and $\Omega = \psi^{-(\lambda-1)}\tau^{-(\mu-1)}$.

The value of the relocated technological firm output depends on ψ (the technological progress differential), on τ (the transport cost for the standardized goods) and is negatively affected by μ and λ (the respective shares of each industry in the economy). The technological industry concentration in the core region is a stable equilibrium if $V^* < 1$ holds.

If, during stage 3, the share of the technological industry in the economy is still inferior to the share of the standardized one, then $0<\lambda<.25$ and $.25<\mu<.5$ will hold; the share of the agricultural sector declines since the technological goods consumption positively enters in the utility function; and $0<(1-\mu-\lambda)<.25$ will result. Since transport costs for standardized and technological goods are low, due to the infrastructure development, we get $.75\tau<\tau<1$ and $.75<\psi<1$. On the other hand, we can, now, consider interactions related to localization decisions of both types of firms with respect to the transport cost differential between goods ($\psi \neq \tau$).

The numeral simulations given in annex (3) highlight some results. Case 3.1: whenever the transport cost differential between goods is zero, the weight of each industry in the economy has a marginal role to play regarding technological firm localization decisions; the incentive to relocate in the peripheral region is quasi-identical whatever the share of the technological industry in the economy. Here, the autonomous technological progress differential between regions plays a key role. A short technological progress differential, say $e^{mt} = 0.95$, can stabilize the equilibrium or lead to a concentration in the core region if transport costs for both industrial goods are low and equal ($\tau = \psi = 3/4$). Case 3.2.: if a transport cost differential between the two kinds of goods exists and if technological goods enter in the utility function with a higher share (i.e. if $\lambda>\mu$), the wage compensation required for firm relocation (derived from eq. (17)) will decline with a decrease in transport costs associated to these goods ($\psi > \tau$).

Proposition 4: *Technological firms will have an incentive to relocate, as high as*

(i) there is a transport cost differential benefiting the technological goods ($\psi > \tau$) and a high share for those goods in the economy ($\lambda > \mu$);

(ii) there is a transport cost differential benefiting the standardized industry ($\psi > \tau$) and a high share for those goods in the economy ($\mu > \lambda$).

The more favorable the transport cost differential is to the high share industry in the economy, the lower the wage compensation that has to be paid by a technological firm must paid to attract skilled workers in the periphery.

When the transportation is free of charge ($\psi = \tau = 1$), the technological industry is equally-divided between regions if the autonomous technological progress differential is set to zero ($e^{mt} = 1$); otherwise, the technological industry concentrates either in the core region or in the peripheral region when $e^{mt} < 1$ and $e^{mt} > 1$ hold, respectively.

Regarding the standardized industry, firms are equally-divided between regions whatever the value of the other parameters when transportation is costless for any industrial goods.

3.2. Decentralization of standardized industries

During the third stage of development, the core region experiences a growth leading to changes in its structures which, in turn, affect localization decisions of the standardized industry. Two factors can initiate a relocation movement of standardized firms from the core to the peripheral region:

(i) on the one hand, the central –urban and industrial– region is the concentration region for both industries: a congestion phenomenon may appear and expand in this region; production costs will increase with the number of firms (of both types) operating in the region;

(ii) on the other hand, the localization of standardized firms will, in turn, depend on transport costs for technological goods and, to some extent, on the conveyance-cost differential between the two kinds of industrial goods.

Given the transportation cost for technological goods, the wage compensation constraint (eq. 4) can be rearranged in the following way

$$\frac{W_2}{W_1} = \left(\frac{1}{\tau}\right)^{\mu}\left(\frac{1}{\psi}\right)^{\lambda} \qquad (4')$$

Equations (13) and (14), defining regional incomes, can be rewritten as

$$V = 1/2\,\tau^{\mu\sigma}\psi^{\lambda}\left[(1+\mu+\lambda)\Psi + (1-\mu-\lambda)\Gamma\right] \qquad (7')$$

where, $\Psi = \psi^{\lambda-1}\tau^{\sigma-1}$ and $\Gamma = \psi^{-(\lambda-1)}\tau^{-(\sigma-1)}$.

Following the Brakman et al. approach (1996), we will examine the impact of congestion costs on fixed costs and/or on variables under the control of the standardized industry.

Let $\theta_1 = (n_1 + Q_1)$, where n is the number of standardized firms located in region 1, and Q_1 is the number of technological firms located region 1; eq. (4.a) of the annex 1 can be rewritten as

$$L_l = \alpha(\Theta_l) + \beta(\Theta_l)x_i \tag{4.a'}$$

The output of a representative firm in the standardized industry located in region 1 and 2, respectively, becomes

$$x_{i1} = \frac{\alpha(\Theta_1)(\sigma-1)}{\beta(\Theta_1)}; \text{ and } x_{i2} = \frac{\alpha(\Theta_2)(\sigma-1)}{\beta(\Theta_2)} \tag{8.a'}$$

Henceforth, the representative firm output depends on the number of firms located in the region. Brakman et al. demonstrate that firms will only produce fewer standardized goods as the number of firms increases if, and only if, the elasticity of the variable cost with congestion exceeds the elasticity of the fixed cost with congestion.

Assume, for instance, that congestion only affects fixed costs; the ratio of region-2 firm sales to that of region-1 standardized firms could be written as

$$V = 1/2\tau^{(\mu^2)}\psi^{-\lambda}\left(\frac{\alpha_1}{\alpha_2}\right)^{(\alpha-1)(\lambda-1)}\left[(1+\mu+\lambda)\Psi + (1-\mu-\lambda)\Gamma\right] \tag{7''}$$

where, ψ and Γ are identical to the definition given in eq. (7'), and α_1 and α_2 are fixed production costs for region 1 and 2, respectively.

Congestion costs associated to the central region play a key role and can explain why standardized firms would be willing to relocate to the peripheral region; however, the conveyance-cost differential (whether nil or not) between the two kinds of goods will affect such a relocation decision.

Invert eq. (4.a'), and you will observe that congestion (previously defined as an increase in production cost related to the number of firms located in a region) is similar to an increase in the quantity of labor used to produce a given amount of goods; therefore, congestion is similar to an increase in the wage per unit of output produced in the core region. This will result in the traditional explanatory scheme for industrial activity relocations (from core to peripheral spaces); these are based on wage differentials for a given skilled-labor level.

Annex 4 provides some simulations regarding the standardized industry during stage 3.

Proposition 5*: A concentration of the standardized industry in the core region reaches a stable equilibrium if the conveyance-cost differential is nil (highest curve on figure 4.1) or benefits technological goods (lowest curve on figure 4.1), the least-consumed goods in the economy ($\mu > \lambda$) – this result holds* *true even with poor scale economies ($\alpha > 10$). Conversely, concentration of the standardized industry in the central region is no longer in a stable equilibrium if scale economies are depleting ($\alpha > 6$ for the highest curve on fig. 4.2) when the conveyance-cost differential benefits technological goods, the most consumed goods in the economy.*

Annex 5 illustrates how congestion impacts on location decisions made by standardized firms. When scale economies are high ($\alpha = 2$) and the transport cost differential is nil (case 5.1), congestion costs in the central region must be high to prevent concentration in the standardized industry ($\alpha_1/\alpha_2 > 1$).

Strictly-positive transport cost differentials can, however, raise the incentive towards a decentralization into the peripheral region (case 5.2).

***Proposition 6**: The analysis of interactions between congestion and transport costs unto location decisions of standardized firms reveals that low transport costs increase the least-congested region's attractiveness. With low transport costs, a weak wage compensation is required for a relocation to the peripheral region; location decisions mainly depend on congestion costs. With high transport costs, firms will only provide domestic markets, and location decisions will be based on local market attractiveness and congestion. In this case, results are more ambiguous; on the one hand, firms are induced to remain concentrated in the core region to grasp the benefits of the local market size effect; yet, on the other hand, they are induced to decentralize their activities to the peripheral region since they experience congestion effects.*

The analysis of the interactions between congestion costs and σ (the elasticity of substitution between standardized goods) points out that the output per firm is low and the number of available variety is high when σ is small. Congestion is an increasing function with the number of varieties the standardized industry supplies (since the number of firms corresponds to the number of available varieties in a monopolistic competition setting). Hence, the peripheral region might become more attractive since the congestion effect dominates the local market size-effect.

Symmetrically, congestion costs will influence technological firm choices. Indeed, profits for a representative firm in the technological industry located in region 1 can be rewritten as follows

$$\Pi_{T1} = P_{T1}(e^{mlt})(L_{T1})^{\theta}(K_{T1})^{\varsigma} - W_{T1}(L_{T1}/Q) - g_1 K_{T1} - c_1(\Theta_1) \qquad (10')$$

where, $\Theta_1 = (n_1 + Q_1)$, c_1 is region-1 congestion cost, n_1 the number of region-1-located standardized firms and Q_1 the number of technological firms located in region 1; $\partial c_1/\partial n_1 > 0$ and $\partial c_l/\partial Q_l < 0$.

Now, production costs are lower in region 2 due to a quasi-lack of congestion (in this region).

Let $\Xi = \tau\psi[c_1(\Theta_1)/c_2(\Theta_2)]^{-(1+\mu+\lambda)}$ and suppose that standardized firms are concentrated into the central region, then

$$V^* = 1/2\left(e^{mt}\right)\Xi\left[(1+\mu+\lambda)\Omega + (1-\mu-\lambda)\Upsilon\right] \qquad (20')$$

where, $\Omega = \tau^{(1-\mu)}\psi^{(1-\lambda)}$, $\Upsilon = \tau^{-(l+\mu)}\psi^{-(l+\lambda)}$ and $\Xi = \tau\psi\left[\frac{c_l(\Theta_l)}{c_2(\Theta_2)}\right]^{-(l+\mu+\lambda)}$.

A relocation to the peripheral region will be profitable if $V^* > \tau\psi[c_2(\Theta_2)/c_1(\Theta_1)]$.

During the fourth stage of development, the influence of congestion on technological firm location-related decisions is simulated; the interaction between congestion and metropolization effects is analyzed. During stage 4, technological firms can be induced to decentralize their activities to the peripheral region, since the core one experiences a congestion phenomenon. However, standardized firm relocations appear more common since these firms are much less dependent on agglomeration economies (the central region experiences such economies). Once the decentralization process for standardized firms is under way, congestion in the central region can deplete; the technological-goods specialization of the region is deepened.

5. STAGE 4 AND "METROPOLIZATION"

The fourth stage of development can be depicted by the following elements: (i) an increasing specialization in technological goods leads to the emergence of a sector providing firms with services; (ii) the service sector output is an intermediate input for the technological industry and is not traded (neither imported nor exported); (iii) the service sector is supposed to employ skilled-workers who worked for the technological industry during the previous stage. A specificity of this labor force to the service sector is another assumption we make.

Formally, the situation is

$$L_{S1} + L_{S2} = \lambda$$

where L_{S1} is the region-1 supply of skilled-workers to the service sector and L_{T1} is the region-1 supply of skilled-workers to the technological sector.

Now, the production of T, the technological goods, in region 1 is defined by

$$x_{T1} = \left(e^{m_1 t}\right) L_{T1}^{\theta} V_{ST1}^{\rho} K_{T1}^{\zeta} + c_1\left(\Theta_1\right) \quad (21)$$

with $\theta + \rho + \zeta = 1$.

$$V_{ST1} = \left[\sum_{z=1}^{r} S_{zT}^{\varepsilon}\right]^{1/\varepsilon} \text{ with } 0 < \varepsilon < 1 \quad (22)$$

S_{zT} is the quantity of services demanded by the technological industry, and r is the number of services this industry uses. V_{ST1} is the differentiated service aggregate for region 1.

Following the approaches of Abdel-Rahman and Fujita (1990) and Rivera-Batiz (1988), this production function for a competitive firm (belonging to the technological sector) exhibits a constant return to L_T (a homogenous skilled-labor input), K_T (the capital used in the technological industry) and S_{zT} (differentiated intermediate services). However, this function displays increasing returns to r (the number of intermediate and specialized services the industry uses); ρ stands for the need for a larger variety of intermediate goods in order to produce technological goods. Suppose, for instance, the equilibrium value for the number of firms providing the industry with services is reduced; then, services will be less specialized, and the industrial output will be weakened (even if the amount the industry allocates to input purchases remains constant).

Stated differently, this production function (i.e. eq. (21)) emphasizes the influence of agglomeration economies on location decisions made by the technological industry. The first right-hand term portrays localization economies (i.e. presence of a skilled labor force specific to the technological industry); the third right-hand term depicts urbanization economies (i.e. presence of a sector providing the economy with superior and specialized services for production). The productivity of technological activities is markedly connected to the importance and variety of services provided to firms operating in the metropolitan setting.

Due to a specialization in production, every firm produces one differentiated service, S_{zT}, and uses an identical technology function in which labor is the unique input. Label L_{SzT} the total amount of skilled labor required for producing S_{zT}; L_{SzT} is defined by

$$L_{SzT} = h + a\left(S_{zT}\right) \quad (23)$$

where h is the required fixed quantity of labor (i.e. a fixed cost) and a is the required marginal quantity of labor (i.e. a variable cost). They have identical cost and supply functions since services enter, symmetrically, in the V_{ST} function; and every technological firm uses the same quantity of every z services (with z = 1,…,r).

Hence the T-industry uses the following aggregate quantity of services for production

$$S_T = \sum_{z=1}^{r} S_{zT} = rS_{zT} \tag{24}$$

Rearrangement of eq.(22) leads to

$$V_{ST1} = (S_{zT})r^{(1-\varepsilon)/\varepsilon} \tag{25}$$

Insertion of eq. (25) in eq. (21) implies

$$xT1 = (e^{m1t})L_{T1}{}^{\theta} K_{T1}{}^{\varsigma}[(S_{zT})r^{(1-\varepsilon)/\varepsilon}]^{\rho} + c_1(\Theta) \tag{26}$$

then,

$$x_{T1} = r^{\rho(1-\varepsilon)/\varepsilon}\left(e^{m_1 t}\right)L_{T1}^{\theta} S_{zT}^{\rho} K_{T1}^{\varsigma} + c_1(\Theta_1) \tag{26'}$$

eq. (26') describes a standard Cobb-Douglas production function with constant returns to scale ($\theta + \rho + \zeta = 1$). $r^{\rho(1-\varepsilon)/\varepsilon}$ accounts for agglomeration economies deriving from a specialization of the service sector (r is the number of services used in the technological industry). ε is positive and therefore, V_{ST1} is a concave function and specialization economies result in an increase in service variety ($\partial x_{T1}/\partial r > 0$). When r tends towards 1, there is a decrease in r (the number of services given by eq. (26)) and the impact of r on x_{T1} is depleted. As Rivera-Batiz (1988) explained it, when ε tends towards 1, V_{ST1} is just the sum of total quantities of services utilized by the technological industry –services become perfect substitutes for each other. If services are homogenous, their number has no influence on the industrial production; however, S_{ZT}, the total quantity demanded, has.

The analyzed services exclusively meet the technological sector production; the agglomeration of the technological industry will be strengthened when services are intermediate goods and exhibit specificity. The size and variety of located services influence the productivity of the technological industry; on the other hand, an increase in the technological industry output raises the demand for services and thus, the productivity of the service sector due to scale economies, external to the firms of this sector[4]. The interconnection of productivity effects between service and technological sectors triggers a cumulative growth process and reinforces the basic element of a metropolization dynamics.

Given the amount of labor required for producing S_{ZT} (i.e. a given quantity of services), every firm faces identical total costs, equal to $W_{S1}L_{S1}$ (with W_{S1} and L_{S1} the wage offered to and the quantity of skilled-workers located in region 1 and employed in the service sector, respectively).There is a monopolistic competition setting and a free-entry in the service sector; in the service sector, a maximizing-profit behavior for a representative firm located in region 1 leads to

$$P_{S1} = \left(\frac{\varepsilon}{\varepsilon - 1} \right) a W_{S1} \tag{27}$$

Prices for representative services can be compared as follows

$$\frac{P_{S1}}{P_{S2}} = \frac{W_{S1}}{W_{S2}} \tag{28}$$

Profits tend towards zero because entry –in the sector– is free, which implies

$$P_{S1} - aW_{S1} = hW_{S1} \tag{29}$$

and

$$x_{S1} = x_{S2} = \frac{h(\varepsilon - 1)}{a} \tag{30}$$

Each region produces a quantity of services which is proportional to the quantity of skilled labor available in the service sector, namely

$$\frac{r_1}{r_2} = \frac{L_{S1}}{L_{S2}} \tag{31}$$

4 In the same vein, Abdel-Rahman and Fujita (1990) underlined the role of the size of the manufacturing sector in order to determine the size of this service sector.

In zero-profit equilibrium, $\frac{\varepsilon}{\varepsilon-1}$ is the ratio of the marginal product of labor to its average product, that is, the degree of scales economies in the service sector.

Now, profits for a representative firm of the technological sector located in region 1 are

$$\Pi T = P_{T1}x_{T1} - W_{T1}(L_{T1} / Q) - g_1 K_{T1} - \sum_{z=1}^{r} P(S_{zT1})S_{zT1} - c_1(\Theta_1) \tag{32}$$

where, W_{T1} is the wage offered to skilled workers by the technological industry located in region 1; P_{SzT1} is the price of services offered by the zth firm to the T industry in region 1; P_{T1} is the price of technological goods in region 1 (this price is assumed to be exogenous); and x_{T1} is the quantity of technological goods produced in region 1. First-order conditions for a maximizing-profit behavior imply

$$W_{T1} = P_{T1}\left(\theta \frac{x_{T1}}{L_{T1}}\right) \tag{33}$$

$$S_{SzT1} = \left[\frac{\rho P_{T1} x_{T1}}{V_{ST1}^{\varepsilon} P_{SzT1}}\right]^{1/(1-\varepsilon)} \tag{34}$$

and

$$\rho(P_{T1}x_{T1}) = \sum_{z=1}^{r} P_{SzT1} S_{SzT1} \tag{35}$$

Eq. (33) indicates an equality between the price and marginal cost of the technological commodity. Eq. (34) is the quantity demanded to every service, and equation (35) shows that the total amount the technological industry spends on services for production is a fraction, ρ, of its income.

The wage offered to skilled labor working for the technological sector in region 1 can be found by substituting x_T in eq. (33):

$$W_{T1} = P_{T1}\left[\left(e^{m_1 t}\right)\left(L_{T1}^{\theta-1}\right)\left(S_{zT1}^{\rho}\right)r^{\rho(1-\varepsilon)/\varepsilon} K_{T1}^{\zeta} + c_1(\Theta_1)\right] \tag{36}$$

Thus, wages offered to skilled workers employed in the technological sector located in region 1 depend on P_{T1} (the price of technological goods produced in region 1), $m_1 t$ (the autonomous technological progress), θ, ρ, ε and ζ (parameters associated to the marginal product of skilled labor, service and capital, respectively), $r^{\rho(1-\varepsilon)/\varepsilon}$ (the diversity index), S_{T1}^{ρ} (the quantity of services used by the industry) and on the level of congestion of each region.

Hence, wages paid to skilled workers employed in the technological sector depend on agglomeration economies, and these are related to the intermediate consumption of services in the technological sector; similarly, the autonomous technological progress and agglomeration diseconomies affect wages.

Regarding a metropolitan region, a gap between V and V* (for every industry) can exist if a certain distribution of standardized industries between regions occurred during stage 3. On the contrary, V and V* will be equal if the standardized industry remains concentrated in the core region. Regional income discrepancies will explain both situations.

Regional incomes derive from equations (13) and (14) when the standardized industry remains concentrated in the core region. However, regional income will change if an interregional diffusion of the standardized industry occurs during stage 3. These new regional incomes are defined as

$$Y_2 = \frac{1-\mu-\lambda}{2} + \frac{\mu}{2} = \frac{1-\lambda}{2} \tag{13'}$$

$$Y_1 = \frac{1-\mu-\lambda}{2} + \frac{\mu}{2} + \lambda = \frac{1+\lambda}{2} \tag{14'}$$

which implies, $\dfrac{Y_2}{Y_1} = \dfrac{1-\lambda}{1+\lambda}$ (15')

If the standardized industry remains concentrated in the core region, the ratio of relocated technological firms' sales value to that of region 1 firms is

$$V^* = 1/2\left(e^{mt}\right) r^{-[\rho(1-\varepsilon)/\varepsilon]} \Xi\left[(1+\mu+\lambda)\Omega + (1-\mu-\lambda)\Upsilon\right] \tag{20'}$$

where

$$\Omega = \tau^{(\mu-1)}\psi^{(\lambda-1)}, \ \Upsilon = \tau^{-(\mu-1)}\psi^{-(\lambda-1)} \text{ and } \Xi = \tau\psi\left[\frac{c_1(\Theta_1)}{c_2(\Theta_2)}\right]^{-(1+\mu+\lambda)}.$$

If the standardized industry is distributed among regions, this ratio becomes

$$V^* = 1/2\left(e^{mt}\right)^{-[\rho(1-\varepsilon)/\varepsilon]} \Xi\left[(1+\lambda)\Omega + (1-\lambda)\Upsilon\right] \tag{20''}$$

where, $\Omega = \tau^{\left(\frac{\mu}{2}-1\right)}\psi^{(\lambda-1)}$, $\Upsilon = \tau^{-\left(\frac{\mu}{2}-1\right)}\psi^{-(\lambda-1)}$ and $\Xi = \tau\psi\left[\frac{c_1(\Theta_1)}{c_2(\Theta_2)}\right]^{-\left(1+\frac{\mu}{2}+\lambda\right)}$.

Annex 6 provides computed results for V* with respect to ε. The autonomous technological progress differential has a non-significant influence on localization (case 6.1) if a high specialization degree occurs in the service sector (e < 0.3). The distance between the different curves increases when ε increases.

***Proposition** 7: A weaker specialization in the service sector will bestow upon this sector a lower agglomeration force and, as such, a lower effect on V*. The autonomous technological progress differential is the key variable for firms, and the volume of output of the service sector is no longer crucial. Computational results for figure 6.2. highlight this agglomeration role given to the specialization level of the service sector.*

Case 6.3. is a simulation allowing changes in V* when both congestion costs and the number of consumed services vary. In this case, concentration in the core region is in a stable equilibrium (until congestion costs reach a high value that is, exceed 1.5) if both the service sector is highly specialized and firms consume a large number of services. Conversely, the autonomous technological progress differential will be too weak to maintain a concentration in the core region if the number of consumed services diminishes and concentration costs exceed a critical threshold (equal to 1.3).

A regional asymmetry appears when these "negative feedbacks" are considered, and a concentration of both kinds of production in one region will become unlikely. Congestion costs explain why small industrial regions can still be economically profitable –a result empirically observed.

Due to congestion effects, particular firms (and mobile workers) might find it profitable to move from the core to the periphery as industrial production grows. Once a certain development threshold is reached, the agglomeration is associated with increasing congestion costs responsible for a gradual relocation of industrial activities from the core to the periphery.

6. CONCLUSION

The present theoretical model is an extension of the new economic geography approach, introduced by Krugman. The current model was an attempt to extend these previous works to the different stages of regional development.

Its primary objective was to explicitly lay down the microeconomic foundations of regional macroeconomic mechanisms, which were only studied with empirical models or statistical studies. This paper presents an all-encompassing framework facilitating the analysis of localization movements, regional concentration and specializations into key economic activities; such an analysis is required to specify both the role and nature of productivity gains and external agglomeration economies when regions experience development.

The various concentration and/or dispersion forces can clearly differ with respect to their form or intensity, given the development stage of the examined regions. This paper explains why localization decisions can become heavily dependent on agglomeration economies and/or diseconomies when regions develop. During the first two stages (i.e. periods Krugman referred to), standardized firm concentration depends heavily on external pecuniary localization economies of scale. From stage 3, the technological industry development emphasizes the impact of technological externalities on regional specializations. During stage 3, the core region experiences a transition to an industrial and urban level which can, in turn, bring out a congestion phenomenon and then, a relocation of the standardized industry from the core to the periphery. During the final stage of development, technological firms consume intermediate goods designed as superior services for production. This results in interconnections between industry and service productivities and in a metropolization dynamics into the core region (technological and service specializations in the core region, the concentration of skilled workers, as well as the regional infrastructure level play a predominant role).

This model considers that standardized firm relocation is a pre-requisite condition for the migration of workers; this assumption would, however, deserve greater attention. Labor migrations and firm location decisions are, sometimes, simultaneously analyzed in the context of a labor market (see Jayet, 1997) or in the context of the economic geography. The results largely depend on the market structure (i.e. monopoly, perfect competition or imperfect competition structures). The present model could be enhanced with the introduction of an immigrating labor force as an alternative strategy to firm relocations, international trade in a clearly opened-economy model, service exports and the various interregional links within an economy.

Finally, the current model is based on comparative statistics between the different stages but does not explicitly address questions related to path and transition between periods. Recent works offered a dynamic approach to economic geography models (see especially those of Englmann and Walz, 1995; Martin and Ottaviano, 1999; Baldwin, Martin and Ottaviano, 2001; Ottaviano, 1999, 2001; Baldwin, 2001). These works are based on assumptions related to endogenous growth theories or forward looking expectations. In the first context (endogenous growth), the authors include an R&D sector, and the dynamics stems from the innovation accumulation. The scope of this kind of analysis is to demonstrate how the less developed regions can make up for their delay via the catch-up and regional leapfrogging phenomena. These analyses are another potential method to expand the present work.

ANNEX 1

The seminal Krugmanian model (1991a,b)

Suppose the economy is divided into 2 low-developed regions. Each region is endowed with the 2 following productive sectors:

(i) an agricultural sector (name it sector A) producing homogeneous goods (we will use them as a numeraire);
(ii) an industrial sector with an industry producing manufactured goods (this"standardized"industry is named B).

The standardized industry produces manufactured goods, which are differentiated, and acts in a monopolistic competition environment. Each firm produces a single variety of the goods due to increasing returns to scale. This model is a variant of the seminal Dixit and Stiglitz (1977) monopolistic competition model. Individuals have a similar utility function. This function is Cobb-Douglas shaped (i.e. elasticity of substitution is constant) and can be modeled as

$$U = C_B^{\mu} C_A^{(1-\mu)} \tag{1.a}$$

C_A and C_B are consumptions of the agricultural and manufactured and standardized goods, respectively. C_B, the standardized manufactured commodity production aggregate, can be defined by

$$C_B = \left[\sum_{i=1}^{n} c_i^{(\sigma-1)/\sigma} \right]^{\sigma/(\sigma-1)} \tag{2.a}$$

In eq. (2), n stands for the number of potential producers (n is supposed to be large) and σ is the elasticity of substitution between the different varieties produced by the industry (σ > 1).

This economy comprises 2 regions with 2 inputs each –agricultural labor force and industrial but low-skilled labor force. Following Krugman's intent, each factor is sector-specific. Peasants produce agricultural goods; 1 unit of labor is required to produce these goods. Farmers are supposed to be immobile between regions and the supply of farmers in each region is set to $(1-\mu)/2$. Call L_1 and L_2 the supply of non-skilled workers in each region, respectively $-\mu$ is the total amount of non-skilled workers. Then, we have

$$L_1 + L_2 = \mu \tag{3 .a}$$

There are fixed and –constant– marginal costs associated to the production of the ith variety of the manufactured and standardized commodity; these costs give rise to internal scale economies, consistent for each firm to produce an ith variety

$$L_i = \alpha + \beta x_i \tag{4.a}$$

L_i is the quantity of labor required to produce an x_i amount of the ith variety.

We make two assumptions for transport costs. First, the transportation of the agricultural commodity is costless. Then, the price for agricultural goods and in turn, peasant incomes, are the same in both regions. Thus, the price/wage ratio can be used as a numeraire. We also assume that transportation costs for manufactured goods take a Samuelson "iceberg" form –i.e. transportation costs are, to some extent, incurred in the price of conveyed goods. There is just a fraction, τ (with $\tau < 1$), of shipped goods that reaches its destination. This results in a higher marginal cost for the foreign market, compared to the domestic market. Then, σ is the demand elasticity for every firm (Krugman, 1991), given the definition for the industrial aggregate (see eq. (2.a)) and the assumption of iceberg-shaped transportation costs. Firms producing standardized manufactured goods in region 1 are profit-maximizers and their behavior leads to

$$P_1 = \left(\frac{\sigma}{\sigma - 1}\right)\beta W_1 \tag{5.a}$$

P_1 and W_1 are the price and the wage for non-skilled workers in region 1, respectively. A similar equation automatically follows for region 2. Compare prices for representative commodities:

$$\frac{P_1}{P_2} = \frac{W_1}{W_2} \tag{6.a}$$

Profits will diminish to zero if entry in the sector is free. Then, we can write:

$$P_1 - \beta W_1 = \alpha W_1 \tag{7.a}$$

Which implies:

$$x_1 = x_2 = \frac{\alpha(\sigma - 1)}{\beta} \tag{8.a}$$

Therefore, the production per firm is constant whatever its localization, nominal wage and relative demand (this is a standard result with this kind of model). The number of standardized goods for each region is proportional to the number of workers

$$\frac{n_1}{n_2} = \frac{L_1}{L_2} \tag{9.a}$$

Short and long term equilibria can be considered. The short-term equilibrium is based on a Marshallian definition, i.e. an equilibrium associated with a given allocation of workers between regions. In the long run, however, workers can move to high-wage regions. Let C_{11} and C_{12} be the consumption in region 1 of goods produced either in region 1 or in region 2. P_1 and P_2/τ (transport cost included) are prices for goods produced in region 1 and 2, respectively. The relative demand for representative goods immediately follows

$$\frac{C_{11}}{C_{12}} = \left[\frac{P_1\tau}{P_2}\right]^{-\sigma} = \left[\frac{W_1\tau}{W_2}\right]^{-\sigma} \tag{10.a}$$

Let R_{11} be the ratio of region 1 expenditures on local manufactured goods to that on region 2 manufactured goods (i.e. imports from region 2 to region 1); then, it follows

$$R_{11} = \frac{n_1}{n_2}\left[\frac{P_1\tau}{P_2}\right]^{-\sigma}\left[\frac{C_{11}}{C_{12}}\right] = \frac{L_1}{L_2}\left[\frac{W_1\tau}{W_2}\right]^{-(\sigma-1)} \tag{11.a}$$

The total income of region 1 workers depends on the goods the region produces (either for domestic and foreign markets). Y_1 and Y_2 are regional incomes allocated to region 1 and 2, respectively (worker and farmer incomes included). Region 1 worker incomes can easily be found

$$W_1 L_1 = \mu\left[\left(\frac{R_{11}}{1+R_{11}}\right)Y_1 + \left(\frac{R_{12}}{1+R_{12}}\right)Y_2\right] \tag{12.a}$$

Following a similar line, we obtain for region 2

$$W_2 L_2 = \mu\left[\left(\frac{1}{1+R_{11}}\right)Y_1 + \left(\frac{1}{1+R_{12}}\right)Y_2\right] \tag{13.a}$$

Worker distributions and payoffs will affect regional incomes. With peasant incomes as a numeraire (an assumption we made before) we can derive equations (14.a) and (14.a')

$$Y_1 = \frac{1-\mu}{2} + W_1 L_1 \tag{14.a}$$

$$Y_2 = \frac{1-\mu}{2} + W_2 L_2 \tag{14.a'}$$

With equations (11.a) to (14.a'), we can derive W_1 and W_2 for given proportions of workers between regions.

Now, when the focus is on the long-term equilibrium, worker proportions are no longer affected by nominal-wage disparities but related real-wages. Thus, workers who reside in the most densely populated region will pay lower prices for manufactured goods. Call f the fraction of non-skilled workers residing in region 1, so that $f = L_1/\mu$. Given the non-skilled worker distribution among regions, the price index for manufactured goods is

$$P_1 = \left[f W_1^{-(\sigma-1)} + (1-f)\left(\frac{W_2}{\tau}\right)^{-(\sigma-1)} \right]^{-1/(\sigma-1)} \tag{15.a}$$

$$P_2 = \left[f\left(\frac{W_1}{\tau}\right)^{-(\sigma-1)} + (1-f) W_2^{-(\sigma-1)} \right]^{-1/(\sigma-1)} \tag{15.a'}$$

For the workers of both regions, equations (15.a) and (15.a') lead to the following (real) wages:

$$w_1 = W_1 P_1^{-\mu} \tag{16.a}$$

$$w_2 = W_2 P_2^{-\mu} \tag{16.a'}$$

ANNEX 2

EVOLUTION OF THE REGIONAL (REAL) WAGE RATIO (ω1/ω2) AS A FUNCTION OF THE INDUSTRIAL LABOR FORCE DISTRIBUTION (f = L1/μ)

(2a)

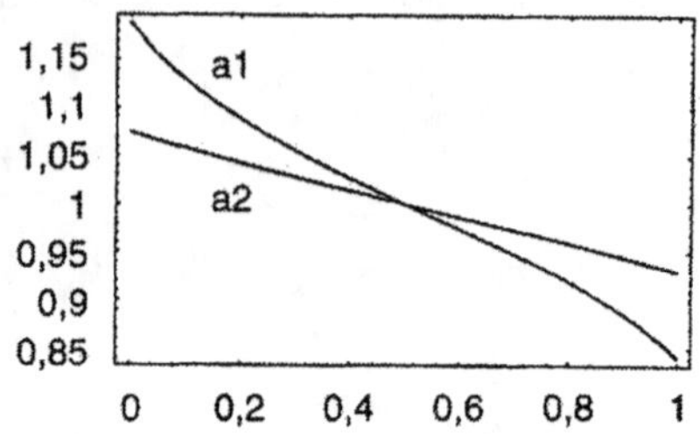

$a1 : \mu = 1/4, \sigma = 4, \tau = 1/2$
$a2 : \mu = 1/2, \sigma = 4, \tau = 1/2$

(2b)

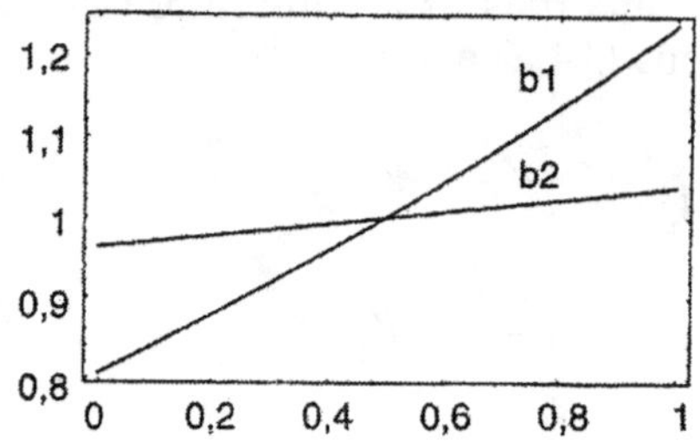

$b1 : \mu = 3/4, \sigma = 2, \tau = 3/4$
$b2 : \mu = 3/4, \sigma = 2, \tau = 0{,}95$

ANNEX 3

EVOLUTION OF V* AS A FUNCTION OF THE AUTONOMOUS TECHNOLOGICAL PROGRESS DIFFERENTIAL (m)

(3.1)

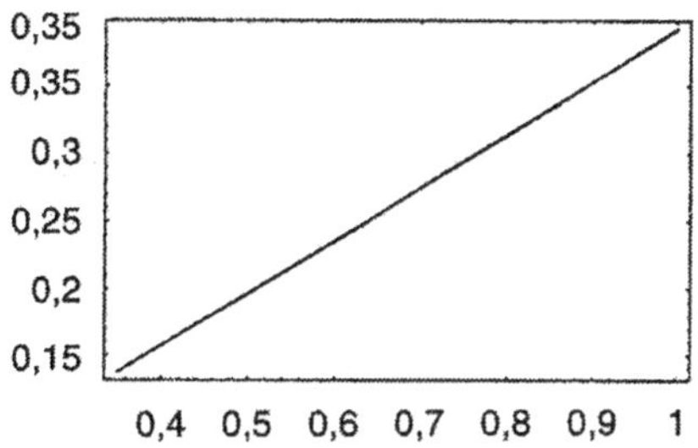

(3.2)

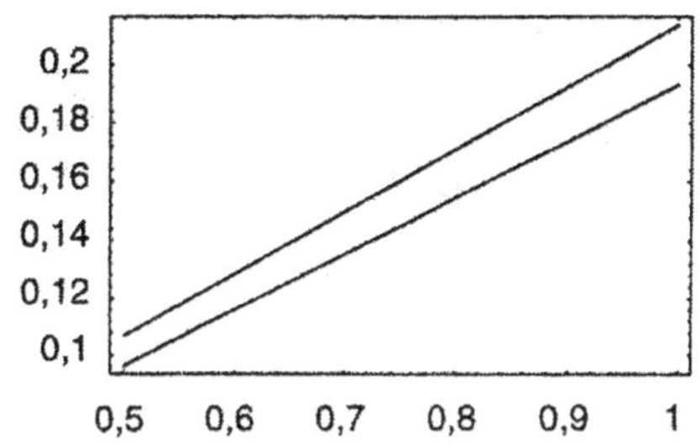

Figure (3.1): V* variations are considered when the autonomous technological progress differential evolves, transportation-cost differential excluded ($\psi = \tau = 3/4$);. $\mu = 1/2$ and $\lambda = 1/4$. We obtain similar results when $\mu = 1/2$ and $\lambda = 1/2$ (i.e. whatever the size of each industry in the economy).

Figure (3.2): a transportation-cost differential is introduced and $\psi > \tau$. In this case we reach the highest curve when $\lambda > \mu$; the opposite result follows when $\psi < \tau$ and $\lambda < \mu$ hold; there is a higher incentive to relocate for technological firms when industrial goods are the most-consumed goods in the economy and incur the lowest transportation cost.

ANNEX 4

EVOLUTION OF V AS A FUNCTION OF THE ELASTICITY OF SUBSTITUTION BETWEEN STANDARDIZED GOODS (σ)

(4.1) *(4.2)*

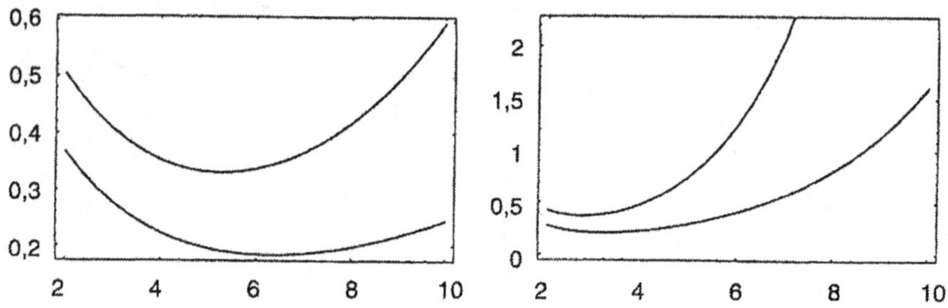

Cases (4.1) and (4.2) illustrate how scale economies affect V.

In ***case (4.1)***, the transportation-cost differential is zero (lowest curve on fig. (4.1)) and standardized goods have an important share in utility functions; the concentration of standardized firms achieves a stable equilibrium even with weak scale economies.

Case (4.2) indicates that if agents mainly consume technological goods, concentration can become unstable when $\sigma \geq 6$ and a strictly-positive transportation cost differential ($\psi > \tau$) exists (highest curve); if the transportation-cost differential is zero, instability occurs when σ is close to 10 (lowest curve).

ANNEX 5

EVOLUTION OF V AS A FUNCTION OF CONGESTION COSTS (α2/α1)

(5.1) *(5.2)*

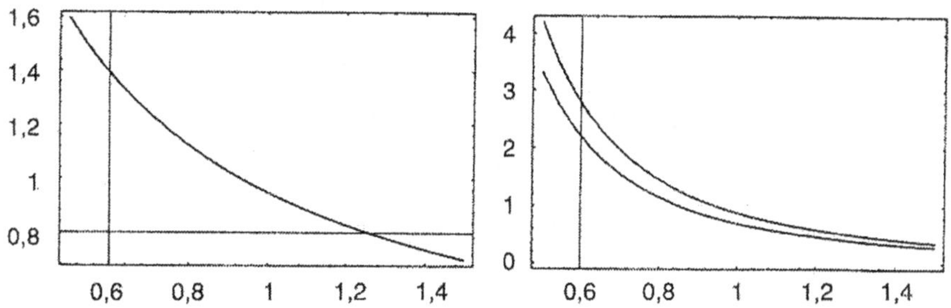

When scales economies are high ($\sigma = 2$) and the transportation-cost differential is zero (case 5.1 with $\mu = 1/2$ and $\lambda = 1/4$), the core region must exhibit high congestion costs to avoid a concentration in the standardized industry ($\alpha_2/\alpha_1 < 1$). When a transportation-cost differential exists (case (5.2) with $\tau > \psi$ and $\mu > \lambda$), there is a higher incentive to relocate when congestion costs for the core region are high. As congestion costs decline, the impact of the transportation-cost differential diminishes (the gap between the two curves is reduced).

ANNEX 6

EVOLUTION OF V* AS A FUNCTION OF BOTH THE DEGREE OF SPECIALIZATION IN THE SERVICE SECTOR (ε) AND CONGESTION COSTS (α2/α1)

(6.1)

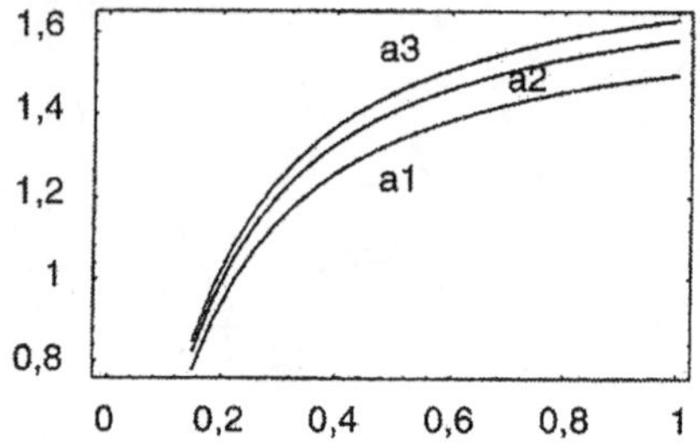

(6.2)

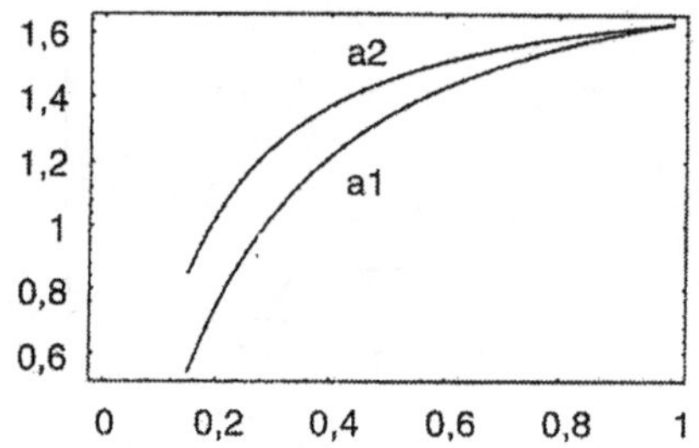

(6.3)

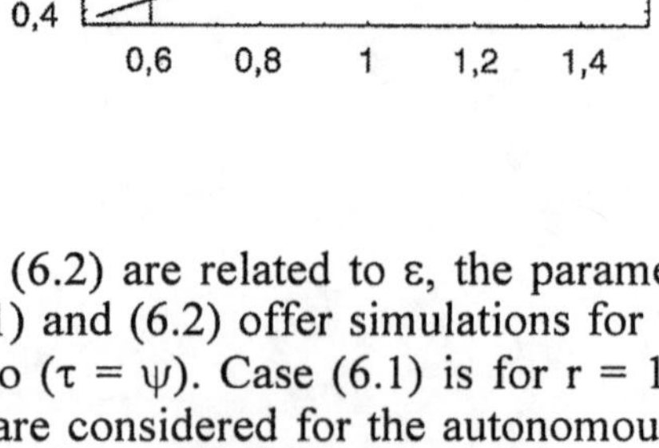

Cases (6.1) and (6.2) are related to ε, the parameter for specialization in the service sector. (6.1) and (6.2) offer simulations for which the transportation cost differential is zero (τ = ψ). Case (6.1) is for r = 10, ρ = .05, μ = 1/2 and λ = 1/4; three values are considered for the autonomous technological progress (a1: m = .9; a2: m = .95; a3: m = .98). In case (6.2), m = .98 for both considered situations (that is, the autonomous technological progress is identical). There is no transportation-cost differential but in one case r = 10 (situation a2), while r = 50 in the other (situation a1). There is just a change in the number of consumed services. The lowest curve is for r = 50. If there is a high specialization in the service sector (weak ε), the distance between both curves can vary due to high increasing returns to the number of intermediate services consumed by technological firms. These returns deplete as ε rises. In the polar case, ε = 1, services are perfect substitutes for each other and can be analyzed as homogenous; the number of consumed services no longer impacts on technological firm location decisions; both curves are merged. In case (6.3), we consider the evolution of V* as a function of congestion costs (b1 and b2 curves). For a given autonomous technological progress differential (m = .98) and a given degree of specialization in the service sector (ε = .2) (the transportation-cost differential is excluded) the lower curve (situation b1) is for r = 50, while the higher one (situation b2) is for r = 10. The distance between curves rises as congestion increases; technological firms using the bigger quantity of specialized services will relocate last.

REFERENCES

Abdel-Rahman H., Fujita M., 1990, "Product Variety, Marhsallian Externalities and City Sizes", *Journal of Regional Science*, 33, 2, p. 165-183.

Aghion P., Howitt P., 1992, "A Model of Growth through Creative Destruction", *Econometrica*, 60, 2, p. 325-351.

Baldwin R., 2001, "Core-Periphery Model with Forward Looking Expectations", *Regional Science and Urban Economics*, 31, p. 21-49.

Baldwin R., Martin P., Ottaviano G.I.P., 2001, "Global Income Divergence, Trade and Industrialization: the Geography of Growth Take-Off", *Journal of Economic Growth*, 6, 1, p. 5-37.

Brakman S., Garretsen H., Gigengack R., Van Marrewijk C., Wagenvoort R., 1996, "Negative Feedbacks in the Economy and Industrial Location", *Journal of Regional Science*, 36, 4, p. 631-651.

Catin M., 1993, "Performances à l'exportation, structures de production et niveau de développement des régions", *Revue d'Economie Régionale et Urbaine*, 4, p. 633-648.

Catin M., 1995a, Les mécanismes et les étapes de la croissance régionale, *Région et Développement*, n° 1, p. 11-28.

Catin M., 1995b, Productivité, économies d'agglomération et métropolisation, *Revue d'Économie Régionale et Urbaine*, n° 4, p. 663-681.

Duranton G., 1997, "La nouvelle économie géographique : agglomération et dispersion", *Économie et Prévision,* 131, Oct.-Déc., p. 1-24.

Englmann F.C., Walz U., 1995, "Industrial Centers and Regional Growth in the Presence of Local Inputs", *Journal of Regional Science*, 35, 1, p. 3-27.

Ethier W., 1982, "National and International Returns to Scale in the Modern Theory of International Trade", *American Economic Review*, 72, 3, p. 389-405.

Fujita M., Thisse J.F., 1997, "Économies géographiques : problèmes anciens et nouvelles perspectives", *Annales d'Économie et de Statistique*, 45, p. 37-87.

Grossman G.M., Helpman E., 1992, *Innovation and Growth in the Global Economy*, The MIT Press, Cambridge, Mass.

Jayet H., 1997, "Migrations et délocalisations", *Région et Développement*, 6, p. 83-102.

Krugman P.R., 1991a, "*Geography and Trade*", Leuwen University Press and The MIT Press, Cambridge, Mass.

Krugman P.R., 1991b, "Increasing Returns and Economic Geography", *Journal of Political Economy*, 99, p. 483-499.

Krugman P.R., 1995, *Development, Geography and Economic Theory*, The MIT Press, Cambridge, Mass.

Martin P., Ottaviano G.I.P., 1999, "Growing Locations: Industry Location in a Model of Endogenous Growth", *European Economic Review*, 43, p. 281-302.

Ottaviano G.I.P., 1999, "Integration, Geography and the Burden of History", *Regional Science and Urban Economics*, 29, p. 245-256.

Ottaviano G.I.P., 2001, "Monopolistic Competition, Trade and Endogenous Spatial Fluctuations", *Regional Science and Urban Economics*, 31, p. 51-77.

Premer M., Walz U., 1994, "Divergent Regional Development, Factor Mobility and Nontraded Goods", *Regional Science and Urban Economics*, 24, p. 707-722.

Rivera-Batiz L.E., 1988, "Increasing Returns, Monopolistic Competition and Agglomeration Economies in Consumption and Production", *Regional Science and Urban Economics*, 18, p. 125-153.

Romer P., 1987, "Growth Based on Increasing Returns Due to Specialization", *American Economic Review*, 77, 2, p. 56-62.

Romer P., 1990, "Endogenous Technological Change", *Journal of Political Economy,* 98, 5, p. 71-102.

Spence M., 1976, "Product Selection, Fixed Costs and Monopolistic Competition", *Review of Economic Studies*, 43, 2, p. 217-235.

ÉTAPES DU DÉVELOPPEMENT RÉGIONAL ET CONCENTRATION SPATIALE

Résumé - *Nous proposons un modèle d'économie géographique qui analyse les dynamiques de concentration-diffusion régionales de différentes activités productives durant quatre étapes de développement. Dans la phase de décollage et la deuxième étape, la localisation d'une industrie standardisée est basée sur l'exploitation d'économies d'échelle externes pécuniaires. Durant la troisième étape du développement, l'apparition et la croissance d'une industrie technologique mettent en évidence le rôle spécifique du progrès technique autonome et de sa diffusion dans la dynamique de concentration régionale. Durant la quatrième étape, la congestion pousse les industries banalisées à se délocaliser vers la périphérie alors que la spécialisation des industries technologiques au centre conduit au développement de services supérieurs à la production qui sous-tend un processus de métropolisation dans cette région.*

ETAPAS DEL DESARROLLO REGIONAL Y CONCENTRACIÓN ESPACIAL

Resumen - *Proponemos un modelo de economía geográfica que analiza las dinámicas de concentración – difusión de distintas actividades productivas a lo largo de cuatro etapas de desarrollo. En la fase de despliegue, la localización de una industria standard está basada en la explotación de economías de escala externas pecuniarias. A lo largo de la tercera etapa del desarrollo, la aparición y el crecimiento de una industria tecnológica ponen de relieve el papel específico del progreso técnico autónomo y de su difusión en la dinámica de concentración. A lo largo de la cuarta etapa, la congestión lleva las industrías comunes a deslocalizarse hacia la periferia mientras que la especialización de las industrias tecnológicas al centro lleva al desarrollo de servicios superiores a la producción que subtiende un proceso de metropolización en esta región.*

COMPTES RENDUS

Henri Regnault (sous la dir. de), ***Intégration euro-méditerranéenne et stratégies économiques*****, L'Harmattan, 2003, 352 p.**

Dans la perspective d'une zone de libre-échange (ZLE) euro-méditerranéenne en 2010, les Pays du Sud et de l'Est de la Méditerranée (PSEM) doivent dès à présent se préparer à une révolution institutionnelle et économique. Dans ce cadre, les stratégies à mettre en place par les différents acteurs ont constitué depuis trois ans une des problématiques centrales du Groupement de Recherche International du CNRS "EMMA" (Économie Méditerranée Monde Arabe) qui nous restitue ses réflexions dans cet ouvrage dirigé par Henri Regnault.

Malgré la volonté presque unanime de ces pays à s'engager dans le jeu de la libéralisation économique dans le prolongement des politiques d'ajustement suivies depuis le début des années 1980, il apparaît clairement que la zone méditerranéenne a pris du retard dans son insertion au marché mondial et plus particulièrement dans ses relations avec l'Union européenne. En moyenne, le revenu par tête est resté stationnaire depuis 1985 dans l'ensemble des PSEM. En 30 ans, le développement économique de ces pays n'a pas convergé avec celui des pays de la Communauté européenne : taux d'investissement insuffisants, échanges commerciaux peu diversifiés et très dépendants de l'Europe, assainissement macro-économique fragile, flux financiers faiblement porteurs de développement et faiblesse du commerce intra-zone restent les grands traits caractéristiques de ces pays.

Comme le note très justement H. Regnault, les pays européens sont, eux, depuis longtemps confrontés à la concurrence internationale et plus précisément à la libre entrée en Europe des produits industriels des PSEM. En conséquence, la ZLE constituera un choc asymétrique où "l'unilatéralité des efforts d'adaptation et de révisions stratégiques" incomberont aux PSEM. Cette asymétrie se voit largement renforcée par la forte dépendance des PSEM vis-à-vis de l'Europe (50 à 80 % de leurs échanges, à l'import comme à l'export), ces mêmes flux apparaissant beaucoup plus secondaires pour l'UE (6 à 8 %). La mise en place du libre-échange va donc conduire, de manière générale, à un double choc, budgétaire et industriel. A titre indicatif, les recettes douanières sur les importations en provenance de l'UE peuvent représenter jusqu'à un quart des recettes de l'administration centrale des PSEM. Au niveau industriel, on peut estimer que dans le cadre d'une zone de libre-échange avec l'UE, entre un et deux tiers des emplois industriels pourraient être amenés à disparaître en l'absence de mesures correctrices.

Au-delà de ce tableau peu encourageant, les PSEM ont bien compris que la ZLE doit permettre la mise en place et l'approfondissement des réformes structurelles nécessaires à une intégration réussie à l'économie mondiale. Les stratégies à mettre en œuvre sont abordées dans l'ouvrage autour de trois grands axes : industrie, formation et agriculture. Si l'État n'apparaît pas ici, c'est que son rôle est transversal à ces trois axes : globalement, les politiques de marché ne doivent plus se limiter aux seules politiques macro-économiques de stabilisation et micro-économiques de désengagement de l'État. Elles doivent également accompagner l'esprit d'entreprise et l'innovation, participer aux initiatives privées et à diverses coopérations, autrement dit mettre en place ce que d'aucun appellent une nouvelle "gouvernance". On pourrait simplement regretter que ne figure pas, parmi les stratégies étatiques, d'aspect de politique territoriale : l'ouverture va conduire, dans une large mesure, à une recomposition des espaces, avec une tendance probable à l'intensification de la macrocéphalie urbaine et côtière déjà forte dans les PSEM, et donc à un accroissement des inégalités régionales qu'il conviendra de maîtriser.

Au niveau industriel, B. Bellon et A. Ben Youssef soulignent en premier lieu la diversité des acteurs, où les grandes entreprises, les monopoles d'État, les entreprises de sous-traitance internationale, les PME et les entreprises informelles présentent de fortes divergences en termes de productivité, de compétitivité ou de modes d'organisation. Au-delà de cette typologie, les auteurs pointent les forces et les faiblesses des industries des PSEM : les entreprises du Sud bénéficient en général de bons niveaux de prix des produits, de capacités de financement assez élevées (en particulier pour les groupes familiaux) et d'une flexibilité forte pour les productions en petites séries. Mais de lourdes faiblesses persistent au niveau de la qualité, de la technologie, de la création et de la maîtrise des marchés. Globalement, on constate que c'est le marché qui tire la production et l'innovation. Il n'y a pas de réel dynamisme entrepreneurial, d'anticipation des marchés : ces stratégies, qui fonctionnent dans le cadre de marchés nationaux protégés, sont vouées à l'échec face à la concurrence internationale. D'autre part, les comportements sur les marchés conservent une structure duale : les produits de qualité médiocre et aux prix relativement élevés sont réservés au marché national, les produits les plus performants sont destinés aux marchés étrangers. Cette dichotomie risque, avec l'ouverture aux importations, d'entraîner pour les entreprises domestiques de fortes pertes de parts de marché. Enfin, l'innovation reste une grande faiblesse des pays du Sud, comme le montre l'analyse des entreprises manufacturières tunisiennes de H. M'Henni, qui conclut que la Tunisie n'est encore qu'à une étape de "pré-

R&D". Dans ce domaine, de gros efforts doivent être entrepris pour favoriser une évolution des spécialisations productives en faveur de créneaux plus porteurs, principalement à l'exportation.

Cette question de l'innovation renvoie directement au problème de la formation et du capital humain qui constitue, en amont des pratiques compétitives, un des facteurs majeurs de la croissance et de la productivité. La contribution de J. Bouoiyour montre bien au travers de l'exemple des investissements directs étrangers au Maroc l'importance prise par les niveaux de capital humain pour profiter des externalités positives liées à l'ouverture : les politiques de formation doivent permettre de développer les capacités d'absorption des technologies étrangères. On peut également noter que les stratégies de formation ne doivent pas être impulsées uniquement par les États, mais aussi par chaque branche (à partir des organisations patronales par exemple), afin de promouvoir à la fois un stock de connaissance et un savoir-faire propre à chaque entreprise.

Le volet agricole doit également être pensé dès maintenant car l'ouverture conduira à de "profondes modifications des structures agricoles, mais aussi des systèmes sociaux, car près du quart de la population active sera alors directement soumis à de nouvelles règles de fonctionnement" estime J. P. Domecq. Les marchés agricoles du Maghreb comptent parmi les marchés les plus protégés du monde, présentent des déficits importants sur les produits de base et une typologie d'acteurs hétérogène qui rendent ce secteur fragile face à une concurrence internationale. Les différentes stratégies envisagées (des efforts en terme de productivité jusqu'à une intégration des marchés agricoles du Sud à la Politique Agricole Commune) se heurtent à des difficultés diverses : collecte et affectation peu efficiente de l'épargne, définition précise du statut d'agriculteur, privatisation totale du foncier, convertibilité des monnaies...

En prolongement des ces stratégies d'acteurs, l'ouvrage propose une quatrième partie particulièrement intéressante, consacrée à une analyse comparative des stratégies d'intégration Nord-Sud à partir du cas de l'ALENA. La zone de libre-échange Nord-américaine a permis d'impulser des dynamiques de croissance fortes au Mexique, même si un grand nombre de secteurs n'a pas été concerné : progression importante du commerce total, des exportations et des investissements directs étrangers, approfondissement des spécialisations, développement du commerce intra-branche... Néanmoins, deux grandes limites apparaissent quant à la possibilité de transposer ce modèle au projet Euro-méditerranéen. D'une part, l'effet frontière entre le Mexique et les Etats-Unis est absent, la Méditerranée constituant un obstacle non négligeable aux échanges. D'autre part, et surtout, l'ALENA et la ZLE Euro-méditerranéenne diffèrent profondément dans leur nature même : l'ALENA représente une véritable organisation d'un espace économique Nord-américain unifié, qui promeut à la fois la libre circulation des marchandises et des capitaux, permettant ainsi la mise en place d'une réelle division internationale des processus productifs au sein de la zone. Cette dynamique semble beaucoup moins claire en Europe, où la ZLE reste largement limitée à un simple démantèlement tarifaire du Sud.

La ZLE constitue donc un choc révélateur du besoin de réformes profondes dans les PSEM, auxquelles devront s'atteler les acteurs économiques et institutionnels, surtout si l'on veut éviter, avec l'ouverture, de transposer le dualisme entre secteur traditionnel et secteur moderne en un dualisme entre secteur national et secteur exportateur. Retenons, avec J. M. Mella et H. Regnault, qu'il "ne suffit pas de proclamer le libre-échange Nord-Sud pour disposer d'une stratégie de développement alternative ; encore faut-il donner à ce libre-échange un contenu effectif qui dynamise, dans les pays du Sud, les forces productives nationales, régionales et extra-régionales".

Christophe Van Huffel
CRERI, Université du Sud Toulon-Var

Ph. Arestis, M. Baddeley, J. McCombie (eds.), *Globalisation, Regionalism and Economic Activity*, Edward Elgar, 2003, 285 p.

Cet ouvrage collectif regroupe certaines des communications prononcées lors du colloque "Globalisation, Regionalism and Economic Activity" organisé à Cambridge (avril 2002). Il se caractérise par l'*homogénéité* de la "philosophie générale" (*i.e.* les processus de globalisation et de régionalisation économiques ont des effets déstabilisants pour les systèmes économiques et financiers modernes) et du positionnement théorique des douze contributions (*i.e.* en référence au *paradigme* de la Nouvelle Économie Keynésienne spécifié par les problèmes d'asymétrie et d'incomplétude informationnelles, la rigidité des variables d'ajustement et les mécanismes de "sélection adverse" et d'"aléa moral") et par, simultanément, la *diversité* des domaines opératoires, donc des thèmes abordés dans chacun des chapitres. Certains ont retenu, tout particulièrement, notre attention.

D'abord, la contribution d'Ajit Singh "Capital account liberalisation, free long-term capital flows, financial crises and economic development" (chap. 1, pp. 15-46) centrée sur l'interrogation suivante : quelle architecture financière globale est susceptible d'asseoir une régulation des flux internationaux de capitaux permettant le financement durable des pays en développement ? Suite au rejet de l'Accord Multilatéral d'Investissement (*Multilateral Agreement on Investment*), cette question renvoie, principalement, à la maturité des flux de capitaux concernés, en l'occurrence la nécessité de discriminer entre la libéralisation des capitaux courts et celle des capitaux longs. Dans ce cadre, Singh invoque, d'une part, les travaux de S. Fischer et de L. Summers selon lesquels la libéralisation financière peut générer de l'instabilité à court terme mais compensée par une plus forte croissance de long terme dès lors qu'elle permet une meilleure allocation de l'épargne mondiale. En outre, la surréaction des marchés financiers face à la détérioration de fondamentaux voire à l'incohérence de certains choix de politique économique est susceptible de provoquer un "rappel à l'ordre" des marchés face à des gouvernements "déviants". Singh évoque, d'autre part, les analyses de J. Stiglitz mettant en avant les aspects positifs de la libéralisation des mouvements longs de capitaux en termes de transferts de technologie, d'accès aux marchés et d'accumulation de capital humain engendrés par les investissements directs à l'étranger (IDE). Dans sa contribution, Singh critique les premiers en mobilisant ses propres études empiriques relatives aux pays asiatiques, qui montrent une relation positive entre la libéralisation financière et les crises bancaires (dites de troisième génération). En outre, la faiblesse relative des performances macroéconomiques (en termes de taux de croissance du PIB, de productivité et d'emplois) des économies développées associée à une vulnérabilité accrue de ces pays aux chocs externes durant la période de libéralisation (décennies 80 et 90) comparativement à une période régulée (décennies 50 et 60) infirment les prédictions de Fischer et Summers. Quant aux capitaux de long terme, Singh se démarque des analyses de Stiglitz en montrant que les IDE n'ont des effets positifs sur l'économie récipiendaire *via* les transferts de technologie et les *spillovers* que dans le cadre d'une politique industrielle solidement affirmée par les Gouvernements concernés. En effet, Singh démontre empiriquement que les flux d'IDE, à l'instar des investissements de portefeuille, sont susceptibles d'être volatils et de se polariser sur quelques pays en développement dotés de taux d'épargne et d'investissement élevés, sous l'action de la psychologie de masse et du comportement grégaire des agents économiques en contexte d'incertitude, des anticipations autoréférentielles des opérateurs et de l'intensification de la concurrence bancaire résultant de la libéralisation financière. Partant, l'instabilité des flux et des destinations des IDE peut provoquer des externalités négatives comme l'appréciation du taux de change susceptible de diminuer la compétitivité externe de l'économie, voire en cas de déséquilibre entre les entrées et les sorties d'IDE d'engendrer des crises de liquidité. D'où la nécessité d'une régulation étatique quant au montant et au *timing* des IDE. Les arguments de Singh rejoignent alors ceux avancés par Kaminsky et Reinhart (1999) et par Demirguc-Kunt et Detragiache (1998), selon lesquels les crises du système bancaire apparaissent principalement dans des pays dont le système financier vient d'être libéralisé, caractérisés par une intermédiation bancaire fragile, inexpérimentée, et faiblement averse aux risques en cas d'assurance collective garantie par la

Banque centrale (*aléa moral*). En conclusion, pour Singh, la nouvelle proposition de Convention Multilatérale d'Investissement doit être refusée par les pays en développement pour deux raisons majeures : d'une part, sa "philosophie libérale" est incompatible avec la mise en œuvre de régulations étatiques nationales des flux d'IDE ; d'autre part, un régime global et universel de libéralisation des IDE ne peut être pareto-optimal pour l'ensemble des pays dès lors qu'ils enregistrent des différentiels macroéconomiques, de même que des histoires et des trajectoires de développement singulières.

Dans son article "Fixed *vs* flexible exchange rates, economic growth and international liquidity" (chap. 2, pp. 47-59), Paul Davidson part du constat selon lequel les expériences internationales depuis l'effondrement du régime de Bretton Woods (1973), à savoir les déficits persistants des balances des paiements des pays d'Amérique latine et africains non producteurs de pétrole et l'absence de coordination des politiques monétaires et financières des pays de capitalisme évolué, invalident la théorie orthodoxe du "laissez-faire" et de l'efficience des marchés monétaires et financiers ; en particulier la thèse selon laquelle les flux internationaux de capitaux sont "*self liquidating*", autrement dit les flux financiers en provenance des pays riches à destination des pays pauvres permettent à ces derniers d'accroître leur liquidité mais également, à terme, leur solvabilité (*i.e.* leur capacité future à rembourser). Davidson attribue, alors, les instabilités monétaire (attaques spéculatives, volatilité des cours de change) et financière (récurrence des crises de seconde et de troisième générations) actuelles à l'absence de Système monétaire international (SMI) organisé, en particulier d'un véritable prêteur en dernier ressort international, et de coordination des Banques centrales et des politiques monétaires menées par les pays leaders des différentes zones monétaires (polycentrisme), renouant ainsi avec les interrogations keynésiennes fondamentales du *Clearing Union.* Dans cette lignée théorique, Davidson montre que les facteurs idiosyncrasiques tendent à devenir systémiques *via* le réseau contractuel, informationnel et psychologique caractéristique des systèmes monétaires et financiers contemporains. En outre, cette instabilité est amplifiée dans un contexte de volatilité des cours de change dès lors que l'élasticité des espérances de taux de change relative à une monnaie perçue faible dans un régime de changes flexibles est plus élevée comparativement à un système de changes fixes. En effet, dans un régime de changes fixes ou ajustables, l'intervention d'une Banque centrale crédible dissuade les attaques spéculatives, au risque d'"aléa moral" près. Partant, un système de changes fixes assorti d'un contrôle des flux internationaux de capitaux sont, selon Davidson, deux outils nécessaires au maintien de la stabilité financière et d'une croissance de l'économie mondiale, sous réserve que les institutions constitutives de la nouvelle architecture financière internationale soient dotées d'une forte réputation et disposent de moyens susceptibles d'imposer une "discipline" aux marchés monétaires et financiers.

Mark Setterfield, dans sa contribution "Globalization, distributional conflict and inflation : the case of the US economy during the 1990's" (chap. 3, pp. 60-79), avance une explication alternative au "Greenspan miracle" des années quatre-vingt-dix aux États-Unis, ce que Stiglitz (2003, pp. 110 et s.) nomme la "greenspanologie", caractérisé par les baisses simultanées de l'inflation et du taux de chômage. Le courant dominant s'appuie sur le côté "offre" pour expliquer ce "miracle" *via* la combinaison de politiques monétaires moins restrictives, de la croissance de la productivité et de chocs transitoires favorables (la baisse des prix de l'informatique, de l'énergie et des importations, la baisse des charges patronales destinées au financement de la Santé). Si cette vision orthodoxe permet d'expliquer la désinflation (ou le maintien d'un bas niveau d'inflation), il en va différemment de l'évolution à la baisse du chômage. En effet, en référence aux modèles critiques de la "courbe de Phillips" (ceux de M. Friedman et de R. Lucas, notamment), la baisse du chômage n'est, au mieux, que transitoire, résultant de distorsions dans la formation des anticipations de prix, d'où un retard dans l'ajustement du salaire réel comparativement au niveau d'emploi. Face à cette conception, la vision alternative proposée par Setterfield recentre l'explication du "Greenspan miracle" autour de l'affermissement de la demande agrégée et de l'affaiblissement du pouvoir de négociation des *insiders* liés à la globalisation économique et financière. Plus particulièrement, son modèle met en évidence la non verticalité à long terme de la courbe de Phillips, réhabilitant ainsi l'influence durable de la demande agrégée et de la politique économique sur le taux de chômage. Cette non verticalité s'explique, pour Setterfield, par les changements institutionnels du marché du travail provoqués par la globalisation (*i.e.* le "*Zapping labour*"), comme la baisse du taux de syndicalisation et des journées de grève, l'érosion des droits du travail, l'accroissement des emplois précaires et l'internationalisation des firmes. Cette évidence empirique des changements structurels du marché du travail aux États-Unis durant ces deux dernières décennies est alors expliquée par le modèle de l'"alternative view" : la courbe de Phillips de court terme descend vers la gauche sans affecter la position de la courbe de Phillips de long terme, ce qui caractérise simultanément une inflation (notamment salariale) maîtrisée à un bas niveau et une amélioration du marché du travail en termes de *nombre* de travailleurs et non plus de masse salariale distribuée. Partant, la soutenabilité de la baisse du taux de chômage nécessite un soutien à un niveau relativement élevé de la demande effective, ce qui suppose une relative tolérance à une recrudescence de l'inflation de la part du Fed, donc d'Alan Greenspan lui-même...

L'article de Judith Pigott "How well is the WTO Dispute Settlement System working" (chap. 4, pp. 80-97) est centré sur l'évolution du Système de Réglements des Différends (*i.e. Dispute Settlement System*) de l'OMC, qui symbolise une rupture majeure avec le principe du consensus du GATT, censé favoriser un "commerce mondial loyal". L'évaluation de ce système proposée par Pigott s'effectue en termes d'efficience (combien de différends réglés en combien de temps ?) et d'efficacité (le taux de satisfaction des belligérants, le taux de récidive, *etc.*) dans l'optique d'une promotion de l'équité et du libre échange dans les relations commerciales internationales. Au moyen d'une analyse de cas généraux et spécifiques, Pigott constate que ce système enregistre des succès en termes d'efficience et d'efficacité, mais que des problèmes subsistent, notamment la longévité des procédures pour régler les différends, de même que l'usage de l'Appel afin de différer la résolution des conflits, ce qui nuit à la prévention (voire à la dissuasion) de mesures de rétorsion. En outre, la constatation selon laquelle les recours se concentrent sur un petit nombre de pays suggère, parallèlement au statut particulier des États-Unis, que ce système n'est pas véritablement universaliste, donc ne corrige pas le déséquilibre de pouvoir entre les pays riches et les pays pauvres.

Dans sa contribution "A fully coherent post keynesian model of the euro zone" (chap. 5, pp. 98-126), Marc Lavoie développe un modèle dynamique à deux pays, pouvant être apparenté à la zone euro, dans la lignée des modélisations de Godley (1996, 1999), à la suite de Brainard et Tobin (1968). Dans ce modèle, les deux pays (*i.e.* du Nord et du Sud) partagent une monnaie unique de même qu'une Banque centrale commune qui fixe les taux d'intérêt. Cinq hypothèses encadrent le modèle : l'absence d'inventaires et d'investissements en capital fixe ; la constance du niveau des prix ; l'absence d'intermédiation bancaire ; l'exclusion de toute relation avec le "reste du monde". Avec l'introduction de la mobilité intra zone des capitaux, les ménages de chaque pays opèrent un choix entre trois actifs : la liquidité, les titres de dettes domestiques, les titres de dettes "étrangers". Les gouvernements respectifs ne financent leurs déficits budgétaires que par l'émission de nouveaux titres (*open market*) ou de billets. Les billets émis par les Gouvernements sont conservés par la Banque centrale qui émet la "*high-powered*" monnaie en fonction de la quantité de billets détenus. En l'absence de pays tiers, la Banque centrale ne dispose pas de réserves de change. Sur cette base, Lavoie examine les implications du modèle selon trois expérimentations. D'abord, lorsque le pays du Sud accroît sa propension à importer, son revenu national diminue instantanément, ce qui, corrélativement, augmente celui du Nord. Une fois atteint un état quasi stationnaire (*i.e.* la richesse des ménages du Sud ne baisse plus, le compte de capital est équilibré, la balance courante est en déficit), le pays du Sud enregistre des déficits "jumeaux", le pays du Nord réalisant un double surplus, à la fois budgétaire et du compte courant. Durant la transition, l'augmentation des revenus des ménages du Nord se traduit par une détention plus importante de titres, y compris ceux du Sud, d'où une entrée nette de capitaux pour le Sud et, conséquemment, un surplus de sa balance des capitaux. Parallèlement, la diminution du revenu au Sud provoque un rationnement de ses importations, et simultanément une hausse du revenu au Nord exerce des effets positifs sur ses exportations. Partant, cette première expérimentation montre, d'une part, que le déficit budgétaire du Sud est déconnecté des dépenses gouvernementales, donc que les déficits jumeaux sont dissociés de dépenses publiques jugées excessives ; d'autre part, en régime stationnaire, les pays membres de la zone ne peuvent pas réaliser *simultanément* des surplus budgétaires (*i.e.* solidarité des conjonctures et des politiques budgétaires). La seconde expérimentation concerne la mise en œuvre de politiques budgétaires d'austérité. Lorsque le Sud, confronté à des déficits jumeaux, adopte une politique d'austérité afin de respecter, par exemple, un Pacte de stabilité et de croissance, la zone enregistre une récession dès lors que la diminution unilatérale des dépenses d'un pays génère une réduction des exportations de l'autre pays. Avec ce mécanisme de stabilité (riche d'enseignements pour la période actuelle, où la France et l'Allemagne sont confrontées à des déficits publics excédant ceux autorisés par les Traités de Maastricht et d'Amsterdam), l'économie de la zone se trouve dans un état stationnaire sous optimal pour les deux pays, le revenu du Sud étant moindre que son revenu initial voire celui obtenu à dépenses publiques constantes, et celui du Nord retombe à son niveau *ex ante*. Partant, la systématisation des politiques d'austérité est néfaste pour l'économie régionale. Par extension, les "recommandations" (conditionnalités) similaires du FMI sont susceptibles de provoquer un biais déflationniste, voire une récession, au niveau mondial. La troisième expérimentation renvoie à la manipulation des taux d'intérêt. La hausse des taux d'intérêt des titres émis par le Gouvernement du Sud – confronté à des déficits jumeaux – se traduit par une baisse du prix des titres, laquelle se répercute négativement sur les revenus de l'ensemble des ménages détenteurs de titres de la zone. Ces derniers rationnent alors leurs consommations, d'où une baisse de la production et du revenu des deux pays. L'accroissement des taux d'intérêt, qui alourdit les coûts du service de la dette, aggrave également les déficits budgétaires. Partant, Lavoie conclut à la supériorité d'une zone à monnaie unique (du type Union Économique et Monétaire), dès lors que l'exogénéité de la politique monétaire (donc du taux d'intérêt) est préférable à un système pluri-devises avec Banques centrales nationales (du type Système Monétaire Européen) ; la transposition de ce modèle à la réalité de la construction européenne posant, toutefois, le problème de l'intégration des marchés de capitaux (en particulier le marché des Obligations d'État) et celui des risques de *spreads*, non abordés ici.

L'analyse de Heather Gibson et d'Euclid Tsakalotos "Finance/industry relationships in Europe and the prospects for growth and convergence" (chap. 6, pp. 127-150) vise à montrer, d'une part, la complémentarité entre finance de marché (ou désintermédiée) et finance bancaire et, d'autre part, que le Plan d'Action des Services Financiers (*i.e. FSAP, Financial Services Action Plan*) de la Commission européenne en vue de promouvoir la convergence financière au sein de la zone euro (*i.e.* privilégier une finance basée sur le marché) comporte des effets indésirables, non seulement pour les pays membres, mais également pour les pays candidats à l'accession. Ainsi, les marchés produisent des effets d'éviction sur la finance bancaire, donc détruisent l'optimalité des arrangements coopératifs de long terme, dès lors que les marchés financiers sont très volatils, peuvent s'abstraire des changements des valeurs fondamentales des actifs financiers, et sont dominés par une culture de profit immédiat, autant d'attributs souvent contradictoires avec les objectifs de financement durable d'une croissance soutenable. En définitive, si les deux formes de finance ont leurs avantages et inconvénients en termes d'évaluation de la réputation et de la crédibilité des projets et des emprunteurs, de même qu'en terme de surveillance des résultats, Gibson et Tsakalotos se demandent pourquoi ne pas laisser les pays choisir un *mix* approprié à leurs caractéristiques et à leurs besoins ?

Thomas Palley montre, quant à lui, dans son article "Export-led growth: evidence of developing country crowding out" (chap. 8, pp. 175-197) que la dynamique économique mondiale dépend, entre autres, des déficits de la balance commerciale des "grands pays économiquement développés" selon les modèles de croissance mis en œuvre dans les pays en développement. Ainsi, les déficits commerciaux des États-Unis conditionnent la croissance du "reste du monde" orientée vers les exportations (*i.e. export-led*). Dès lors, l'émergence de nouveaux pays exportateurs, plus compétitifs, risque d'orienter le commerce mondial vers un jeu à somme nulle par effet d'éviction (*i.e. crowding-out*). Palley démontre alors, empiriquement, la non viabilité de la stratégie de croissance *via* les exportations comme *paradigme* de développement par l'étude de l'évolution de l'origine des importations US, notamment l'avènement de l'économie chinoise en tant que concurrent des traditionnels pays fournisseurs. Il conclut que la systématisation de la stratégie "export-led" , préconisée par le "Consensus de Washington" aux pays en développement, peut s'avérer contre productive au niveau global, du côté "offre" par l'effet d'éviction comme du côté "demande" par la nécessité de déficits structurels des pays développés. Palley recommande alors la mise en place, pour les pays en développement, de politiques séquentielles, potentiellement pareto optimales à l'échelon mondial, débutant par un processus de substitution des importations, se poursuivant par des politiques promouvant la compétitivité domestique, pour se terminer par des politiques destinées à libéraliser les échanges.

Enfin, George DeMartino et Ilene Grabel exposent, dans leur contribution "Globalization, regionalism and state capacity in developing countries: a note" (chap. 12, pp. 266-273), les trois paramètres nécessaires à la clarification des débats relatifs au néo-libéralisme global, au régionalisme et à la régulation étatique dans le cadre des pays en développement : la souveraineté, l'autonomie politique et la crédibilité de l'État mesurée par l'écart entre objectifs annoncés et résultats obtenus. DeMartino et Grabel montrent, alors, que le régionalisme, dans le contexte de globalisation économique et financière actuel, n'ampute pas la souveraineté des États, affecte directement (ou indirectement) l'autonomie politique, accroît la capacité de l'État quant à la définition des politiques essentielles. Par exemple, pour ce qui concerne le contrôle des capitaux, les pays en développement peuvent diminuer leur vulnérabilité à l'instabilité et accroître leur capacité d'attraction financière, s'ils réagissent collectivement. En conséquence, le régionalisme peut permettre aux pays en développement, d'une part, de restaurer une partie de leur autonomie politique d'ores et déjà compromise par le contexte de globalisation ; d'autre part, d'accroître la capacité de l'État en vue de promouvoir des résultats économiques désirables, notamment quant à la spécification des politiques fiscale, environnementale et prudentielle (*i.e.* de réglementation bancaire).

En définitive, ces différentes contributions sont animées d'une même volonté implicite, celle de s'opposer à l'idéologie (au dogme ?) selon laquelle (lequel) les hypothétiques défaillances du Marché seront toujours moins graves que les inévitables défaillances des Gouvernements. En ce sens, l'intérêt de cet ouvrage est de pouvoir être lu comme le "pendant" théorique de certains des thèmes abordés sous un angle "pamphlétaire" par J. Stiglitz (2002, 2003), renouant par là même, avec la démonstration keynésienne, issue de la Grande Dépression, selon laquelle en situation d'information imparfaite des marchés (c'est-à-dire toujours), des interventions de l'État sont susceptibles de renforcer l'efficacité du marché, même si l'État est confronté aux mêmes imperfections de l'information.

Références

Brainard W. C., Tobin J., 1968, "Pitfalls in Financial Model Building", *The American Economic Review*, 58 (3), 99-122.

Demirguc-Kunt A, Detragiache E., 1998, "Financial Liberalisation and Financial Fragility", *Proceedings of Annual Bank Conference on Development Economics*, Washington DC, 20-21 avril.

Godley W., 1996, "Money, Finance and National Income Determination: an Integrated Approach", *The Jerome Levy Economics Institute, Working Paper*, n° 281.

Godley W., 1999, "Money and Credit in a Keynesian Model of Income Determination", *Cambridge Journal of Economics*, 23 (4), 393-411.

Kaminsky G. L., Reinhart C.L., 1999, "The Twin Crises: the Causes of Banking and Balance-of-Payments Problems", *The American Economic Review*, 89 (3), 473-500.

Stiglitz J., 2002, *La grande désillusion*, Paris, Fayard.

Stiglitz J., 2003, *Quand le capitalisme perd la tête*, Paris, Fayard.

Philippe Gilles
(en collaboration avec Ali Ari et Lin Zhang)
CRERI, Université du Sud Toulon-Var

Wojciech Charemza et Krystina Strzala (eds.), ***East European Transition and EU Enlargement*****, Physica-Verlag, Heidelberg, New York, 2002.**

Cet ouvrage de 380 pages reprend certaines des communications présentées au séminaire "East European Transition and EU Enlargement : a Quantitative Approach" organisé à Gdansk en Juin 2001.

Comme le soulignent les éditeurs dans la préface, il y a assez peu de travaux quantitatifs consacrés à la transition, ou, du moins, les travaux consacrés à la transition font une place assez limitée aux approches quantitatives. Cet état de fait s'explique assez bien par des considérations matérielles telles que le caractère récent des faits analysés et la difficulté de disposer de séries suffisamment longues et fiables, d'où l'utilisation fréquente de données de panel ou encore la préférence accordée à d'autres approches chez les spécialistes du domaine.

L'ouvrage contient 23 communications sur des thèmes très divers et utilisant des méthodes variées. Il n'est évidemment pas possible de rendre compte en détail dans cette recension de chacune de ces contributions. Assez curieusement, l'ouvrage est construit en six parties d'importance inégale. La première partie, consacrée à des questions de méthode comprend deux courts chapitres. La seconde partie de quatre chapitres est consacrée aux perspectives de convergence et aux problèmes spécifiques à certains pays. Vient ensuite une troisième partie de cinq chapitres dont le titre est : études sur la transition. La quatrième partie contient deux chapitres consacrés à la modélisation du secteur agricole. L'avant-dernière partie constituée de quatre chapitres traite des prix et des salaires. Enfin la dernière partie analyse les marchés financiers et de consommation. Les éditeurs indiquent à la fin de leur préface qu'une autre organisation de l'ouvrage aurait été possible, ce que l'on croira sans peine.

Il y a, en réalité, dans cet ouvrage une double grille de classement des différentes contributions : (*i*) une grille thématique qui se décompose elle-même en deux dimensions, la dimension géographique, le cadre spatial d'analyse, qui peut être une région ou un marché dans un pays, une économie nationale, un groupe de pays ce qui permet de pallier l'insuffisante longueur des séries par des panels ou des poolings ad hoc, et l'objet de l'analyse lui-même qui peut être un secteur d'activité, la dynamique prix-salaires, l'équilibre externe, la convergence, l'efficacité de certains marchés, etc. ; (*ii*) une deuxième grille, beaucoup plus originale, celle-là, qui est donnée par la nature des techniques quantitatives appliquées aux différents problèmes concernant les économies d'Europe de l'Est en transition : modèles à équations simultanées de type structurel, modèles de type VAR, cointégration, modèles à correction d'erreur, modèles d'équilibre général calculable, etc. C'est sans doute là que se trouve l'apport le plus notable de cet ensemble de travaux. Au-delà des résultats individuels apportés par les différentes contributions, dont les plus intéressantes ne sont pas toujours celles qui font appel aux techniques les plus sophistiquées, cet ouvrage marque ce que l'on pourrait qualifier de "normalisation méthodologique" le thème de la transition. C'est le triomphe de l'orthodoxie sur tous les plans, non seulement les économies en transition sont des économies de marché comme les autres, mais de plus elles relèvent des mêmes approches et des mêmes méthodes. Le titre de l'ouvrage nous indique, à sa manière, que la problématique de la transition a désormais vocation à se fondre dans celle de l'élargissement.

Bernard Haudeville
CEREFI, Université d'Aix-Marseille III

M.M. Fischer, J. Revilla Diez, F. Snickars, *Metropolitan Innovation Systems*, Springer, Advances in Spatial Science, 2001.

L'objectif principal de cet ouvrage est d'établir une étude comparative entre trois métropoles régionales, Barcelone, Stockholm et Vienne, sur les liens qui unissent différents acteurs dans la promotion et la conduite du changement technologique et de l'innovation. Cet ouvrage de 176 pages (hors annexes et bibliographie) se compose de quatre chapitres et d'une conclusion. Le premier chapitre est consacré à l'analyse théorique des systèmes d'innovation, soubassement nécessaire à la mise en place d'une méthodologie d'enquête comparative. Les trois chapitres suivants présentent une analyse empirique approfondie des trois métropoles régionales, successivement Vienne, Barcelone et Stockholm. La conclusion met en exergue les principaux points communs et les différences qui peuvent exister entre ces trois métropoles régionales.

Le grand intérêt de l'ouvrage réside dans l'approche descriptive très fouillée des trois grandes régions métropolitaines et surtout dans la mise un place d'un canevas commun qui permet aux auteurs et aux lecteurs de comparer les forces et les faiblesses de ces trois régions métropolitaines. Tout lecteur qui serait intéressé plus particulièrement à l'une des métropoles peut également en tirer des leçons. Si l'ouvrage apporte un éclairage très pertinent sur la période étudiée, le milieu des années quatre-vingt-dix, sa limite, commune à toute analyse descriptive, est la difficulté qu'ont les auteurs à dégager des mécanismes généraux et à projeter leurs conclusions dans l'avenir. Le renouvellement de l'enquête dans les années qui viennent serait de notre point de vue très instructif pour voir si les faiblesses propres à chaque région métropolitaine ont pu être corrigées. Par ailleurs les auteurs ont fait le choix de privilégier la nature de l'existant (identification des acteurs et des phénomènes) et la présentation des modes de gouvernance du changement technologique et de l'innovation en région métropolitaine. Toutefois, il nous semble qu'une analyse plus large portant sur la notion de progrès et ses conséquences et sur les objectifs politiques des grands décideurs aurait pu donner un autre éclairage au sujet.

Dans leur chapitre introductif, les auteurs présentent une très bonne synthèse des principaux apports de l'analyse économique moderne du changement technologique et de l'innovation. Ils insistent sur le caractère interactif du processus complexe de l'innovation : interactivité au sein des firmes principaux acteurs du processus, interactivité avec leur environnement sur la base de coopérations et par l'intermédiaire de réseaux. L'importance des réseaux est particulièrement soulignée : pour répondre à la rapidité des changements technologiques et aux différents risques y afférents, pour des raisons qui touchent au besoin de complémentarités technologiques ou autres, exprimé par les firmes, pour satisfaire l'attente des PME/PMI en matière de ressources (y compris en compétences). L'innovation technologique est alors "*le résultat d'un jeu complexe entre divers acteurs ayant des intérêts communs et conflictuels*". Les auteurs soulignent par ailleurs le caractère ambivalent de la connaissance pour partie codifiée et pour partie tacite et de leurs conversions réciproques (sur le modèle de Nokana et Takeuchi, 1995) par des processus de socialisation, d'internalisation, d'externalisation et de combinaison. Cette toile complexe d'interactions entre firmes, organisations et institutions conduit les auteurs à s'interroger sur la pertinence du niveau d'analyse des systèmes d'innovation : doit-on privilégier la notion de système national d'innovation (SNI), voire de système global d'innovation, ou de système régional d'innovation ? Dans la mesure où de nombreux acteurs interagissent sur le terrain, c'est-à-dire dans la mesure où les proximités spatiales sont essentielles, ne serait-ce que pour nouer et favoriser les contacts, dans la mesure également où l'innovation ne peut se restreindre à la seule source de R&D formelle et dans la mesure où de nombreux secteurs dit "faiblement technologiques" innovent sur certains segments de leur activité et dans leur organisation, les auteurs sont amenés à la conclusion qu'en "*Europe il semble préférable de privilégier le système régional d'innovation que le SNI*". Sur cette hypothèse les auteurs considèrent que "*la performance économique d'un territoire dépend non seulement de comment les entreprises sont performantes, mais aussi de comment elles interagissent les unes les autres et avec le service public pour créer et diffuser la connaissance*". Quatre principaux groupes d'acteurs sont identifiés : le secteur des entreprises, principal créateur et diffuseur d'innovations, le secteur institutionnel fixant certains objectifs et assurant une certaine coordination hors marché, le secteur public et privé de services aux entreprises assurant pour partie la tâche de transfert de l'innovation et d'aide à l'innovation (technologie de l'information et de la communication, consulting technique et managérial), enfin le secteur essentiellement public de la science et la technologie.

Les trois chapitres suivants proposent une étude détaillée et fouillée des trois régions métropolitaines analysées. Si le principal intérêt de cet ouvrage est contenu dans cet examen "clinique" de ces trois métropoles régionales, il est toutefois difficile de présenter l'ensemble des résultats obtenus, tant ils sont nombreux. Chaque lecteur pourra y trouver de quoi épancher sa soif. L'intérêt, sur le plan méthodologique, de ces trois chapitres est de présenter une analyse homogène des trois métropoles régionales sur la base d'une information statistique détaillée et riche et de se donner une même définition de l'innovation, à savoir "*un taux de rotation des produits innovants de 20 % par an*". Après une reconstitution de l'histoire de chacune de ces régions métropolitaines, sont analysés le rôle et les mécanismes mis en place par chacun des quatre principaux acteurs présentés plus haut, ainsi que l'intensité de leurs relations réciproques. Sans entrer dans le détail des résultats obtenus (le lecteur peut se reporter au chapitre conclusif du rapport), quelques conclusions nous paraissent significatives, mais c'est un choix de notre part :

1) l'histoire passée de la région, les circonstances économiques et politiques des régions et des pays d'appartenance exercent une influence non négligeable sur les conditions actuelles de la mise en place du processus de création et de diffusion de l'innovation. La métropole de Barcelone, sur ce plan, est plus jeune que les deux autres métropoles mais a intensifié sa croissance après l'entrée de l'Espagne dans l'Union européenne ;

2) les métropoles régionales de Vienne et de Stockholm, dont les villes sont aussi des capitales, bénéficient plus des relations avec les institutions et notamment de l'ensemble des institutions d'éducation et de formation, même si le gouvernement de la province de Barcelone fait de gros efforts dans ce domaine. Les métropoles de Vienne et Stockholm favorisent l'emploi à long terme et les relations avec la force de travail. La région métropolitaine de Barcelone profite plus de sa longue tradition industrielle ;

3) l'organisation en réseau et la coopération entre les acteurs se fait le plus souvent le long de la chaîne de valeur, c'est-à-dire entre les entreprises et leurs clients et fournisseurs. Les relations avec les producteurs de services sont plus ténues. Elles sont plus importantes pour les PME locales que pour les grandes entreprises qui jouent sur les réseaux nationaux, européens et mondiaux. La région métropolitaine de Stockholm est en avance de ce point de vue sur les deux autres régions. Les relations avec le secteur de la science et de la technologie publique sont faibles. Comme le font remarquer les auteurs, la production de connaissance scientifique a besoin de continuité et de spécialisation, alors que le monde industriel a plus besoin de réactivité. Aussi, s'il

existe des réseaux dans le secteur de la science et de la technologie, ceux-ci apparaissent essentiellement au niveau interne du secteur ;
4) les besoins de relation entre les différents acteurs sont beaucoup plus fréquents au stade pré-compétitif lorsque ceux-ci recherchent de l'information et des opportunités technologiques, ils s'amenuisent par la suite ;
5) si l'innovation radicale est plutôt réservée au secteur de la science et de la technologie, les firmes développent essentiellement de l'innovation incrémentale basée sur le savoir faire de sa force de travail ;
6) enfin le rôle de coordination joué par les institutions est primordial. La où cette volonté est affichée la diffusion de l'innovation est accentuée. Toutefois les modes de coordination à l'intérieur des trois métropoles régionales peuvent être très différentes en fonction des règles légales et des normes en vigueur ;
7) sur le plan conceptuel, les auteurs concluent qu'il est plus pertinent de privilégier l'analyse du système d'innovation au niveau régional et mondial, c'est-à-dire aux deux extrêmes, qu'au seul niveau national.

En conclusion, cette étude a le grand mérite d'apporter de nombreux éléments à la compréhension des systèmes locaux d'innovation et peut servir de référence aux décideurs publics ou privés.

Jean Bernard
CRERI, Université du Sud Toulon-Var

REVUE RÉGION ET DÉVELOPPEMENT

Site Web : www.regionetdeveloppement.u-3mrs.fr

Recommandations aux auteurs

La Revue Région et Développement publie en français ou en anglais des articles originaux, des notes et documents et des comptes rendus de lecture. Pour soumission à publication, l'auteur doit adresser à la rédaction de la revue le manuscrit dactylographié en deux exemplaires. La présentation des chapitres, des références bibliographiques et des notes de bas de page doit être conforme à celle de la revue. Les articles doivent être accompagnés d'un résumé en français et en anglais d'une dizaine de lignes, des mots-clés correspondants et de la classification du JEL. Le nom de l'auteur, l'institution à laquelle il appartient et l'adresse complète doivent figurer en page de garde.

Après avis favorable à la publication du Comité de lecture, il sera également demandé à l'auteur une disquette du texte en Word (y compris figures, tableaux et formules mathématiques compatibles avec Word 97).

Les propositions d'articles doivent être adressées à la rédaction de la revue Région et Développement :

Professeurs Maurice Catin et Gilbert Benhayoun
Revue Région et Développement
CEREFI
15-19 allée Claude Forbin
13627 Aix en Provence Cédex 1

Tél. : 04 42 21 60 11 - fax : 04 42 23 08 94
e-mail : cer.fea@univ.u-3mrs.fr

BULLETIN D'ABONNEMENT

Revue "Région et Développement"

• **Je désire souscrire un abonnement pour l'année 2004 (deux numéros) :**

☐ France, DOM-TOM : 37 €   ☐ Étranger : 40 €

• **Règlement :**

☐ CCP   ☐ Chèque bancaire   ☐ Mandat international

Pour l'étranger, merci d'effectuer un virement en euros sur le ***CCP 23 625 44 N Paris*** ou bien un règlement par chèque bancaire en euros sur une banque domiciliée en France ou par carte de crédit internationale.

N° de la carte : ☐☐☐☐☐☐☐☐☐☐☐☐☐☐☐☐

Date d'expiration : |_|_|_|_|_|_|_| Banque : . ...

Nom et Prénom : ....
Adresse : ....
....
Code Postal : .... Ville : ....
Pays : ....

Date :

Signature :

Ce bulletin d'abonnement à la Revue "Région et Développement" et votre règlement sont à retourner à :

Éditions L'HARMATTAN - 7, rue de l'École-Polytechnique, 75005 PARIS
Tél. : 01 40 46 79 14 - fax : 01 43 29 86 20 - site web : www.harmattan.fr

Abonnement annuel : 2 numéros	
France, DOM-TOM :	37 €
Étranger :	40 €

517998 - janvier 2013
Achevé d'imprimer par
1livre.com
du rêve à la réalité !

www.ingramcontent.com/pod-product-compliance
Lightning Source LLC
LaVergne TN
LVHW050656051026
849532LV00002B/659